DAXUESHENG
CHUANGXIN CHUANGYE JICHU

大学生创新创业基础

主　编：苏白茹
副主编：苏庆谋　黄真真

厦门大学出版社
XIAMEN UNIVERSITY PRESS

国家一级出版社
全国百佳图书出版单位

图书在版编目(CIP)数据

大学生创新创业基础/苏白茹主编.—厦门:厦门大学出版社,2019.2(2021.12 重印)
ISBN 978-7-5615-7308-2

Ⅰ.①大⋯ Ⅱ.①苏⋯ Ⅲ.①大学生—创业 Ⅳ.①G647.38

中国版本图书馆 CIP 数据核字(2019)第 021893 号

出 版 人	郑文礼
责任编辑	眭 蔚

出版发行	厦门大学出版社
社 址	厦门市软件园二期望海路 39 号
邮政编码	361008
总 编 办	0592-2182177 0592-2181406(传真)
营销中心	0592-2184458 0592-2181365
网 址	http://www.xmupress.com
邮 箱	xmup@xmupress.com
印 刷	三明市华光印务有限公司

开本	787 mm×1 092 mm 1/16
印张	13
字数	286 千字
版次	2019 年 2 月第 1 版
印次	2021 年 12 月第 5 次印刷
定价	39.00 元

厦门大学出版社
微信二维码

厦门大学出版社
微博二维码

本书如有印装质量问题请直接寄承印厂调换

前　言

党的十九大报告明确提出，到 2035 年中国要基本实现社会主义现代化。高校作为高层次人才培养主阵地，担负着培养新时代创新型人才的重任。创新创业教育作为教育现代化的重要组成部分，不仅关系立德树人的教育大计，更与创新型国家战略紧密相关。

广大青年学生是大众创业、万众创新（"双创"）的重要参与力量。《国务院办公厅关于深化高等学校创新创业教育改革的实施意见》要求高校根据人才培养定位和创新创业教育目标要求，促进专业教育与创新创业教育有机融合，调整专业课程设置，挖掘和充实各类专业课程的创新创业教育资源，在传授专业知识过程中加强创新创业教育。因此，我们在多年从事大学生创新创业教育教学的基础上，参阅了大量文献资料，汲取同行的先进经验，并结合自身的实践体会，精心编写了本书。

本书主要依据教育部办公厅发布的《"创业基础"教学大纲（试行）》、《福建省教育厅关于深化高等学校创新创业教育改革十六条措施的通知》及《福建省教育厅关于进一步加强高校创新创业教育课程体系建设的指导意见》等文件精神而编写，秉承把创新创业教育贯穿于专业教育全过程的教育理念，注重理论和知识的系统性，强调内容的新颖性，融入大学生成功的创业实践，通俗易懂，具有时代性、可读性和易操作性。作为校本教材，更重要的是立足校情和学情，立足师范类学生的专业特点和知识水平，内容取舍以实用、实际、实效为原则，精讲细练，对各知识点和技能进行着重讲述。以创新创业为导向，突出"创学结合"的教学模式，凸显学生的创新精神、创业意识和创新能力培养，充分调动学生思维，使其达到触类旁通、快乐学习的目的。

本书由苏白茹研究员任主编，苏庆谋副教授、黄真真老师任副主编。全书共计 9 章，由苏白茹、苏庆谋总体策划。各章节编写分工如下：第一、二、九章由黄真真执笔，第三、四章由许幸娟执笔，第五、六章由苏庆谋执笔，第七章由柳晓萍执笔，第八章以及附录由苏松能执笔，全书由苏庆谋统稿。

受时间、编者水平及其他条件限制，书中难免存在一些不足之处，恳请各位专家和广大师生批评指正。

本书在编写过程中，参考了有关的教材、论著和期刊等，限于篇幅，恕不一一列出，特做说明并致谢。因各种条件所限，未能与有关编著者取得联系，对资料的引用与理解恐有不当之处，敬请谅解！

编者

2018 年 12 月

目 录

第一章　大学生创新创业教育概述

在知识经济时代,知识创业已经成为新的创业模式,因此,高校有必要顺应知识经济社会发展的需要对在校大学生开展创业教育,鼓励和扶持大学生开展创新创业活动,着力培养大学生的创业意识、创新精神、创业能力和创业素质。具体来说,创新创业教育是指结合专业教育来传授创业知识,培养大学生的创业能力和创新品质,使大学生毕业后能够顺利步入社会,实现自主创业和自我发展的教育。同时,创新创业教育作为一种教育理念,应贯穿于高等学校的专业教学和课外活动之中,并以激发大学生的创业意识和创新思维为宗旨,让更多的大学生理解创业的含义,并具备一定的创业能力。大学生作为高素质人群,专业能力强,应该顺应知识经济时代的新潮流,在新一波创业浪潮中崛起壮大。

第一节　创业、创新的含义及其相互关系

【案例导入】创业也是一种职业规划

现如今创业越来越热,很多人渴望一展拳脚去实现自己的梦想。然而,众所周知,创业的失败率是很高的,如果说2%的创业者成功了,那么剩下的98%怎么办?经考察,他们中很多人都进入其他项目作为核心成员继续打拼。为什么经历过创业的他们如此抢手?与没有创业经历的打工者相比他们多了些什么?

一是有责任感。创业后想的是天气不好会不会影响生意;满心急的是如何求生存、谋发展;再棘手的问题也得硬着头皮解决;手机一天二十四小时开机,生怕错过什么机遇。

二是懂得感恩。创业后经常要求人,若有贵人可以帮自己,便怀莫大的感激;遇到困境无助时,才知道家人的支持、恋人的陪伴、朋友的理解能给人多少温暖和鼓励。

三是更加真实地看待自己。创业后,事无巨细都得考虑周到,很多还需要亲自去处理,这就必须面对自己各方面能力的不足,包括执行力、竞争力、凝聚力等。

四是改变思考问题的方式。创业后想的是自己的努力和策略可以创造多少价值;

遇到问题只是解决了还不够,还要考虑问题的根源是什么,如何预防;遇到比自己能力强的人才想的是如何将其网罗到自己的旗下;希望有个好的导师来指点和帮助自己,越来越意识到自己的不足。经历了创业的洗礼,人的各方面能力和心理素质都会有极大的提高;对待公司的问题能够以主人翁的态度来思考,会变得越来越谦卑、好学和感恩。即便创业失败了,试问这样的员工哪个老板不想要呢? 所以说创业也是一种职业规划。

一、创业的定义

创业概念的提出是与经济发展密切相关的,创业是近几年的一个时髦词,它往往和大学生的就业问题联系在一起。虽然创业一直备受关注,但对创业的界定还没有一个统一的认识,不同的学者从各自不同的视角提出了对创业的不同界定。

(一)语源学的理解

在中国传统文化中,"创业"一词最早出现是与"垂统"连用的。《孟子·梁惠王下》中有"君子创业垂统,为可继也"。意思是创立功业,传给后代子孙。这样的含义在古汉语中沿用了几千年。诸葛亮《出师表》曰:"先帝创业未半而中道崩殂。"汉代张衡《西京赋》曰:"高祖创业,继体承基。"清代昭梿《啸亭杂录·洛翰》中有"高皇帝创业之初,有洛翰者,本刘姓,中原人"。中国古代用"创业"一词,多有开拓疆土、创建功业的意思,带有封建君主建功立业的色彩。进入近现代,"创业"的含义在古汉语的基础上有了全新的发展。在现代社会中,"创业"被普遍用于描述开创某种事业的活动,与保持前人已有成就和业绩的"守业"是相对的。《辞海》中对"创业"的界定是创立基业、事业,指开拓、创立个人、集体、国家和社会的各项事业以及所取得的成就。创业的主体已从古代的君主转变为平凡老百姓了,创业的内容也从开拓疆土、创建功业转变为一切能够创造新事物、新价值的活动。从"创业"这个概念在汉语使用中所表达的意思分析,"创业"一般强调三层含义:(1)强调创业开端的艰辛和困难;(2)突出创业过程的开拓和创新意义;(3)侧重于在前人的基础上有新的成就和贡献。

创业的英文有两种:一是动词 venture,二是名词 entrepreneurship。动词 venture 侧重表现"创业"的行为活动。在现代企业领域,往往使用动词 venture 来表示"创业"增长的态势。名词 entrepreneurship 经常与 enterprise 互换使用,往往表示静态的创业状态或创业活动,是从企业家、创业家的角度理解创业的。

(二)中西方学者的解释

总体上来说,国外对"创业"概念的研究要比国内早。作为经济活动的"创业"在欧美国家已有几百年的发展历史,"创业"的概念在国外商业领域也已经使用了 200 多年。然而国外的专家、学者对"创业"这一概念也没有达成统一的具有权威的认识。最早对"创业"一词进行界定的是 18 世纪的经济学家理查德·康蒂隆,他认为"创业隐含了承担以确定价格买进而以不确定价格卖出的风险"。此后,国外的学者从未停止对"创业"内涵的研究,"创业"的概念也在不断地演变和发展。

1934年，经济学家约瑟夫·熊彼特首次将"创业"的概念与"创新"联系起来，认为创业的本质是创新，创业的过程就是创新的过程，创业者通过创新克服自由市场经济的内在矛盾，从而促进经济的增长。

1989年，哈佛大学教授霍华德·斯蒂文森把创业定义为"不拘泥于当前资源条件的限制下对机会的追寻，将不同的资源组合以利用和开发机会并创造价值的过程"。在精神层面，创业代表着一种"以创新为基础的做事与思考方式"，这是个人及企业在日益复杂和不确定的世界中生存的最佳武器；在实质层面，创业代表了"发掘机会，组织资源建立新企业或开展新事业，进而提供新的市场价值"。与创新相比，创业更强调机会、顾客和价值创造。

1999年，杰弗里·蒂蒙斯提出："创业是一种思考、推理和行为方式，这种行为方式是机会驱动、注重方法和与领导相平衡。创业导致价值的产生、增加、实现和更新，不只是为所有者，也为所有的参与者和利益相关者。"

此外，1999年美国巴布森商学院和英国伦敦商学院联合发起，多国研究者参与的"全球创业检测"项目将"创业"界定为"依靠个人、团队或一个现有企业来建立一个新企业的过程，如自我创业、一个新的业务组织或一个现有企业的扩张"。

"创业"一词在我国社会真正得到广泛应用，是20世纪80年代改革开放之后，市场经济体制逐渐取代计划经济体制，商品经济快速发展为老百姓提供了许多发财致富的"创业之路"。创业作为一种新兴的经济活动吸引了众多专家、学者的眼球，成为他们研究的对象。目前对创业的定义大致可以归纳为三种不同的类型，即价值说、功利说和实体说。三者的差异表现在对创业实质的理解上，即分别认为创业是"创造价值""创造财富或利润""创建企业"。

(三)本书的界定

我们发现，无论是国外专家还是国内学者，由于研究创业行为的视角不同，得出的研究结论也不同。创业是一个横跨经济学、社会学、管理学、人类学、心理学等多个学科的复杂现象。尽管下一个明确的、广为接受的定义非常困难，但进行尝试还是很有必要的。在总结、借鉴前人研究成果的基础上，我们结合国内实际，从广义和狭义两个角度对创业进行界定。广义的创业是指人类创造新的事业、基业的活动，包括一切具有开拓意义的社会变革行为。狭义的创业将创业界定为一个过程，在此过程中，创业者（包括个人或团队）作为主体，利用一切外界资源和力量去寻求机遇，通过创办企业去创造价值并谋求发展。本书中的"创业"主要指狭义的创业。

【经典案例】创新需要遵循规律吗?

1939年，前身为爱迪生实验室的美国通用电气公司发现，尽管公司大学毕业生比以前增加不少，但新发明、新发现、新产品、新技术的开发以及新专利的申请大大少于爱迪生实验室时代，这不能不引起公司决策层的重视。经认真细致的分析研究，终于找到了原因。原来这些大学生尽管学业成绩非常出色，但在学校时都没有学过怎样进行创新思维，对怎样提出意见、怎样从事创造发明的知识和方法了解得很少，更缺乏这方面的实际经验和切身体会,因此他们的创新意识薄弱,创新能力不强,只习惯于按部就班地干一些机械性、模仿性的技术工作。

为了改变这一状况,公司组织人员总结了爱迪生生前从事创造发明的方法和经验,编写了一套"创造工程培训班"的教材。经过系统的培训,职工们的创新能力和水平大大提高,申请发明专利的数量比培训前提高了 3 倍。与此同时,美国纽约 BBDO 广告公司副经理奥斯本总结了一系列创新思考的方法和创造技法,于 1941 年出版了《思考的方法》一书,在美国引起了一场创新思维的学习推广热潮。由于奥斯本对创造学的研究和推广起了开拓和奠基的作用,他被后人誉为"创造学之父"。

二、创新的含义

我们的学习、工作和生活中充满了不确定性,唯有不懈追求才是实现创新的根本保证。很多人认为创新是一件"高大上"的事情,似乎离我们普通人很远。然而,纵观历史长河,我们发现创新人人可为,关键在于对认识事物发展规律的执着追求,在于正确掌握并使用批判思维,不断反思。

创意对创新具有始动功能,没有创意,创新就不可能存在。创意可以证明每一个人都具有创造力,由此也破除了对创新的神秘感。我们说,创意是思维过程,创造是把这种设想物化为有形的新产品,创业是利用新产品创建一个新事业,因此无论是创意、创造还是创业,整个过程都是创新。

(一)创新的由来

1912 年,经济学家约瑟夫·熊彼特在他的德文著作《经济发展理论》中首次提出了创新的概念。他认为,创新就是把生产要素和生产条件的新组合引入生产体系,即"建立一种新的生产函数",其目的是获取潜在的利润。他的理论一开始并没有引起足够的重视,直到 1934 年他的作品用英文出版后,才引起了学界的广泛关注。20 世纪 90 年代,我国把"创新"一词引入了科技界,形成了"知识创新""科技创新"等各种提法,进而扩展到社会生活的各个领域,如今创新的说法几乎无处不在。

(二)创新的概念

"创新"的英文是 innovation,起源于拉丁语 innovare,释义为"更新、变革、制造新事物"。《现代汉语词典》中对"创新"的解释是"抛开旧的,创造新的"。

创新的含义是:以现有的思维模式提出有别于常规或常人思路的见解为导向,利用现有的知识和物质,在特定的环境中,本着理想化需要或为满足社会需求,进而改造或发明,并能获得一定有益效果的行为。创新是以新思维、新发明和新描述为特征的一种概念化过程。创新是人类特有的认识能力和实践能力,是人类主观能动性的高级表现形式,是推动民族进步和社会发展的不竭动力。

创新的社会学解释是:人们为了发展需要,运用已知的信息和条件,突破常规,发现或产生某种新颖、独特、有价值的新事物、新思想的活动。创新的本质是突破,即突破旧的思维定式、旧的常规戒律。创新活动的核心是"新",它或者是产品的结构、性能和外部特征的变革,或者是造型设计、内容表现形式和手段的创造,或者是内容的丰富和完善。

在我国研究与实践领域,凡属突破传统,具有开拓性的思想、行为、成果等都称为创新,即广义的创新概念,也是国内比较倡导的一个概念。它涉及理论创新、观念创新、科技创新、体制创新、制度创新、管理创新、市场创新、文化创新、教育创新等几乎所有领域。

我们可以这样理解:创新一定是人们能动地进行的首创性活动,是破旧立新、与时俱进,是一种新的价值的实现或者是新思想、新概念在实际生活中的成功运用,也可以是形成新思想、新观念和新理论的过程,更可以是一种精神境界。

(三)创新的特点

创新作为一种活动,既是一个过程,也是一种境界,具有以下特点:

1.首创性

首创性即"第一次",是历史上从未有过的,是"无中生有"或者是"有中生新"。新的变动、新的组合、新的改进等,都是创新。这种创新可以是完全的"新",也可以是部分的"新",只要对旧事物有所突破、有所超越、有所改进,与别人的有所不同,就是创新。

2.时效性

创新作为一种活动,在思想、理论、技术形成或产品投放市场后,经过一定时间会被更新的东西所替代,这种替代使得创新具有时效性。正因为这种时效性,我们在开展探究性教学或者进行科学研究时,就必须弄清项目所处的时期,并需对发展的前景进行预测。

3.成果性

成果性是指创新必须以新的成果体现,不管是物质的还是精神的,是器物的还是制度的。当然,创新过程中会有失败,但失败不是创新,只是创新的一个阶段、一个环节,是不可避免的阶段。

4.价值性

创新的价值性体现为创新成果产生的社会效益或经济效益,其价值标准是社会性的,以不损害社会利益为前提。与之相反,那些损害社会利益的活动,即便是首创,也绝不是创新。如制造新的毒品,搞新的迷信活动,发明新的计算机病毒等,都不是创新。

5.综合性

从创新活动过程来看,创新是许多人共同努力的结果,即多人投入产出活动。它既需要科技人员的理论知识和技术,又需要生产者和管理者的共同联合、协作,这样创新才能达到预期的目的。因此,创新是一项综合性的活动。

(四)创新的分类

创新活动是丰富多彩的。人类不可能永远墨守成规,必然会发展、变化,会开拓创新;在不同范围、不同领域的创新活动也就必然是多姿多彩的,创新就自然形成了不同类型。为了全面地把握各种创新的性质特征以及它们之间的区别与联系，就必须对创新进行分类研究。根据不同的标准，创新可从以下方面进行分类。

1. 根据创新成果的首创性划分

这是最常见的创新划分方法。这种分类法将创新分为原始创新、集成创新与引进、消化吸收再创新三大类型。原始创新是重大技术领域从无到有的开拓，其本质属性是原创性和第一性。集成创新是指创新过程中应用到的所有单项技术都不是原创的，其创新之处在于对这些已经存在的单项技术按照自己的需要进行系统集成，并创造出全新的产品或工艺。引进、消化吸收再创新是最常见、最基本的创新形式，是产品价值链某个或者某些重要环节的重大创新。

2. 根据创新成果在世界范围内的影响划分

根据创新成果在世界范围内的影响，可将创新分为绝对创新与相对创新。绝对创新是在全世界范围内实现首创的创新。相对创新是不考虑其成果是否是全世界范围内实现首创的创新。

3. 根据创新成果的自主知识产权划分

根据创新的成果是否有自主知识产权，创新可分为自主创新与模仿创新。自主创新就是自己创造出来的有自主知识产权的创新。模仿创新是指通过模仿先前创新者的创新构想、创新行为和创新成果而做出的创新。

4. 根据创新活动的领域划分

根据创新活动的领域划分，创新可分为科技创新、制度创新、文化创新、教育创新、理论创新与营销创新等。

【经典案例】让大学生放下手机重回课堂

米奇·加德纳和罗博·里查德森是北加州奇科大学的两名学生兼 Sigma Kai 兄弟会成员。里查德森主修计算机科学，他发现自己在受某件事情的困扰，用加德纳的话就是：在课堂上，同学们总是盯着自己的手机，发短信、刷脸书等，就是没人听讲。他俩对这个问题讨论越多，就越反感这种行为。他们想：如果技术会导致手机上瘾，那也应该有办法解决这个问题。于是，他们设计了一个名为 Pocket Points 的 APP——只要学生在课堂上不玩手机就能获得奖励。采用"地理围栏"技术（圈定了校园的 GPS"围栏"），该 APP 能感知到学生何时进入了校园范围并自动锁定他身上的手机。当学生身处校园，只要手机上该应用开启（手机锁定），就能获得积分。积分可以在当地商店兑换咖啡、酸奶等。而一旦离开校园范围，手机自动解锁，又可以欢乐地各种"圈"人了。北加州奇科大学是他们的 APP 首发的地方，几周之后，全校 1/3 的学生都在用它。惊异于 Pocket Points 的反响，他们在宾夕法尼亚州立大学也进行了推广。同样地，几周时间内，大约 1/3 的学生投入了该 APP 的怀抱。

地方报纸为此写了篇报道。事情就是那么巧，北加州奇科大学另一初创公司成功传奇——克里斯·弗里德兰，Build.com 的 CEO，看到了这篇文章。他同意约见两位初出茅庐的学生，而且非常喜欢他们和他们的 APP，不仅对此投资，还成为他们的导师和一大助力。有了弗里德兰的投资，两位小伙伴的事业开始腾飞。当到别的学校推广Pocket Points 时，他们会利用 Sigma Kai 兄弟会的关系雇佣几个校园"大使"。这些大使四处宣传该 APP，低成本地开展业务。该 APP 如今已入驻 100 所学校，且采用率接近 50%。还有 1200 多家商店使用 Pocket Points 对学生进行营销并提供积分兑换服务，比如棒约翰、必胜客、星巴克、坚宝果汁和 LuLu 之类的在线商店。而两位创始人也筹到了新一轮的 150 万美元资金。

2016 年 1 月，Pocket Points 开始对店铺收取广告费，对在线商店收取联营费。仅仅几个月时间，收益就达到每月 5 位数的健康值，而且还在快速增长。

三、创新与创业的关系

(一)创新是创业的原动力

创新理论的奠基人熊彼特认为，所谓"创新"，就是"建立一种新的生产函数"。也就是说，把一种从来没有过的关于生产要素和生产条件的"新组合"引入生产体系。

现代管理大师彼得·德鲁克认为，创新是赋予资源以新的创造财富的能力的行为，是系统地抛弃昨天，在市场薄弱的地方、在新知识萌芽的时期、在市场的需求和短缺中寻找新机会。诺贝尔经济学奖获得者埃德蒙·费尔普斯指出，创新就是大众参与的"草根创新"，它是国内"土生土长"的，一个经济体创新的意愿和能力，是来自经济体的内部而不是外部。如果新产品没有市场意义，未能在经济层面取得成功，那只能算是发明，而不是创新。

从概念上讲创新是以新思维、新发明和新描述为特征的一种概念化过程。它有三层含义：①更新；②创造新的东西；③改变。创新是人类特有的认识能力和实践能力，也是一个人快速成长的推动力。从认识的角度来说，创新就是更有宽度、更有深度地观察和思考这个世界；从实践的角度说，创新就是能将这种认识作为一种日常习惯融入日常的学习工作中，做到每时每刻都在创新，所以创新是无限的，也是无止境的。

创新在经济、社会、科学等的研究中有着举足轻重的地位。而在我们的创业中，创新同样有着举足轻重的地位，许多公司把创新能力作为考察员工能力的一个重要方面。在创业的道路上，创新可以为我们的发展做更好的铺垫，使我们前进的道路更加简单、更加方便。创新是一个民族进步的灵魂，无论到什么时候，都是优胜劣汰，一个人或一个国家想在这个社会上拥有强者的地位，就必须不断创新。总体而言，狭义的创新，就是把技术和经济结合起来，涉及从新思想产生到产品设计、生产、营销和市场化等一系列行动；广义的创新力求将科学、技术、教育等与经济融会起来，"不仅要生产思想，还要利用别人生产的思想"，表现为不同参与者和机构(包括企业、政府、学校、科研机构等)之间交互作用的网络，任何一个网络节点都可能成为创新行为实现的特定空间。

不是所有的创新活动都能够成功。创新的道路和过程是艰难的，不可能一蹴而就，更不会一帆风顺，那么我们在生活中要如何开拓创新呢？首先，要敢于标新立异，不能墨守成规，我们要有开放的思想，要有快速发现问题的能力，在工作或学习中多多思考，凡事不能浅尝辄止；其次，还要有敢于提出问题的勇气，要大胆设想，敢想敢做，但不是鲁莽地去做，一定要建立在经过仔细思考的基础上，从而做到理性创新。

创新过程中最可贵的精神是不轻易说"不"。要相信自己，不怕失败。失败与成功，失去与得到，总是相对的。有付出，才有收获。在创新的过程中，一时的失败是常有的。面对失败，既不应退缩，更不能放弃。屡遭挫折，只要不屈不挠，坚持不懈，总能走向胜利。真正的失败往往是一次失败之后便失去了自己的志向，失去了斗志，从此一蹶不振，成功往往来自从失败中奋起，在失败中找经验，从而在失败中前进。

(二)创业是创新的载体

创业是一个跨学科、多层面的复杂现象，这一特点使得这一领域既引人注目又显得复杂，不同学科从其特定的研究视角，运用本领域的概念和术语对其进行观察和研究，这些学科包括经济学、管理学、心理学、社会学、人类学等，但对"创业"的定义迄今学术界尚未达成共识。

通常意义上，创业是人类社会生活中一项最能体现人主观能动性的社会实践活动。它是一种劳动方式，是一种需要创业者组织、运用服务、技术、器物作业的思考、推理、判断的行为。创业有广义和狭义之分。广义的创业，是指生活在各个领域的人们为开创新的事业所从事的社会实践活动，其突出强调的是人们在社会实践中所体现的一种特定的精神、能力和行为方式。狭义的创业是一个经济学的范畴，是指主体以创造价值和就业机会为目的，通过组建一定的企业组织形式，为社会提供服务从而获取利益的行为。

创业在不同人那里有不同的原因，但主要有三种：①一些自我意识很强的人，想通过自主创业来证明自己的能力，从而实现自我价值，得到社会的认可；②选择创业的人都认为自我空间很重要，他们通过自主创业，以实现自己的人生价值；③部分选择自主创业的人认为自己的事业做起来会更有激情、更投入、更有干劲。

(三)创新与创业相辅相成

创业与创新是两个不同的领域，将二者放在一起强调，是因为二者是一对"孪生兄弟"，关系密切。创业是创新的载体，创新是创业的动力。从创业和经济学的角度来看，创新的目的是支持企业生产出消费者愿意购买的商品。因此，创新离开了创业这个载体，就是闭门造车，其成果将被束之高阁。在我国，一直广受诟病的科研脱离实际、产学研脱节的现象，就是科研技术创新不能以创业作为载体的佐证，而在创业的过程中，企业不思进取，不锐意创新，最终也会被市场和消费者抛弃，破产关门。

企业因不创新而失败的例子比比皆是，曾经风光无限的手机巨头摩托罗拉、诺基亚、爱立信在苹果和三星智能手机创新大潮的冲击下逐渐退出了人们的视野。相机胶卷巨头柯达也在数码相机的冲击下走下神坛，走向没落。

因此，创业是创新的载体，创新是创业的动力。正是基于此，《国务院关于大力推进大众创业万众创新若干政策措施的意见》特别强调"双创"的意义在于"支持各类市场主体不断开办新企业、开发新产品、开拓新市场，培育新兴产业"，形成小企业"铺天盖地"、大企业"顶天立地"的发展格局,实现创新驱动发展,打造新引擎,形成新动力。同时强调"推进大众创业、万众创新,是扩大就业、实现富民之道的根本举措"。可见,"双创"促进更多的人创业,兴办更多的企业,并创造更多的就业机会。而创业的动力则是创新,通过"双创"共同发力,形成经济发展的新动能。

创业是创办企业,为市场上的消费者生产产品或提供服务,创业者只有从消费者的需求出发,生产或提供满足消费者需要的产品或服务,才能生存并发展下去。换句话说,创业能否满足消费者的需求,取决于产品是否有用、是否好用、是否价格合理、是否新颖、是否与众不同、是否方便购买等。为此,创业者要在产品功能、产品质量、产品成本、产品设计、生产工艺、生产流程、销售方式等方面不断适应消费者的需求变化,不断创新,才能立于不败之地。因此,创业者必须创新,以创新推动企业的发展。

创新对创业者来说,不是科技发明,而是技术应用创新,是开发新的产品,采用新的生产方法和新的工艺流程,构建新的组织形式,采取新的营销模式,以便适应消费者追求新产品、个性化产品、高性价比产品、便利购买产品的诉求。新产品的开发可以满足消费者变化的需求,消除审美疲劳;个性化产品的生产,可以满足消费者追求与众不同的差异化需求;高性价比的产品可以使广大消费者以合理的价格买到质量稳定的产品;便利购买的产品可以使消费者方便获得产品,节约时间和成本。

创业和创新不能截然分开,要一体开展,二者有主次,不能偏废。创业是创新的载体,没有创业,再好的创新也找不到存在的可能。而创新是创业的动力,只创业不创新也就成了没有生命力的病体,最终会消亡。

创业不等于创新,创新也不等于创业,两者有明确的研究边界,但并非相互独立,而是有着不可分割的内在联系。简单地讲,首先,创新是建立一种新的生产函数,是引进生产要素的"新组合";而创业则是这种"新组合"的市场化或产业化实现的过程。其次,创业的关键在于创新,创新是创业的源泉,持续创新必然推动和成就创业成果的商品化、市场化,因而创业使得创新的经济价值、社会价值得以实现。最后,创业与创新正呈现出越来越显著的融合趋势,这种融合是一个动态整合、集成的过程,并非只发生在新企业启动或创建阶段,而是贯穿创业和成长的整个过程,在这一过程中,创新精神、创业能力和市场意识始终是创业成功和持续成长的内在动力。创业与创新,你中有我,我中有你。

第二节 国内外创新创业教育发展历程与现状、趋势

【案例导入】清华大学的 x-lab 教育平台

2013 年 4 月 25 日,清华大学经济管理学院启动清华 x-lab 平台。x-lab 中的"x"寓意探索未知、学科交叉,"lab"体现体验式学习、团队工作。清华 x-lab 这个教育平台定

位于对创意创新创业人才的发现和培养。它的价值来源于三个方面：第一，实现校内多学科合作；第二，整合校外各种资源；第三，提供商业模式和社会价值实现的方式和路径。

清华 x-lab 在全国率先推出驻校企业家（EIR）、驻校天使（AIR）参与实践教育的方式。具有丰富实战经验的业界专家的参与使得清华学生的创业项目更加客观、远瞩、可行。驻校企业家和驻校天使每个学期将定期在清华大学进行现场指导，与教师、学生在x-lab 平台上互动，推动富有创意的思想和技术变成社会需要的产品和服务。此外，清华 x-lab 还将积极开展支持学生创意创新创业成长的各类服务，包括：创意活动、创业团队接待日、创业伙伴服务；全面开放的清华 x-lab 网站、创意创新创业学习和实践场所；组织创业团队交流培训活动并依托广大校友和合作企业，提供创意创新创业发展的指导和资源。

清华 x-lab 是一种尝试，它聚焦的是创意创新创业；它的特色是多学科交叉融合；它的方法是实践式、体验式学习；它的教学主体既有来自各院系的教师，也有来自业界的企业家、投资人。

一、创新教育和创业教育的内涵和特点

（一）创新教育和创业教育的内涵

创新能力是人们在创新活动中所表现出的各种能力及其综合表现，是人类的创造性智力与创新性品质的有效融合及认识能力与实践能力的有机结合，主要包括观察能力、思维能力、动手能力、沟通能力、协作能力等。

国际上关于创新教育（innovation education）的定义主要分为狭义和广义两大类，狭义的定义认为创新教育是以具有创新意识、精神、思维、人格及创造能力的创新人才的培养为目的的教育活动；广义则指所有以培养人的创新素质、提高人的创新能力为主要目的，不同于传统的接受式、填鸭式及守成式教育，能使人们进行创新而开展的新型教育活动。

创业能力的内容相对更为广泛，包含对社会政治经济大环境发展趋势的分析判断能力，善于发现和捕捉商机的能力，合法有效综合利用各种资源的能力，项目启动、开展及运作的能力，财务知识应用能力，风险预测及控制能力，以及组织管理、团队合作和沟通协调能力等。

创业教育同样也有狭义和广义之分。狭义的创业教育可以理解为一种培养学生开创事业，以及企业营运、商业活动、规划等过程所需的各种综合能力的教育，以使学生从单纯的求职者转变为岗位的创造者；而根据联合国教科文组织及 1991 年东京创业教育国际会议的定义，创业教育，从广义上理解，则是要培养具有开创性个性的人，进行事业心、进取心、首创性、探索精神、冒险精神等心理品质以及创业过程中独立的工作能力、技术、社交和管理技能的教育。

(二)创新教育和创业教育的特点

通过前面的论述,我们可以看出,创新创业教育强调培养人的基本素质、创新精神、创造性思维,特别注重对创新创业综合素质的培养,实践能力的提高,尤其是自我创业意识的加强及创新操作能力的拓展,使其能够独立自主地去发现问题、解决问题,并提出自己的新观点,同时确立创业意识,掌握创业基本技能和实践能力,进而能够构思和创造有价值的东西,成为高素质的社会主义现代化建设者。

这种强调以创新和创业为导向,以启发性和开放性为基本特征的教学理念及模式,依靠单纯的传统理论教学并不能完成,而必须借助实践经验的长期积累,促使学生从被动适应转换为主动探求和学以致用,从而进行创新设计、创业发展。具体来看,创新精神的培养要充分发挥学生的自觉性和独立性;创业素质的提升需要通过实践活动的开展;创造能力的培养需要理论联系实际,跳出书本和课堂的框框限制。

相比传统的教育模式,创新创业教育主要有以下五个特点:

(1)更注重对学生创新创业意识的培养,引导学生从"被动适应社会"的求职者转变为"主动适应甚至挑战社会"的建设者。

(2)强调课程体系的开发。针对创新创业内容,开设创业家养成、创业规划与经营管理、新企业创立和创新、新事业开发、创新活动管理、新兴企业融资、企业成长战略等课程。

(3)注重通过模仿等实战形式使学生获得更多感性体验,创新创业教育可以通过开办各种创新创业竞赛,在实践中让学生全面接触创新全过程。

(4)以厚实的学术研究为支撑,要求高校设有各类创新研究中心或创业中心等机构,为前沿课题的学术基础研究提供平台。

(5)能够直接诱发师生的创新创业活动。通过创新创业教育的开展,为师生提供创新的方向和途径,提高新公司的创建率,从而为经济发展做出更大贡献。

二、国内外高校创新创业教育

(一)国外创新创业教育概况

一些发达国家的创新创业教育开展较早,特别是美国作为第一个实施的国家,其经济和社会发展较快。英国在认识到创新创业教育的重要性后,采用了自上而下的政府推动模式,也取得一定成绩。日本依靠最初的模仿式创新成就了其经济的蓬勃发展。

1.美国高校的创新创业教育

美国是最早开展创业教育的国家。其创业教育的萌芽最早可追溯至 1876 年弗朗西斯·沃克(Francis Walker)出版的《薪酬问题》(*The Wages Question*),其主要贡献是将美国高校的学术触角伸向了创业者的资金问题(即广义的创新创业教育)。1887 年,美国颁布《孵化法案》,鼓励农业方面的创业行为。可以说美国的早期创业是以农业为主的。到 1947 年,哈佛大学迈尔斯·梅斯(Myles Mace)对 188 名 MBA 学员开设了第一门创业教育课程——"新企业管理"(Management of New Enterprises)。1949 年,

《创业史探索》杂志创刊。1951 年，Coleman 基金会（Coleman Foundation）作为首个主要研究创业教育的基金会成立。此后，相关课程和出版物逐渐增多，研究逐渐深入。

1953 年，纽约大学彼得·德鲁克（Peter Drucker）提出开设创业与创新课程（Entrepreneurship and Innovation），可作为美国创新创业教育的开端（即狭义的创新创业教育）。此后，更多的创新创业教育课程被开设，相关著述被出版。1968 年，百森商学院出现了第一个以创业教育（entrepreneurship concentration）命名的本科专业。1975 年，罗伯特·戴维斯（Robert Davis）成立了面向学生的赛扶组织（Students in Free Enterprise，简称 SIFE），对美国高校创新创业教育有重要的意义，并于 1979 年举行第一届赛扶学生商业竞赛（SIFE student business competition）。1984 年，百森商学院和德州大学奥斯汀分校举办首届校级商业计划大赛。1985 年，纽约大学彼得·德鲁克出版了《创新与创业精神》（*Innovation and Entrepreneurship*）。1990 年进行的麻省理工学院（MIT）创业计划大赛即"五万美金创业计划竞赛"是现今全球较有影响的创业计划大赛之一。1997 年《创业教育周刊》（*Journal of Entrepreneurship Education*）开始发行。

除此以外，美国还发行了大量的创业、小企业操作类杂志，开设相关课程的学校逐渐增多，学校的捐赠席位数量增加，创业教育中心数量增多，质量提高，有影响的创业教育项目也增多。

美国高校的创新创业教育从一本研究创业者资金问题的著述，发展到现今影响全球经济发展和教育走势的一股潮流。其创新创业教育是从单个管理学家学术研究，到个别教授或学校开设经管类新兴课程，再到提供创业类课程的学校数目增加，形成相关专业，走出商学院，形成特有管理机构和创业型大学。

【经典案例】美国创业教育的十个特点

一是创业教育内容丰富，注重培养学生的创业意识，引导学生从"被动适应社会"转变为"主动适应甚至挑战社会"。

二是把创业教育拓展为创新创业教育。由于创新与创业天然的内在联系，即便某个学校明言自己某个计划是"创业教育"，但教学内容的实质还是"创新创业教育"。

三是注重开发系列课程。

四是将创业教育细分化，诸如家族创业、新技术创新与创业、妇女创业、大型机构创新和创业。

五是多采用案例教学、讨论式教学，教学组织多采用学生分组结合项目进行，并鼓励学生深入企业中结合实践学习。同时注重通过模拟实验使学生获得创业的感性体验，其中创业竞赛尤为凸显。1983 年美国德州大学奥斯汀分校举办了首届大学生创业计划大赛，接着麻省理工学院、斯坦福大学等 10 多所大学每年都举办这类竞赛，并逐渐波及世界其他国家的大学。

六是创业教育以厚实的学术研究为支撑。如美国 MIT 设有创新创业中心，美国百森商学院、斯坦福大学、克雷顿大学等都设有创业研究中心。

七是创业教育直接诱发了师生的创业活动。以美国 MIT 为例,该校毕业生和教师平均每年创建 150 个新公司,对美国特别是麻省的经济发展做出了重要贡献。学校一般设有创业教育中心,专门从事创业教学和研究。中心聘请创业经验丰富的教授从事教学,同时还聘请企业管理人员、风险投资专家等参与教学活动。

八是创业教育得到了社会各界的支持,尤其是成功后的创业者的赞助。高成长性公司的创立人、天使投资人、风险投资家、法律专业人士、财会专业人士都积极地参与到学校的创业教育活动中。

九是美国大学创业教育的重点,从专业看主要是商学和管理学学生,从层次看主要是研究生教育和职业教育、继续教育等方面。这一方面是由管理学、商学等专业的培养目标所决定的,另一方面是因为美国本科生的就业压力不大,而高等教育中职业技术教育和继续教育所占比重较大。

十是美国大学都设有创业教育基金,基金来源一般是企业或校友捐款以及学生创业成果的转化等。另外,美国一些学校为学生提供直接的创业资金支持。如百森商学院设立了"种子基金",为学生创业提供启动资金,有志于创业的本科生创业团队和研究生创业团队都可以申请到 5000 美元到 20000 美元不等的创业基金。该学院在校学生第一年的创业课程要求学生以团队形式向学校贷款 3000 美元启动一家公司,且必须返回本金和利息。教师会指导学生制定创业计划、管理公司并实现赢利。公司在学年结束时清算,除去原始资本,利润成为下一级学生开展创新事业的基金。

2.英国高校的创新创业教育

英国是继美国后较早开展创业教育的国家。其创新创业教育步入高速发展阶段始于 1999 年,英国政府制定了科学创业挑战计划(SEC),成立了科学创业中心(UK Science Enterprise Centre,UKSEC)。此后,2001 年成立了麦西亚创业协会(10 所大学联合),2004 年成立了全国大学生创业委员会(The National Council for Graduate Entrepreneurship,NCGE)。

英国制定了其创业教育的指导思想后,相继出台了相关立法,为开展创新创业教育铺平了道路。为确保执行力度,设立了大量资助创新和创业的基金会,如高等教育创新基金、科学创业挑战基金、新创业奖学金等。为保证执行效果,英国将与此相关的多个国家机关和组织联系到一起,而后在仿照美国创业教育中心的基础上形成了其特色——设立优异中心,如白玫瑰创业优异中心,不仅进行教学改革,还支持学生更好地学习,进行商业项目开发。

3.日本高校的创新创业教育

日本的创新创业教育是从创新教育起步的,其"模仿改造型"创新使整个国家有较强的创新意识和创新能力。随着其他发达国家在创业教育中取得了成效,日本也开始认识到创业教育的重要性,采用自上而下政府主导高校实施的方式。日本创业教育(也称为企业家教育)虽未明确提及创新教育,但是为创业教育发展推行系列政策,如 1998 年推出的《大学技术转移法》为大学科技成果的转化提供法律保障。

日本将创新创业教育的定义分为三层：一是头脑教育，包括对创业精神、挑战精神、创业意识、不怕风险的勇气等的培养。二是培养创业能力的教育，这些能力主要包括想象力、创造力、课题发现力、发散思维能力、交往能力、逻辑思考能力、表现能力、信息收集能力、问题解决能力、企业策划能力、行动能力、决断力等。三是培养创业技能的教育，包括经济活动的组织和思考、商业买卖体验等方面的教育。

日本的创新创业教育是以培养企业家精神和创业能力为重点，以大学、大学风险企业、创业课程和实习为载体的，其中 ESP（Entrepreneurial Stimulation Project）理念是日本创新创业教育的重要理念。ESP 理念以大学风险企业创设为突破口，整顿学校环境，构建一个适合培养创业家的三维体系。此理论框架由学生创业教育、大学校园指定空间、提供服务网络、数据资源及信息网络五个辅助系统构成，它们不存在时间上的先后顺序，而是平行发挥作用的子系统。

除此以外，芬兰的"创业先锋计划"、丹麦的"提升学校创业教育行动计划"、挪威的"创业教育战略计划"等也都值得我们研究和借鉴。

（二）国内创新创业教育概况

总体上说，我国创新创业教育起源于 20 世纪 70 年代末的改革开放，当时我国正处于教育发展战略转移的过渡阶段，国家开始将教育管理权力下放到地方，扩大高校的办学自主权，以充分发挥中央和地方对教育事业管理的双重积极性，按照中央集权和地方分权相结合的原则，以解放思想、破除迷信、多快好省为指导方针，通过一系列结构调整与改革措施来改变传统管理体制，发展高等教育事业。该阶段开始强调学生的主体地位，重视发挥其主动性和积极性，并对教学内容、方式和方法实行改革，逐步提高教育质量。

80 年代初，创新创业教育思潮由西方传入我国，全国上下开始提倡创造教育，有关创造学、创造教育的书刊相继出版，国家设立了一些高新区，许多省市竞相成立创造学会，创造学类课程在高校纷纷开设，大量的教育工作者开始致力于创造教育。此时提出的创造教育的本质与我们现在提出的创新创业教育是相同的，同样是为了开发培养学生的创新精神、创造力、创业意识及能力等，但整体而言，社会和教育界对创造教育并没能给予应有的重视。

1992 年，邓小平的南方谈话促发了创新创业的热潮，而伴随着改革开放的深入发展，在"科教兴国"和"可持续发展"两大战略的直接促动下，我国的高等教育事业进一步加大了改革步伐。1998 年颁布的《高等教育法》中明确规定，高等教育要"培养具有创新精神和实践能力的高级专门人才"；之后的《中共中央国务院关于深化教育改革全面推进素质教育的决定》则进一步将创业教育纳入其中，要求"高等教育要重视培养大学生的创新能力、实践能力和创业精神"；教育部出台的《面向 21 世纪教育振兴行动计划》也明确提出了创新创业教育的目标和要求。这些政策法规把我国的创新创业教育推向了一个新的高度。

90 年代中后期的互联网创业及政府一再推动的科技成果产业化进一步为我国创新创业教育营造了良好的外部环境。2002 年，教育部将中国人民大学、北京航空航天大学、上海交通大学等 9 所高校确定为创新创业教育的试点院校,从而形成了我国典型的几种创新创业教育模式:一是以中国人民大学为代表,强调创新创业教育应"重在培养学生创业意识,构建创业所需知识结构,完善学生综合素质";二是以北京航空航天大学为代表,侧重学生的创业知识、创业技能,通过商业化运作,建立大学生创业园,为学生创业提供资金资助以及咨询服务;三是以上海交通大学为代表,将创新教育作为创业教育的基础,强调在专业知识的传授过程中培养学生的动手能力,注重学生的素质培养,同时应建立全天候开放的实验中心和创新基地,为学生的创新创业提供必要的资金和技术支持。

我国的教育长期以来受"应试"的束缚,传统的教学方法、课程安排、考试制度、评价标准等统一呆板,阻碍了学生主观能动性的发挥和思维的拓展,不利于创新思维及创业意识的培养。同时,近现代以来,我国的整体创新能力也逊色于其他一些发达国家,这在一定程度上说明,我国目前的创新创业教育仍处于初级阶段,需要从内外部环境着手,进一步完善其相关体制,并采取有效的措施来改革和加强。

(三)国内外研究型大学创新创业教育对比分析

基于上述对发达国家创新创业教育演化历程以及我国创新创业教育发展现状的探讨,我们对国内外研究型大学的创新创业教育的特点及具体表现做了对比分析,以寻找我国研究型大学在创新创业型优秀人才培养方面存在的问题及我国研究型大学创新创业教育体系与国外大学成功的创新创业教育体系间的差距,从而为我国研究型大学创新创业教育体系的设计、构建及运行奠定有力的理论基础。

相比国外大学的成功经验,国内大学虽然开始注重创新创业教育,并已取得一定成绩,但依然存在以下问题,影响了其创新创业教育的实施和成效。

(1)学科地位边缘化。目前在大学从事创新创业教育的或是现有的技术经济学科,或是企业管理学科,呈现边缘化趋势。

(2)课程的体系化程度有待提升。据对部分以理工科为主的学校进行的调查,开设创新类课程的大学约占 1/3,开设创业类课程的则仅占 1/20,而将二者结合的就更少了。

(3)教学方式上实践教学欠缺。

(4)教学对象因校而异。一些学校侧重于本科生,一些学校侧重于研究生。

(5)教学内容因师而异。同样一门课程,不同教师讲授的内容差别较大。

(6)支撑教学的创新创业学术研究有待系统化和深化。对于创新教育,目前国内大学侧重于研究创新的激励机制、突破性创新、新兴技术管理、复杂技术与产品创新、模仿与自主创新、技术战略、创新战略、创新联盟、商业模式创新、产业创新体系等。相比国外而言,还缺少对企业创新体系、创新流程管理的深入研究。对于创业教育,目前侧重于研究创业活动筹划、新创企业的治理结构、投资者与创业者的信任关系、创投公司的治理结构、投资者的项目与团队选择、连锁经营机制、新创企业风险管理、企业成长性评价等。相比国外而言,还缺少对社会创业体系、创业流程管理、新创企业成长管理等方面的深入研究。

三、创新创业教育未来的趋势

当前国际上以经济、文化和军事为核心的综合国力的竞争越演越烈,大力发展创新创业教育,培育创新型人才已成为发达国家保持其科技领先地位的重要保障。而发展中国家要在某些领域赶超发达国家,同样要在高校实施创新创业教育,培育创新型人才,这是未来教育改革的重要内容和方向。

(一)教育体系由封闭、统一、刚性转向开放、灵活、柔性

除了学校的教育体系的系列因素外,社会环境同样对学生的创新品质及创业素质具有很大的影响,因而封闭的教育形式必将被淘汰,现代教育体系必将与社会、企业进行更多的信息交流和沟通,为创新创业教育的人才培养目标制定、课程体系安排、教学方法设计、人才评价制度等提供指导性帮助。开放型的教育体制有利于加强学校师生与社会的联系及教育系统各个部分、各个环节间的顺畅沟通,形成学习型的社会。同时,统一呆板、过于刚性的教育体系,必然会与学生的意愿、兴趣相违背,不符合个性化教育理念中因材施教的基本规律和原则,会抑制学生的个性化发展,不利于其创新意识和创业能力的培养,阻碍其创新创业行为的开展。因此,在未来的创新创业教育体系设计中,必须对计划经济体制下形成的封闭、统一、刚性的制度进行深化改革,建立开放、灵活、柔性的,与创新创业教育基本规律相一致的制度体系。

(二)教育制度由集权型转向分权型

根据个性化教育理论,创新创业教育需要针对各高校的实际情况和学生的自身特点及条件来因材施教,为社会培养出个性鲜明、富有创造力、具有创新能力的人才,从而满足现代化建设的人才需求。国内外创新创业教育的演化历程表明,高校、各机构、教师及学生拥有充分的自主权是成功实施创新创业教育的基础。人们也越来越清楚地意识到,中央集权型的教育制度总体而言不利于创新创业教育的实施,过于集权的体制限制了教育的因地制宜和因材施教,因而,在加强中央宏观调控的同时,逐步将教育管理和办学自主权下放至地方和学校,以扩大其教育职责和权限,充分调动其办学积极性,激发其创新创业教育的热情,让学校适应社会经济发展将成为创新创业教育体制改革的一大方向。

(三)管理方式由集中控制、消极服从型转向宏观调控、主动适应型

在传统集权型教育制度下,高等教育的主管部门用集中控制的管理方式将高等院校的教育形式、课程安排、学生管理等均纳入其制定的各种教育规则范围,而高等学校则表现为遵守各项规章制度,这种集中控制和消极服从型的管理方式同样存在于高等院校内的管理部门与各基层部门之间以及教师和学生之间,极大地压抑了高等院校、教师和学生在工作学习中的主动性、积极性、创新精神和创业意识,因而,在教育主管部门将权力下放,由集中控制管理转向宏观调控的同时,创新创业教育还需要校内各管理部门将事无巨细的过程管理转向目标控制。教师也将赋予学生较大的自主性。

（四）师生关系由权威型转向平等民主型

在传统的教育理念里,师生之间是命令与服从、教授与接受的关系,学生需将教师当作权威来服从,这与创新创业教育的主体教育理论基础相违背。只有在独立、平等、民主的关系中,双方互相负责、尊重、质疑、沟通并交互意见,学生不断主动发现问题并解决问题,才有利于他们创新意识和创造力的培育,学生才得以自由成长。

（五）教育过程、途径、方式、评价的转变

目前,大部分高校依旧沿用传统的灌输式教育过程和方法,由学校设计课堂教学课程,教师以课本知识的传授为主,而学生以课本知识的记忆、背诵为主,学习过程主要靠纪律惩罚来维持。创新创业教育必然需要突破这种传统教育方式,转向启发式教学。首先是教育管理形式由封闭、强制和集中转向开放、参与和自主;其次是教学过程由学生对知识的被动接受、储存和积累转向信息主动获取、灵活选择、提取和加工,由教师给学生现成唯一的标准答案转向启发学生举一反三,主动提问,鼓励其不断质疑并思考,从多方面提出设想方案,并从中进行选择,做出决策,促使其自主学习,不断创新;再次,教育途径由注重课堂转向课堂内外并重,将课堂教学与课外实践活动相结合,由单一的教学转向教学与研究相结合,重视学生兴趣和个性的培养;最后,教育评价也由注重选择转向注重培养。

此外,随着教育改革的深入和创新创业教育的发展,教育体系、制度、管理方式,师生关系及教育方式、过程、评价等方面都将发生深刻的转变。同时,创新创业教育将逐渐分类化,由单一课程体系细分为新技术创新与创业、家族创业、妇女创业、大型机构创新和创业等分支,从而取得长足的发展。

综上所述,我国高校大学生创新创业的意识、素质和实践能力均有明显增强。国家出台的一系列优惠政策深受广大高校毕业生欢迎,为促进高校毕业生创新创业发挥了重要作用。总体上讲,我国大学毕业生创新创业情况还不是很理想,突出表现在创新创业的呼声高,但参与度低、成功率低、项目技术含量低等。目前西方国家大学生自主创业者已达20％～30％,而我国大学生创业比例尚不足 9％,与国外相比差距仍然存在,我国高校创新创业教育尚处在起步探索阶段。

第三节　推进大学生创新创业课程建设的意义和方法

【案例导入】深圳朗科：创新专利让我底气十足

朗科状告 PNY,是国内企业第一次在境外起诉外国企业侵犯中国企业发明专利权的事件。事实上,激励企业自主创新的一个重要因素就是要有效地保护属于自己的知识产权。

美国东部时间 2006 年 2 月 10 日,深圳朗科公司委托美国摩根路易斯律师事务所向美国得克萨斯州东区联邦法院递交了一纸诉状,将美国 PNY 科技有限公司告上法庭,要求 PNY 立即在全美停止生产和销售闪存盘,并且索赔巨额赔偿。

一家中国厂商在美国本土状告一家美国厂商侵犯其发明专利权,这在此前还没有先例。所以,2 月 16 日,朗科公司在北京召开新闻发布会宣布这一消息,立刻引起各界关注。是什么让朗科具有如此的底气? 朗科的负责人说,是不间断的自主创新,是属于我们自己的优势专利。

这一切,均源于小小的闪存盘。

1999 年,留学归国人员邓国顺与成晓在深圳创办了朗科公司,并投入 500 万元用于研发闪存盘。闪存盘是世界上首创基于 USB 接口、采用闪存介质的新一代存储产品。朗科公司关于闪存盘的全球基础性发明专利——"用于数据处理系统的快闪电子式外存储方法及其装置"曾在 2002 年 7 月获得国家知识产权局授权,荣获了中国专利特别金奖及中国专利金奖。

凭着这项专利,朗科所发明的闪存盘在深圳迅速产业化,仅用两年时间朗科就实现了销售收入从"零"到"亿"的突破。IBM 公司曾向用户推荐朗科优盘,其后 Dell、方正等各大电脑厂商开始掀起了一场捆绑销售优盘的热潮。朗科优盘连续 3 年实现全国销量第一,公司业绩增长保持年均 300% 的速度,朗科成为全球移动存储及无线数据领域的领导厂商。

在闪存盘专利的基础上,朗科公司又开始了新的技术创新。

在不断创新的同时,朗科与众多厂家合作,共同促进闪存盘市场的发展,如与三星、IBM、明基等企业建立了长期的合作关系或专利许可合作。此外,朗科公司积极参与国家闪存盘产品标准的制定工作,并作为核心成员被吸纳进国家工业与信息化部移动存储器标准工作组,共同进行闪存盘标准的制定。

朗科公司总裁邓国顺表示,知识产权是企业自主创新的灵魂,企业一方面要不断推陈出新;另一方面要加强对自主知识产权的控制力,提高知识产权保护意识和应用能力,只有这样企业才能保持旺盛的生命力。

创新创业教育是以培养学生的创新能力、创新意识和创业技能为基本内容,注重实践,讲究创新,力求培养出高素质创新型人才的教育体系。创新创业教育体系的科学设计与有效实施是高校深化教育体制改革的需要,并已成为现代教育改革的新趋势,对研究型大学提升人才培养质量,实现高水平创新型大学的建设目标具有理论指导和实践意义。

一、推进大学生创新创业课程建设的意义

(一)理论意义

(1)丰富了高等教育领域中对人才培养管理的理论研究。目前对高等教育的相关研究大多集中于教学方面,而对创新创业要素的研究则相对薄弱。通过创新创业课程

建设的推进,以创新创业的视角作为切入点研究人才培养体系,从培养理念、运行范式和操作原则等方面进行全新的拓展,对高校人才培养管理理论的丰富与完善具有十分重要的理论价值和创新意义。

(2)拓展了创新教育与创业教育的理论领域。创新教育与创业教育二者的融合进一步拓展和延伸了高等院校教育的理论领域,通过鼓励创新和原创,提升知识生产的质量和价值,对高等院校的教育体系理论研究有很好的指导作用,拓展了高校人才管理研究的新视野。

(二)实践意义

高校创新创业课程体系的推进,不仅丰富了高等教育人才培养理念、模式、方法和机制的相关理论研究,也有利于促进高等教育体系的科学化、规范化,有利于提升高校的教学、科研创新水平,从而全面提高高校学生创新创业能力和综合素质。

(1)为高等教育的改革指明了方向。我国长期以来的传统教育主要是知识教育,忽视学生的主体性、能动性、创造性,高分低能的现象普遍,而创新创业教育则有利于转变旧观念,深化教育体制改革,建立以人为本的人才培养模式。

(2)为社会培养更多的创新创业型人才。通过激发学生学习的积极性和主动性,培养应用型人才,有助于提高学生的创新创业能力,促进个人自身发展。

(3)是大学生就业、创业的实际需要。现阶段大学生就业难已经引起多方面重视。通过创新创业课程体系的推进,开展大学生创新创业教育,可以"以创业促就业",更好地促进学生的全面发展,有利于提高其对未来职业发展的规划能力,减轻大学生就业问题对社会的压力,帮助其更好地就业。

(4)是教育国际化的要求。大学生创业是国际形势所趋,在西方发达国家,大学毕业生自我创业非常普遍,这也是我们的高等教育与国际接轨的要求之一。

二、推进大学生创新创业课程建设的方法

推进大学生创新创业课程建设的主要目的是提升大学生创新创业能力,而大学生创新创业能力的培养是一项涉及全社会的复杂工程,离不开个人、家庭、高校、政府、社会的努力。要进一步完善我国大学生创新创业能力培养体系,必须提高各组成部分的重视程度,建立起一个个人和家庭、高校、政府、社会四位一体的、科学高效的创新创业能力培养的运行机制和体系。

(一)个人与家庭方面:转变观念,进行自我培养

观念是行动的向导和指南,学生本人和家长只有从思想上接受创业,认识到创业也是就业的一条出路,才能重视创业,选择和支持创业。

第一,家长要转变观念,帮助孩子树立正确的创业观。家长要多了解当今的就业形势,多与孩子沟通,摒弃传统的知识观、学业观和学生观,充分认识到实践知识和书本知识同样重要;要帮助孩子树立正确的创新创业观,因为家长相对于孩子来说有着更丰富的经验,对于孩子在创业过程中遇到的一些价值观问题能给予引导。

第二,大学生要转变传统的就业观。要转变终身就业观,树立动态就业观,树立"先就业,后择业;先生存,后发展"的观念,在工作中不断学习发展,寻找适合自己的工作。

第三,大学生要学会自我培养,为创业做准备。大学生要增强创新创业意识和创业精神的自我培养,参与创业实践活动,积累创业经验,提高创业能力。

(二)高校方面:建立完善的创新创业教育体系

高校作为创新创业教育的主体,对大学生创新创业能力培养起着关键的作用。而先进的创新创业教育教学理念、科学的创新创业理论课程体系和实践活动、高素质的创新创业教育师资队伍、完整的教学体系和研究体系,是高校大学生创新创业课程建设推进的四个关键部分。

(1)树立全新的创新创业教育观,改革人才培养模式。在创新创业课程建设推进过程中,高校应以大学生为本,着眼于培养高层次、高质量具有创新创业能力的大学生,帮助大学生树立创新创业意识,鼓励大学生投身各种社会实践活动中,施展自己的才华,积极主动创业。

(2)构建科学的课程体系,理论课程与实践课程相结合。创新创业课程体系是大学生创新创业能力培养的核心部分,要以加强基础理论学习、注重实践活动、拓宽口径、突出特色、提高能力为创新创业教育的原则。教材的选择要以发挥学生的主观能动性和创造性为基础,以市场需求为导向,教材内容应多样化、弹性化、特色化、个性化。高校创新创业课程建设的推进过程要以各个年级学生的特点以及其对创业的认知程度为依据,构建由浅入深、理论与实践相结合的课程体系,真正把大学生创新创业能力培养融入大学教学中。

(3)构建一支高素质的创新创业教育师资队伍,优化师资队伍配置。在推进创新创业教育课程建设的过程中,教师的观念、素质、知识水平、创业精神以及创业能力,对大学生创新创业能力培养具有决定性的影响。创新创业教育的从教人员除了应具备基本的知识和能力外,要具备更高层次的素质和能力,包括全新的创新创业教育理念、创新创业精神、创业能力及专业的实践能力等。

(4)构建大学生创新创业能力培养实践基地,亲身体验创业。大学生创新创业能力培养实践基地是沟通理论教学和实践的媒介,是大学生亲身体验创业的平台。通过创新创业实践活动,大学生可以积累经验,挖掘自身潜在的能力,增强对创业环境的认知。

(三)政府方面:建立完善的创新创业支持系统

近年来,为有效促进大学生创业,中央和地方政府出台了一系列的政策,这些政策对培养大学生创新创业能力具有重要的作用。政府部门应从创业服务体系和创业政策入手,逐步建设完善基础设施,构建起"鼓励创业、支持创业、服务创业、保护创业"的创业政策体系,使更多的大学生成为创业者,实现创业促就业的倍增效应。

(1)搭建政府公共服务平台,建立完善、系统的创新创业服务体系。为了做好大学生创新创业能力培养这项工作,政府首先要设立专门的机构——国家大学生创业服务中心,统一负责研究、解决大学生创业前、创业中出现的问题。另外,地方也要设立地方大学生创业服务中心,从基础环节入手,提供创业信息、创业项目、创业导师、创业基地,提供创业培训、政策咨询、法律援助、心理指导等一条龙服务。

(2)构建完善的创新创业政策体系。近年来,为支持大学生创新创业,国家和各部门出台了许多优惠政策,涉及工商、税务以及资金贷款等方面。在此基础上,各地政府为了扶持当地大学生创业,也纷纷出台了相关的政策法规,并且力度更大。面对当今严峻的大学生就业形势,为鼓励大学生采取各种灵活积极的方式进行创业,以创业带动就业,必须完善大学生创业政策体系。第一,完善和落实优惠的创业政策,降低大学生的创业成本。第二,拓宽大学生创业融资渠道,解决创业融资难题。第三,国家应为大学生创业设置创业保险制度,在一定程度上为大学生承担风险。

(四)社会方面:营造创业文化氛围

大学生的创业活动从观念上的转变到行为上的选择,从本质上讲都属于冒险行为,尤其在创业过程中会承担各种风险,成败并存,得失同在。此时,社会大环境的协助就显得十分重要,社会要能够提供一个鼓励创新和允许失败的宽容氛围,企业、社区和协会机构还要负起相应的社会责任。全社会要营造出良好的创业氛围,鼓励大学生创业;企业要主动担负起应有的社会责任,帮大学生圆创业梦;社区要努力创新服务方式,为大学生提供创业服务;创业协会等社会组织要积极组织大学生进行创业实践,帮助大学生成功创业。

【经典案例】目标对于人生的导向作用

美国哈佛大学有一个非常著名的关于目标对人生影响的跟踪调查,对象是一群智力、学历、环境等条件都差不多的年轻人,调查结果发现:27%的人没有目标;60%的人目标模糊;10%的人有清晰但比较短期的目标;3%的人有清晰且长期的目标,并能把目标写下来,经常对照检查。

经过25年的跟踪研究,他们的生活状况和分布现象十分有意思:那3%有清晰且长期目标的人,25年来朝着同一方向不懈地努力,他们几乎都成了社会各界的顶尖成功人士,他们中不乏白手创业者和社会精英,有些甚至成为行业领袖;10%有清晰但比较短期目标的人,那些短期目标不断被达成,生活状况稳步提升,成为各行各业不可或缺的专业人士,大都生活在社会的中上层,如医生、律师、工程师、高级主管等;而60%目标模糊的人,他们能安稳地生活与工作,但都没有什么特别的成绩,几乎都生活在社会的中下层;剩下的27%是那些25年来都没有目标的人,他们几乎都生活在社会的最底层,他们的生活过得不如意,常常失业,靠社会救济,并且常常抱怨他人、抱怨社会、抱怨世界。

从这个调查可以看出,目标对人生具有巨大的导向作用,可以说,有什么样的目标就会有什么样的人生。行为科学认为,目标是一种刺激,合适的目标能够激发人的动机,规定行为的方向。行为科学家佛隆认为,人们把目标的价值看得越大,实现的概率越高,这个目标对他的激发力量也就越大。理想的职业生涯目标,对人的发展有着重要的激励作用。

思考题：

1. 简述国内外创业活动发展历程，阐述创业对国家社会经济发展的推动作用。

2. 在众多的创业活动中，你喜欢哪种或哪些类型的创业？为什么？

3. 经济转型对于创业方式的转变产生了哪些影响？

4. 简述创新与创业的关系。

第二章　创业精神与人生发展

在知识经济时代,全球产业结构正面临彻底的解构与再重组,创业精神正是驱动重组的最主要动力。对国民经济来说,创业者通过引入和实施产品创新、过程创新、市场创新和组织创新等创造性思想促进经济的发展;对个体而言,创业不但是一种充分实现自我的机会,更是发挥个人潜能的舞台,创新与创业将成为知识经济社会的常态行为。当代中国,需要大批具有创业精神和创新意识的高素质人才,青年创新创业能力的强弱,将决定中国未来发展的前途。大学生是受过良好教育、具有较大发展潜力的群体,发掘和培育大学生的创业精神,是创新型国家建设的关键。

进入 21 世纪以来,我国在创业教育方面做了许多有益的尝试,无论是创业课程体系、教学方式和手段的改革,还是建立创业孵化基地等,都为大学生提供了良好的创业实践平台。作为一个还未步入社会的在校大学生,不管将来是选择创业还是就业,都应该具备创新意识与创业精神,这对于最终是否可以拥有理想的人生至关重要。本章将从认知创业精神的本质和内涵入手,分别论述创业精神的主要作用和影响因素,并对大学生创业精神的培育展开分析。

第一节　创业精神的含义

【案例导入】缺乏激情,导致创业失败

照片保管网创建于 2006 年,是一家提供在线照片备份服务的企业。公司全自动运行,这意味着用户一旦下载了软件并设置好选项,它就会自动为用户备份照片而不需要人为介入。而大多数照片共享网站,比如 Flickr、Zooomr 等,需要用户手动上传照片。照片保管网在用户浏览、展示和操作照片方面,也尽力为用户着想。企业的顾客满意度排名很高,CENT 网称它是"最佳照片备份网站"。然而,在 2007 年底,公司创建者关闭了该网站。到底发生了什么呢?

照片保管网在技术上很优秀。尽管照片存储市场竞争激烈,但公司拥有鲜明的产品特色与顾客满意度。按照公司共同创建者克里斯·肖的说法,企业失败的原因有三方面:第一,照片保管网积极寻求百思买连锁的合作,希望将它的存储服务特许给百思买公司经营,或将服务与百思买公司产品进行捆绑销售。尽管公司获得了积极反馈,但没能形成决策。第二,照片保管网没能像预料的那样快速成长。肖及团队成员最终明白,人们说自己关心什么,并不意味着会为此花钱。第三,肖承认,他及其管理团队对运营在线存储公司感到厌倦。

尽管公司失败还有其他因素,但肖再次提到:"我们学到的最大教训是:做那些让你激情澎湃的事情。在创业领域,如果你感到厌倦,你就只有死亡。"

一、什么是创业精神

创业精神这个概念最早出现于 18 世纪,其含义在不断变化。20 世纪经济学家约瑟夫·熊彼特专门研究了创业者创新和追求进步的积极性所导致的动荡和变化。他将创业精神看成一股创造性的破坏力量,创业者采用的新组合淘汰了旧有的产业,新的、更好的经营方式摧毁并替代了原有的经营方式。现代管理学之父彼得·德鲁克将这一理念推进了一步,他认为创业者是主动寻求变化、对变化做出反应并将变化视为机会的人。只要看看传播手段所经历的变化——从打字机到个人计算机到互联网再到移动互联网的普及,这些观点便一目了然。

对什么是创业精神,美国安利公司董事会主席史提夫·温安洛曾讲过三个故事,阐述他对创业精神的理解,即创业必须有产品和顾客,创业需要团结和分享,创业还要勇于冒险。

第一个故事发生在非洲象牙海岸的一个小村庄。一位先生有一部手机,他发现一个地方手机信号最好,于是他将这部手机固定在那个位置,并宣布小岛上的第一个公共电话厅成立了!许多人来打电话,他赚了不少钱,然后,他用赚的钱购买了小村庄里第一台游戏机,生意就做起来了。

"很多人都知道买和卖的概念,一个人、一部手机、一台游戏机和很多顾客,这位先生就是一名货真价实的创业者。"温安洛表示,"创业最基本的两个元素就是产品和顾客。"

第二个故事发生在格陵兰。"在零下 40 摄氏度的气温里,总有一群群的狩猎者去捕猎海象,让人吃惊的是猎人之间的关系。他们会在一间小木屋里扎营,把海象肉分给伙伴和猎狗带回家中,但每一次他们都会留下一些肉,给下一次进驻的猎人。"

"懂得分享,在乎集体的成功,而绝不是独自拥有。"温安洛道出创业精神的精髓,"只有分享成果,彼此扶持,团结在一起,才可以发挥最大的力量。"

第三个故事是温安洛的亲身经历。他 12 岁那年,父亲带着他们一家六口到美国西部寻找机会,"当时坐的车是一部有 10 吨重、铁皮打造的小巴"。在前进的路上,一座摇摇欲坠的桥横跨陡峭的峡谷。"父亲是工程师,我们很信任他,但那个桥破旧得似乎能被一只停在上面的苍蝇压垮。"父亲停下车,查看了一下地形,将车倒退了 100 米,然后加足马力,全力以赴地飞跃了那座破桥。"我当时坐在父亲旁边,今天我能站在这里,就是告诉大家我是达标的。"温安洛风趣而自信地说。创业是要冒险的,当然前提是盘算清楚,一旦决定,就要加快速度,勇往直前。

关于创业精神,哈佛大学商学院也提出学院派的观点,即"创业精神就是一个人不以当前有限的资源为基础而追求商机的精神"。从这个角度来讲,创业精神代表着一种突破资源限制,通过创新来创造机会、创造资源的行为,而不是简单地体现在创造新企业,或体现在创新上。创业精神是"没有资源创造资源,没有条件创造条件,用有限资源去创造更多资源"。

因此,我们将创业精神定义为:创业精神是指在创业者的主观世界中,那些具有开创性的思想、观念、个性、意志、作风和品质等。下面的案例也许可以进一步加深我们对创业精神的理解。

【经典案例】浙商:"草根"的传奇创业精神

在中国的企业家群体里,浙商是一个独特的存在。如果没有他们赖以成长的草根意识和创业精神,那么在这一代浙江商人中将不可能走出伟大的企业和真正的企业家。

在人才辈出的浙商群体中,宗庆后无疑是个标志性人物。身为"草根",以草根精神去创业;注重买卖,以买卖的原则去开拓市场;看重家族血缘,以家长作风去治理企业——不管这些理念在一个全球化时代可能给企业带来多么巨大的风险,但这并不影响宗庆后把娃哈哈塑造为妇孺皆知的一个中国品牌。

宗庆后的俭朴和霸气是出了名的,他所坚持的那些商业理念似乎从未改变。在宗庆后看来,娃哈哈能够在开放最早、竞争最激烈的饮料市场独树一帜,很大程度上得益于自己对这些理念的默默坚守。宗庆后今天所拥有的成就很少人能望其项背,但他的商业实践在庞大的浙商人群中并不是独一无二的,类似的"草根"随处可见。万向老板鲁冠球曾经是打铁的,正泰老板南存辉曾经是修鞋的,被称为东方好莱坞的横店影视集团老板徐文荣曾经是种地的,饰品大王周晓光曾经是一个走街串巷的女货郎。相同的草根出身,相同的创业精神,相同的经管理念——在过去的30多年中,使越来越多的浙江商人因此走向成功。

站在浙江这块土壤上,宗庆后对身边各种商业实践的认识总能一针见血:做企业、做市场,就是解决一个"卖"字,解决一个"买"字,这两个字解决好就行了。事实上,宗庆后的这一观点一直被成千上万的浙商所践行、所印证,他们卖水、卖鞋子、卖服装、卖五金、卖塑料、卖纺织品,在这里一切都围绕着买和卖,区别只在于各人所达到的境界不同。即便是在新经济中脱颖而出的浙商马云、陈天桥,在互联网产业热潮最为汹涌的年头,也坚持不靠天花乱坠的商业故事去吸引投资,而是像卖鞋子、卖袜子那样挨家挨户上门推销他们的互联网产品和创新服务。这也就是为什么当中国不计其数的互联网公司都销声匿迹的时候,马云的阿里巴巴、孙德良的中化网和网盛公司却能够迅速壮大,并赢得全球客户的信赖和尊重。"我们永远不能失去的就是这种创业精神。"孙德良的解释可谓一语中的。

不管是一个还未步入社会的在校大学生,还是一位刚进入社会的大学毕业生,不管将来是选择创业还是就业,都应该具备创新意识与创业精神,这对最终是否可以拥有成功的人生至关重要。

二、创业精神的内涵

从理论上说,创业精神有三个层面的内涵:哲学层次的创业思想和创业观念,是人们对创业的理性认识;心理学层次的创业个性和创业意志,是人们创业的心理基础;行为学层次的创业作风和创业品质,是人们创业的行为模式。

从实践上来看,创业精神的主要含义为创新,也就是创业者通过创新的手段,更有效地利用资源,为市场创造出新的价值。虽然创业常常是以开创新公司的方式产生,但创业精神不一定只存在于新企业。一些成熟的组织,只要创新活动仍然旺盛,该组织就依然具备创业精神。

创业精神类似一种能够持续创新成长的生命力,一般可区分为个体的创业精神及组织的创业精神。所谓个体的创业精神,指的是以个人力量,在个人愿景引导下,从事创新活动,进而创造一个新企业;而组织的创业精神则指在已存在的一个组织内部,以群体力量追求共同愿景,从事组织创新活动,进而创造组织的新面貌。

创业是创业者依自己的想法及努力来开创一个新企业,包括新公司的成立、组织中新单位的成立,以及提供新产品或新服务,以实现创业者的理想。创业本身是一种无中生有的历程,只要创业者具备求新、求变、求发展的心态,以创造新价值的方式为新企业创造利润,我们就说这一过程中充满了创业精神。

创业精神所关注的在于"是否创造新的价值",而不在于设立新公司,因此创业管理的关键在于创业过程能否"将新事物带入现行的市场活动中",包括新产品或服务、新的管理制度、新的流程等。创业精神指的是一种追求机会的行为,这些机会不存在于目前资源应用的范围,但未来有可能创造资源应用的新价值。因此,我们可以说创业精神是促成新企业形成、发展和成长的原动力。

我们可归纳出普遍为企业所运用,与某些普遍适用的行为特性相关联的五大创业精神内涵:创新力、执行力、必胜的信念、注重价值创造和甘冒风险的精神。

三、创业精神的特征

(一)先进性

先进性,也可以称为超越性。先进性与模仿、复制所表现出来的精神有明显的差异。模仿指的是看到他人成功后,采取模仿和学习的方式而进行的行动。复制则是借鉴现有经营模式和成功模式进行简单复制的一种行为模式。模仿与复制在创业活动中比例较大,但这样的创业,创新成分很低,缺乏创业精神的内涵,在市场上,它们虽然带有冒险成分,但是无法实现新价值的创造。具有先进性的模式重在创新,无论是制度创新、管理创新、技术创新、产品创新、功能创新,还是其他方面的创新,它们所表现出来的创业精神最终以开创性的事业得到体现,创造新价值,想前人想不到的事,做前人做不到的事情。在当今时代,市场经济崇尚竞争,在市场中要理解竞争规则,在竞争中发扬先进性;与知识经济的发展相适应,利用先进性创造财富,用知识作为创新创业活动的支撑;与社会主义现代化相适应,在建设创新型国家浪潮中坚持先进性。无论是哪种创新,它所体现的创新创业精神本身必然具有超越历史的先进性,想前人之不敢想,做前人之不敢做。

(二)批判性

从创业精神的内涵来看,创业精神必然表现出批判性的特征。批判的思想意识是实现创业的前提条件,用批判的态度对待事物,在肯定事物存在合理性的同时,发现事物的不足之处,发现不足才能弥补不足,对于已经比较好的事物继续优化,不断更新。批判性的思维方式认为万事万物都有它的相对性,不承认前人的认识与实践具有最终性,因此,事物都具有改进、更新和变革的空间。这正是创业精神所具有的特性,创新性的创业就是建立在现存事物可以继续改进、更新和变革的基础之上,创造新事物,优化旧事物的某些功能,并实现新价值的创造。批判的思维方法是实现创业的一条重要的途径,缺乏批判的思维方法就很难产生改革创新的想法,更不用说用创新实现创业了。创新来源于问题,以问题为导向,才能在创业活动中实现创新,做到真正的创业。

(三)科学性

李克强总理寄希望于大学生:"希望同学们秉承'求是创新'的精神,孜孜以求,追求真理。"创业精神具有实事求是的科学性,创新创业活动要立足于现实存在,杜绝凭空的想象,遵循事物发展的规律,主动挖掘事物之间的联系,尊重科学、利用科学,科学精神是创新创业精神的基石。科学性要求在对事物的认识、分析过程中强调以客观实际为基础,通过科学的行为如实验、实践等做出符合事实的判断,而不是建立在盲目的感性思维的基础上。它求真求实,反对虚假。要求人们在创新创业活动中以现实为依据,在尊重客观规律的基础上,充分发挥主观能动性,分析现实的可能性,将创业精神运用于创业实践,自觉开展一系列的思维活动和实践活动,将创业的意识与设想转化为创业观念蓝图、创业形象蓝图和创业实践蓝图,然后结合实际的发展现状,落实创业实践蓝图,创造出具有社会价值的实践成果,最终实现创业的理想。

第二节　创业精神的作用

【案例导入】郭敬明和他的小时代

郭敬明,这个伴随着"80后"成长的名字,如今他的小说继续影响着"90后",并开始被"00后"所喜爱,我们在这里不评判他的文学水平和导演水平,单以一个创业者的身份来看,他是极其成功的。

郭敬明大学时期便开始创业,他常年霸占着中国作家收入排行榜榜首。他在大学时便成立"岛"工作室,出版一系列针对自己小说受众的期刊,而后成立柯艾文化传播有限公司,逐渐建立起自己的商业版图。而且,以今天各种期刊纷纷转型产业链服务来看,郭敬明早在 2005 年就察觉了这一点,从那时起他就为刊物读者提供"立体服务"。例如,推出音乐小说《迷藏》,推出小说主题的写真集,拍摄《梦里花落知多少》偶像剧,在青春读物的基础上打造了一条属于自己受众的文化消费产业链,开始深耕产业布局。而今,郭敬明已经将自己的小说《小时代》拍成了电影,第一部便直奔 5 亿的票房……

知乎上有人这么描述郭敬明:"其实中国的年轻人并没有什么本质的变化。对于大学和社会的幻想,对于爱情和成功的畅想,对于华服美食的渴望,是每一代中学生的必由之路。真正重要的其实仍是郭敬明本人。"

一、创业精神与校园创业实践

亨利·福特曾说:"任何人只要做一点有用的事,总会有一点报酬,这种报酬是经验,是世界上最有价值的东西,也是人家抢不去的东西。"由此可见,创业实践的经验对于创业者来说具有举足轻重的意义。

有专家指出,当前大学生创业面临五大障碍:一是缺乏启动资金,二是缺乏市场经营实践经验,三是心理承受能力弱,四是创新能力不强,五是所学知识与实际运用联系不紧密。而另一项调查显示,"实践经验不足,缺乏社会关系"以 50% 的比例高居各种障碍之首。虽然大学生具备一定的理论基础,有一定的知识面,然而大学生毕竟身处校园,不能很好地了解和把握市场规律和游戏规则,同时又欠缺实际的经营管理能力和各种理财能力,在创业过程中处理各种具体事务时就难免显得力不从心。所以,大学生要经历从学生时代到职业时代的转变,完成从学生到创业者(经理人)的角色转换,最终取得创业的成功,突破实践经验不足的瓶颈就显得尤为关键。

对创业者来说,必须明确自己的目标,踏踏实实地学习,兢兢业业地工作。正如台湾塑胶集团董事长王永庆所说的:"经验,必须是刻苦耐劳、踏实地磨炼出来的心得才有用。如果是走马看花、参观性质、客串性质,只能称为经历,称为经过,所谓过来人并不能说就有经验,时间并不等于经验,这点是要分辨清楚的。"

俗语说没有金刚钻,别揽瓷器活。那么反过来说,一个熟练的工匠,得到了金刚钻,那还有什么样的瓷器修复不了呢?而一个执着的创业者,具备创业的基本素质,又积累了丰富的创业经验,距离梦想是否也更加接近了呢?

大学时代是人生的一个黄金时代,是实现自我蜕变、明确人生定位的关键时期。一般来说,大学生的自我意识在大学期间基本觉醒,能找到自己的兴趣和价值所在,从而为自己拟定一个初步的人生规划,这就为以后的成功打下了初步的基础。

机遇总是垂青有准备的人,有创业意向的大学生在大学期间就应为以后的创业做一些初步的准备,积累一些必要的经验。一般来说,大学一年级时,就应主动接受职业价值观方面的教育,开始了解自己的兴趣、特长和专业背景,为今后选择创业、确定职业目标奠定基础。大二、大三时通过参加社会实践和实习活动,对专业的社会需求和发展前景做深入了解,根据实践中自我适应程度的反馈信息,反思和调整自己的职业取向,初步确定与自己能力相吻合的职业选择。例如,要对个人的创业条件进行分析,准确定位。同时看自己是否具备当老板的气质和心理素质,比如承担风险能力、创新能力、决策能力和领导能力。

此外,在学习、工作的过程中,还应做好市场调查和分析,准确掌握市场信息,做好市场预测,建立经营思路,设计市场进入策略,对经营项目的投资、筹资、成本、收益等做出可信的测算,学会常用的财务管理知识。

二、创业精神与毕业就业选择

随着高等教育从"精英教育"转向"大众教育",高校毕业生就业形势日益严峻,大学毕业生数量将远远超过空缺岗位的数量。有专家指出,今后在很长一段时期内,大学生将面临更为严峻的就业形势。因此,创业精神的培养对于大学生毕业就业选择具有十分重要的意义。

培养创业精神有利于缓解大学生就业压力,培养创业能力有利于解决大学生就业难的问题。创业能力是一个人在创业实践活动中的自我生存、自我发展的能力。一个创业能力很强的大学毕业生不但不会成为社会的就业压力,相反还能通过自主创业活动来增加就业岗位,以缓解社会的就业压力。当前国家各级党政部门,纷纷把"鼓励和支持高校毕业生自主创业"作为化解就业难的主要政策。

【经典案例】"三国杀"的创始者

风靡全国桌游"三国杀"的创始人黄恺正是一位标准的大学生创业者。黄恺2004年考上中国传媒大学,就读动画学院游戏设计专业。他在大学时期就开始"不务正业",模仿国外桌游设计出了具有中国特色、符合国人娱乐风格的桌游"三国杀"。2006年10月,大三的黄恺开始在淘宝网上贩卖"三国杀",没想到大受欢迎。而毕业后的黄恺并没有任何找工作的打算,而是借贷5万元注册一家公司,开始做起"三国杀"的生意。2009年6月底,"三国杀"成为中国被移植至网游平台的一款桌上游戏。2010年"三国杀"正版桌游售出200多万套。

粗略估计,"三国杀"迄今至少给黄恺带来了几千万的收益,并且随着"三国杀"品牌的发展,收益还将会继续增加。

三、创业精神与人生价值实现

创业精神有利于大学生自我价值的实现。大学毕业生通过自主创业,可以把自己的兴趣与职业紧密结合,做自己最感兴趣、最愿意做和自己认为最值得做的事情,在五彩缤纷的社会舞台中大显身手,最大限度地发挥自己的才能,并获得合理的报酬。当前社会鼓励大学生创业,虽然基于的是化解就业难的问题,但从大学生自身来说,其创业的主要原动力在于谋求自我价值的实现。而只有提高大学生创业的比例，整个社会才能形成创业的风气，才能建立"价值回报"的社会新秩序。

应当注意到现实中的创业精神并不是"比尔·盖茨"精神，不少的创业者，不愿意把企业做大。在东南亚有很多的家族企业，业绩非常好，就是不愿意上市，他们认为财务公开、业绩公开的方式会限制他们的自由，只要合法经营、照章纳税，保证企业的良性运作就行。

在欧洲、南美洲的一些国家，很多商店到周末就要关门，不管顾客是否还需要购买商品，因为店主要出去旅游、购物、做礼拜或者休息，这些创业者一样觉得自己需要周末，需要放松，开店只是他们的一种生存方式。

开发出 Gmail 的剑桥大学创业讲师道森·金，仅仅在开发出 3 个月后就将它卖给了谷歌，他 28 岁时已经创建了 6 家公司，并且全部高价卖掉，据他自己说最便宜的也卖了 200 万美元。当有学生不解地问他为什么不自己把这些企业做大，他只是淡淡地说他喜欢的只是创建新的企业，而不喜欢管理企业。

从马斯洛的需求理论来看，处于不同层次的创业者们都有不同的追求，也就是说对创业精神的内涵存在不同的理解。有的人创业是为了不依赖他人而独立生存；有的人创业是为了拥有永远不会失业的安全感；有的人甚至为了拥有更加宽广的发展空间，而放弃了稳定的工作；有的人创业，放弃了高薪，只是为了过一种更加受人尊重的生活，用自己的能力去打拼出属于自己的世界；还有的人，在创业成功、万人敬仰的时候，卖掉自己的企业，转身去做教育、公益或慈善事业，以帮助更多的人为乐趣。其实以上这些都是追求体现自身价值的生活方式，来源于个人自身的价值观。

对于我们大学生来说，不论你出于什么目的走上创业的道路，其创业精神的本质就是选择自己当老板的一种自由的生活方式，不一定要达到别人眼里的拥有多少资产、拥有多少房产、企业的规模多大、公司排名第几等所谓的"成功"标准，只要自己觉得开心、快乐，自己认为走对了人生道路，实现了人生价值，就是自己的成功。

第三节　大学生创业精神的培育

【案例导入】有冒险精神的比尔·盖茨

比尔·盖茨靠什么法宝建立了他的微软帝国？他为何在竞争激烈的现代经济中独占鳌头而历久不衰？在比尔·盖茨看来，成功的首要因素就是冒险。

在任何事业中，把所有的冒险都消除掉的话，自然也就把所有成功的机会都消除掉了。他自己的一生当中，最持续一贯的特性就是强烈的冒险天性。他甚至认为，如果一个机会没有伴随着风险，这种机会通常就不值得花心力去尝试。他坚定不移地认为，有冒险才有机会，正是风险使得事业充满跌宕起伏的趣味。他是个极具天分、争强好胜、喜欢冒险、自信心很强的人，他在本行业内的控制力是惊人的，以至《资本家》杂志在1991年4月曾经发表一篇评论，说微软公司正在屠杀对手，看来似乎会垄断软件行业。

事实上，对冒险精神的培养，比尔·盖茨从学生时代就开始了。他在哈佛的第一个学年有意制定了一个策略，包括怎样花尽可能少的时间得到最高的分数。通过这个策略他发现了一个企业家应当具备的素质：如何用最少的时间和成本得到最快最高的回报。他总是在培养自己好斗的性格，因而被人称作"红眼"（人在紧张时肾上腺素冲进眼睛，导致眼睛通红）。久而久之，他就成为令所有对手都胆怯的人物，因为他绝对不服输，绝对不会退缩，绝对不会忍让，更不会妥协，直到他自己取得胜利。

这种个性成为他创业时期最明显的特征，他使一个个对手都败在自己的手下，但是他同时又是一个不满足的人。到20世纪90年代，他已经成了世界首富，但是不满足的心理依然驱使着他继续自己的冒险事业。他在一次接受记者的采访时说："我最害怕的是满足，所以每一天我走进这间办公室时都自问：我们是否仍然在辛勤工作？有人将要超过我们吗？我们的产品真的是目前世界上最好的吗？我们能不能再加点油，让我们的产品变得更好呢？"

当前，我国正处于计划经济向市场经济转型时期，要确立完善的市场经济体制，还需要很长的时间。在世界经济论坛中国企业高峰会议上，一份由埃森哲公司（Accenture，全球领先的管理及信息技术咨询机构）提交的对26个国家和地区的企业就如何鼓励企业创业精神进行的一项为时3年才得以完成的报告指出："20世纪80年代，中国企业最缺什么？结论是创新意识。21世纪中国企业最缺什么？答案是创业精神。"该报告指出："中国有相当多的企业和政治领导人已经能够认识创业精神的重要性，中国97％的企业高层管理人员认为创业精神非常重要，88％认为他们的企业在未来两年里将会变得更富有创业精神。"

我国各地的创业精神和创业活动很不均衡。在高等教育中，大学生创业意识和创业精神培养的制度不健全，创业氛围不浓厚，不能很好地满足社会发展对创新型人才的需求。"中国的创业教育还不成熟，特别是在学生的培养目标中，还没有把创业精神作为一种需要学生在大学教育中获取的意识和行为特性。""创新精神与实践能力，或创业精神和创业技能，恰恰是我国高等教育的薄弱环节。"因此，如何培养和塑造能够适应这种变化并在社会变化中具有创业精神的人才，是当代中国高等教育改革与发展面临的重要课题。高等院校要担负起全面推进创业教育、培养高素质的创业型人才的历史使命。

一、创业精神培育的价值与意义

创业精神的培育从宏观层面上说有利于创业型经济的发展，从微观层面上说，对于大学生自身的发展更是意义重大，有利于激发他们的创业意识、培养他们的创业品质、坚定他们的创业意志。

（一）创业精神的培育有利于激发大学生的创业意识

随着市场经济开放程度不断加深，经济领域的发展必然反映到社会生活中来。拿高等教育来说，计划经济体制下高校毕业生统招统分，大学生根本不用担心工作问题。现如今，高校招生规模呈扩大趋势，毕业生数量越来越多。从历年统计数据来看，2014年高校毕业生727万，2015年749万，2016年765万，2017年795万，2018年820万，市场竞争规则下，大学生与用人单位实行双向选择，毕业生数量越来越多，但是相应企事业单位提供的岗位却不足，这就无形之中给大学生造成就业的压力，同时大学生的创新创业意识淡薄，如果大学生不能顺利就业将给社会造成沉重负担。解决就业难的一条途径就是大学生自主创业，培养大学生的创业精神有利于激发他们的创新创业意识，积极发挥自身的专业优势和个人特长，将具有不同学科背景和特长的同学组织在一起，成立创业团队，以创新创业带动就业，发挥创新创业的就业倍增效应。

创业精神的培育本质上就是为了激发大学生的创业意识，头脑中已经形成的意识或者价值观对大学生的行为具有指导作用，创业精神最终目的并不是引导学生都去创业，而是将创新创业意识作为一种自觉的思维习惯，当成整个社会的一种文化基因，这种文化基因反过来也会提升大学生的就业能力和市场竞争力。

（二）创业精神的培育有利于培养大学生的创业品质

创业品质是大学生创业过程中必备的重要素质，创业品质是人们创业的行为模式，优秀的创业品质主要包括强烈的社会责任感、善于合作的团队精神、严于律己的创业道德、吃苦耐劳的创业意念等。当前，许多大学生的社会责任感淡薄，自我意识强烈，不善于与人合作，创业道德意识淡薄，艰苦奋斗的思想意识缺乏。在创业活动中，创业品质影响着创新创业行为的成败。创业的成功要求大学生具备创业的品质，如果他们没有正确的创新创业理念，没有团队意识，不遵守创业过程中的职业道德，没有吃苦耐劳的身心素质，即使拥有了相关的创业知识和创业技能，也并不能保证他们创业活动成功开展，因此，要培养大学生的创业品质。创业精神与创业行为两者是相辅相成的关系，在创业行为中可以培养创业精神，已经形成的创业精神对创业行为具有反作用，使创业者形成并保持良好的创业品质。

（三）创业精神的培育有利于坚定大学生的创业意志

大学生创业精神培育的直接目的是保证创业活动的顺利开展。事实上，在创业过程中，大学生会遇到各式各样的问题，比如融资困难、相关技术缺乏、法律知识缺乏等，这些都是现实的问题。那么遇到这些困难是迎难而上，想办法解决问题，还是半途而废，直接关系到创业活动能否继续进行，这就考验大学生是否具备坚定的创业意志。创业意志是人们创业的心理基础，是创业精神中非常重要的素质，它直接影响到创业未来的选择。大学生坚定的创业意志来自对风险的评估和对自己创业能力的判断，部分大学生依赖心理较强，创业意志不够坚定，对创业既想尝试又害怕失败，或者表现为在创业之初积极参与，遇到困难后消极懈怠，创业意志不够坚定。坚定的创新创业意志是保证大学生创业成功的关键。创业的过程本来就充满曲折，遇到问题不可避免。创业允许暂时的困难甚至创新创业的失败。创业意志是综合性的精神品质,本身包含着克服困难、东山再起、不服输的精神,创新创业精神的培育有利于坚定大学生的创业意志。

二、创业精神培育——营造校园创业文化

我国将大学生创新能力的培养作为教育改革的重要目标。高校的文化氛围对大学生创新能力的培养起着非常重要的作用。而如何营造良好的校园创业文化氛围,是广大教育工作者必须密切关注和亟待解决的课题。

(一)营造校园创业文化氛围的原则

1.坚持理论创新原则,提升校园文化的整体水平

当前不断变化的新形势对高校的创业教育工作提出了新的要求,大学应组织专门的教师队伍对校园创业文化进行深入系统的理论研究和探索,并且找出符合本校的创业教育工作特点;积极探索校园文化建设的新途径、新载体、新路子,最大限度地挖掘校园创业文化的思想性、知识性及社会性价值,充分发挥其在开展新创业教育研究中的作用。

2.坚持实践创新原则,强化创新创业人才的科研能力

结合当代大学生的性格以及心理特征,学校应有目的、有效果地举办和组织一些内容丰富、形式多样的社会实践活动,使学生有更多的机会依托学生组织参与寒暑假的社会实践活动,依托校企合作参与岗位体验等。可以举办学术沙龙,鼓励学生成立科研兴趣小组,充分发挥导师的指导作用,申报并完成科研项目,让学生在实践中不断提高能力;可以通过优秀科研论文、调查报告的评比活动,提高大学生分析、思考、总结的能力,让学生在丰富的校园文化活动中提高自己的社会实践能力;可以通过模拟试验、实训实习等环节,从各方面锻炼大学生的实际操作能力和随机应变能力。

3.坚持师生主体原则,提升创新创业人才的创造力

大学应构建和谐并有创新氛围的校园文化,把教师和学生作为营造校园创新创业氛围的主体。改变一些僵硬的体制和政策,激发大学生的创造活力,营造校园文化自由的氛围,从而激发师生发挥创造力的积极性。在营造校园创新文化氛围的过程中,提倡"以人为本"的理念,坚持师生主体原则,将师生的愿望和诉求作为开展创新创业教育工作的出发点,建立让师生身心愉悦的校园文化氛围。

4.坚持和谐文化原则,为创新创业人才营造良好氛围

和谐的高校文化是大学开展创新创业教育的根本所在,也是增强师生凝聚力、提升高校核心竞争力、不断创新的重要保证。学校在建设校园文化时,应把握好以下几个方面:一是优化校园环境,为师生提供良好的生活、工作和学习的环境;二是注重加强全校师生的道德规范教育,提升校园的文明程度和人际关系和谐程度;三是丰富校园创新文化活动,培养、锻炼大学生的综合能力,促进大学生在人文素质修养方面的提升。

5.坚持独创灵活原则,兼顾校园管理和创新创业文化活动的自身特性

大学在开展创新文化教育时,应立足校园发展实际,围绕校园文化活动发展的重点内容和方向,兼顾大学部门管理需要,考虑创新文化活动的自身特点,即兼顾独创性原

则以及实效性原则。独创的创新文化能够在受众脑海中留下深刻的印象,具有强大的吸引力,能够使人长久记忆。但是独创性并不是目的,创新文化还应具有可理解性,易于为大众所接受,也就是校园文化必须具有实效性。这两个原则能够使大学在建设创新创业文化的同时,促进校园管理工作更加有效地完成。

(二)营造校园创新创业文化氛围的途径

培养大学生的创新创业精神、意识和能力本身是很难直接开课教授的,重要的是要在校园文化中营造浓厚的创业创新气氛,创造有利的条件。

1.良好的校园环境是营造校园创新创业文化氛围的前提

培育适宜创新的校园文化环境,养成思辨、争鸣、交锋的习惯和能力,是营造校园创业创新文化的基本前提。良好的校园文化氛围,是活跃思想、产生新思维、形成新思想的温床,是知识创新、思想创新、文化创新的必要条件。作为大学创新创业文化主体的师生,必须具有创新精神、创新意识,才能产生创新思维。要有"争鸣"的意识、愿望和要求,学会交流,敢于交锋,在交流和交锋中学习思辨,提高思辨能力。要敢于怀疑,敢于批判,通过怀疑、批判、交流、交锋,提出问题,提出见解、观点、主张,以达到大学生创新创业意识的形成。

2.人文素质熏陶是营造校园创新创业文化氛围的基础

高校应注重校园文化,让大学生各取所需,整体提升人文品位,提高人文修养。高校在校园文化建设中,应该首先注重加强学生对传统文化的学习,内容可以涉及历史、文学、艺术等方面。

3.独立人格塑造是营造校园创新创业文化氛围的重要一环

营造校园创新创业文化氛围,需要有创新人格主体。创新人格指创新精神或创造性个性倾向,是校园创新文化氛围营造的动力和方向性保证。培养创新创业人才需要培养创新的人格。高校教育者应以自身的人格魅力"润物细无声"地深入大学生的灵魂,以其示范作用、激励作用、熏陶作用塑造学生美好的心灵,促进创新人格的形成。要抓住学生自组织教育的契机,选准切入点,通过学生自组织管理与学生自我教育的良性互动,自我评价、自我控制、自我内省,从而促进学生独立人格的形成。

4.激发学生潜能是营造校园创新创业文化氛围的关键

如何激发创新潜能,是学术界乃至各行各业都在探究的重要问题。激发潜能是每个人所面临的最大挑战。在校园文化中,我们要让学生认识到造就他的是自己的遗传基因、肉体、有意识心理和下意识心理以及经验、时空上的特殊位置和方向等,也包括已知和未知的能力,需要有能力去影响、应用、控制和协调所有这些东西。用积极的心态去指引自己的思想,控制自己的情绪,掌握自己的命运。人的心理包含着双重潜在的巨大能力:下意识能力和意识能力。一个是绝不酣睡的巨人,它是下意识心理;一个是正在酣睡的巨人,当醒着的时候,它的潜在能力是无限的。

5.继承、借鉴和吸收促使校园创新创业文化氛围升华

从一定意义上说,继承、借鉴、吸收是创新活动的前提,只有在继承、借鉴、吸收基础之上才能创新。创新要以"传统"为基础,要以客观现实存在为出发点,了解传统,把握

现实,才能超越传统,才能提高和发展。传统文化是历史的积淀、社会意识的潜流,它已渗入社会心理的深层,其烙印是无法抹去的,其影响随处可见。大学生只有学习、钻研传统文化,才能正确地判断和鉴别它,剔除糟粕,吸收精华,才能清楚创新的需求,确定创新的目标,把握创新的方向。只有了解继承、借鉴、吸收和创新之间的关系,大学生才能树立继承、吸收、借鉴是为了创新——创新离不开继承、吸收、借鉴的观念,从而培育校园创新创业的文化氛围。

【经典案例】拿破仑·希尔的 17 条黄金定律

　　1883 年,拿破仑·希尔出生在一个贫寒之家,他的父母从小就教育他要做好每一件事情,并激励他去获得成功的方法。他在 18 岁上大学时,为一家杂志社工作,有幸采访了人际关系学家戴尔·卡耐基。从此,他应卡耐基之邀,配合这位可敬的导师从事对美国成功人士的研究工作。他访问了福特、罗斯福、洛克菲勒、爱迪生等 504 位成功者,并对他们进行了深入研究。20 年间,他获得了博士学位,并完成了具有划时代意义的八卷本《成功规律》一书。该书归纳出了很有价值的 17 条黄金定律,该定律涵盖了人类取得成功的所有主观因素,使成功学这门神秘的学问变成了具体的、可操作的法则。轮船大亨罗伯特·达拉认为,他如果 50 年前学到这 17 条黄金定律,可能只需要一半的时间就能取得当时的成就。拿破仑·希尔的 17 条黄金定律如下:

　　第 1 条保持积极的心态;

　　第 2 条要有明确的目标;

　　第 3 条多走些路;

　　第 4 条正确的思考方法;

　　第 5 条高度的自制力;

　　第 6 条培养领导才能;

　　第 7 条建立自信心;

　　第 8 条迷人的个性;

　　第 9 条创新制胜;

　　第 10 条充满热忱;

　　第 11 条专心致志;

　　第 12 条富有合作精神;

　　第 13 条正确对待失败;

　　第 14 条永葆进取心;

　　第 15 条合理安排时间和金钱;

　　第 16 条身心健康;

　　第 17 条养成良好的习惯。

三、创业精神培育——开设创业指导课程

(一)开展创业思想教育课程

通过理想教育端正创业目标,有目标才有动力,有理想才有追求,可以说创业目标就是人生目标的浓缩,也是人生理想的现实体现。应通过广泛深入地开展创业教育,使大学生乐于创业。学校可以通过创业思想教育帮助大学生端正创业态度,树立正确的人生观、价值观;可以通过创业理论教育使学生明确创业的目的和意义,从而将创业理想化为自己自觉的行动,积极主动地投身于创业实践;可以通过创业典型教育激发大学生的创业欲望,让他们创业有动力,学习有典型,追赶有目标。

(二)创业心理训练

心理训练是在专门人员的指导下,参与者自己练习、实践、锻炼的方法,实质上是一种特殊的教育过程。心理训练是一种要求个人充分发挥自主性的自我改变历程,训练将使个人对自己有更真实的了解、更恰当的引导和更主动的把控。也就是让一个人自己掌握自己,而不是被环境、习惯和以往经验所控制。首先,高校应开设心理课程,如"心理与情商教育""心理训练""大学生创业心理品质的陶冶"等,传授心理知识,将心理知识内化为大学生的心理品质;其次,开展心理咨询活动,帮助大学生分析创业过程中出现的心理问题,进行咨询指导,助其自助;最后,进行自我修养指导。如何挖掘和开发自己的心理潜能?如何培养自己的创业心理品质?最关键的是要进行自我修养。古人曾强调"吾日三省吾身",就是要对照标准,经常看看自己的心理品质是否符合要求,要有一面镜子,时时端正自己,这样持之以恒地坚持下去,终会形成良好的创业心理品质。

(三)培育创业人格

美国斯坦福大学教授推孟(Lewis M. Terman)在 30 年中,追踪研究了 800 人的成长过程。结果发现,他们中成就最大的 20% 与成就最小的 20% 的最明显的差异就是个性。高成就者具有谨慎、自信、不屈不挠、上进、坚持、不自卑等心理特征。这说明个性特征对个体的创业来说是非常重要的,尤其是独立性、坚持性、敢为性、克制性等。所以,人格教育对创业精神与创业能力的培养是相辅相成的。可以运用创业案例剖析创业者的人格特征和心理特征,让学生掌握形成良好心理素质与优良人格特征的途径。从世界观和方法论的角度看,创业精神是一种实事求是的精神。创业不是纸上谈兵,需要根据实际情况提出新的思路,需要扎扎实实地付出艰苦的努力,需要引导学生以实事求是的态度面对学习、工作和生活。

(四)开展实践锻炼

实践锻炼对学生创业者来说具有重要的作用,一是有助于学生置身其中,感同身受,使他们从思想上重视创新创业精神培育的必要性。二是有助于大学生知行统一,理论联系实践,形成创新创业意识和解决问题的思想与行为习惯。三是有利于大学生在实践活动中,培养自己解决实际问题的思维与能力。运用实践锻炼法,首先,鼓励大学生自己制定创业计划,开展社会调查和科学研究,在条件允许的情况下,教师可以组织

学生进入自己的科研团队。其次,利用学校的实践基地组织受教育者参加创新创业的相关工作和业务实践,在完成工作的过程中得到思想、能力和体力上的锻炼,鼓励学生的个性化发展,鼓励"头脑风暴",支持他们有根据的设想并进行创新实践,培养创业精神,提升创业能力。

创业精神是在长期的实践活动中形成的,对创新精神与创业精神的培育也要与学生的日常行为和管理相结合,坚持"小、近、实"的原则,即从小事、从学生身边做起,讲求实效,鼓励学生的个性发展。组织大学生学习相关的创新创业政策与职业道德的法律法规,要求他们依职业法规进行创业实践活动。此外,在各种教学方法运用的过程中,要贯穿学科交叉的方法。现在很多科研工作者使用学科交叉的方法做科研项目,学科交叉的好处就在于为研究者提供不同的学术视角、不同的研究方法、不同的理论指导等。结合案例教学法,教学生怎么能做到学科交叉,创造性的思维往往起源于问题的岔路口,用不同领域的理论与方法解决本领域的难题是一条出路。

【经典案例】大学生创新创业训练计划

首先,什么是创新创业训练计划?

大学生创新创业训练计划是教育部为提升高校人才培养质量、转变教育思想观念、改革人才培养模式、增强学生的创新能力和在创新基础上的创业能力,而面向在校学生开展的创新创业能力训练项目。

其次,创新创业训练计划有哪些类别?

按种类分,包括创新训练项目、创业训练项目、创业实践项目三类,并在申报上不限学科专业。

创新训练项目是学生个人或团队在导师指导下,自主完成创新性研究项目设计、研究条件准备、项目实施、研究报告撰写和成果(学术)交流等项目训练。

创业训练项目是学生团队在导师指导下,团队中每个学生在项目实施过程中扮演一个或多个具体的角色,通过编制商业计划书、开展可行性研究、模拟企业运行、参加企业实践、撰写创业报告等完成项目训练。

创业实践项目是学生团队在学校导师和企业导师共同指导下,采用前期创新训练项目(或创新性实验)的成果,提出一项具有市场前景的创新性产品或者服务,以此为基础开展创业实践活动。

按级别分,分为校级、省级和国家级三类。

校级项目由学校自主进行立项评审,并推荐优秀项目参与省级项目评选;省级项目评选由省教育厅组织专家评审,合格者确定为省级立项,并推荐优秀项目参与国家级项目评选;国家级项目评选由教育部组织专家评审,优秀者确定为国家级立项项目。

创新创业计划申请规则如下:

(1)项目立项每年进行一次,通常情况下5月中旬申报,如果有意愿,一定要提前做好准备。

(2)项目申请人为普通高等学校的本专科学生个人或团队,鼓励组建跨学校、跨院系、跨专业、跨年级的团队申报项目。

(3)每个团队指导教师和项目主持人不超过 2 人,项目组成员人数应控制在 5 人以内,并且有明确的课题任务分工。

(4)在年度内,每名学生只能负责一项立项,指导教师仅限指导一个团队,不得一次同时在不同项目之间交叉申报。

四、创业精神培育——提供创业实践平台

(一)建设有利于创业的环境

学校要广泛利用广播、电视、校刊、校报、板报等宣传工具,大力宣传创业的重要意义,宣传创业的经验,宣传成功创业的典型,树立勇于创业的榜样,弘扬创业精神,在校园形成讲创业、想创业、崇尚创业,以创业为荣的校园舆论氛围,引导鼓励创新、开拓进取、宽容失败、团结合作、乐于奉献的校园创业文化氛围的形成。首先要经受竞争环境考验。不良的创业心理品质往往表现为自卑胆怯,它来源于成功经验的缺乏。当今社会充满竞争和挑战,年轻人要大胆展示自己,充分发展自己,努力把握各种创业的机会。这就要有敢想、敢做、敢闯、敢冒险的心理品质。这些心理品质只能从行动中来,从竞争中来,从实践中来。因此,年轻人应积极参与竞争,不要坐等机会的来临,只要有机会就要大胆地去争取,多从事几种职业,多参与几次竞争,通过竞争积累成功的经验,通过竞争获得自信的快乐,通过竞争战胜孤僻、害羞、怯懦等心理障碍。其次要经受不利环境的磨砺。生活比别人苦点,工作比别人累点,环境比别人差点,这也是磨炼创业心理品质的方法。环境在给人施加压力的同时,也为人准备了一份智慧和才能。人们最出色的事业往往是在承受巨大压力下取得的。

【经典案例】从"挑战"到"创青春"的跨越

从 2014 年开始,创办 15 年、举办过 8 次赛事的"挑战杯"中国大学生创业计划竞赛进行全面改革,成为面向全国高校学生举办的"创青春"大学生创业大赛。

过去的单一赛事变成"3+2"模式,由原来的创业计划竞赛一项赛事升级为大学生创业计划竞赛、创业实践挑战赛、公益创业大赛三项主体赛事,并加上 MBA、移动互联网创业两项专项赛。各项赛事分别有不同的功能定位,有的面向高校在校学生,以商业计划书评审、现场答辩等作为参赛项目的评价内容;有的兼顾毕业未满 5 年的高校毕业生,自己投入实际创业 3 个月以上,以经营状况、发展前景作为评价内容。此外,非营利性质的项目和计划还能参加公益创业赛。MBA 专项赛的参赛对象是就读 MBA 专业的在校生;移动互联网创业专项赛则倡导高校在校学生通过提交基于移动互联网领域的创业项目计划书或 APP 应用程序等作品说明书参赛。

大赛还首次设立由经济学家、企业家、风投公司组成的指导委员会,并将成立大学生创新创业基金委员会,搭建风投公司与优秀大学生项目"供需对接"平台,推动大赛中涌现出的优秀项目孵化落地。同时,成立大学生创业联盟,邀请地方高新技术和创业园

区、创业方面的专家学者、创业成功企业、大学生创业者等加入,创建促进大学生创业就业的平台。

【经典案例】了解国家政策,助力创业成长

小王是黑龙江某大学植物学专业的在校本科生,在校实验期间,发明了一种新式植物降解菌,并申请了相关专利。了解到黑龙江省大学生创业优惠政策后,小王注册成立一家生物科技公司,在进行税务登记的时候,因为不了解国家对于小规模企业的相关税务政策,将公司登记为一般纳税人,需承担17%的增值税,在报税的时候才发现问题。根据我国现行税务政策,小规模纳税人可以申请成为一般纳税人,但是一般纳税人是不可以改变为小规模纳税人的,小王的公司进项特别少,作为初创企业承受不了这么高的税负,无奈之下只有选择注销公司,重新成立公司,选择小规模纳税人进行登记,充分享受到国家的税收优惠政策。

(二)树立创业榜样进行引导

榜样的力量是无穷的,他人的创业行为和成就是一笔宝贵的财富,古往今来,创业成功者具有一些共同的心理品质,如自信,心态积极,喜欢独立思考,具有寻根究底的好奇心和探索精神,敢于创新,敢于竞争和冒风险,热情,专注,意志坚定,不怕挫折,情绪稳定等。一是要借鉴历史上的创业榜样,编选他们创业成功的案例,通过他们明确创业目标,激发创业热情,树立创业志向;二是要向现实活中的创业榜样学习,各行各业的创业典型是大学生学习的活教材,通过"请进来、走出去"的方式,让大学生们耳濡目染,受到熏陶;三是教师应成为创业的榜样,教师具有的创业成功经历,不但对学生有示范作用,还可以迁移到教学当中,这会给大学生创业者以莫大的启示和感染。

(三)提供创业实践锻炼的机会

良好的创业心理品质的形成重在实践训练,积极的实践能带来及时的反馈和成就感,也能带来节节成功的喜悦;切切实实地投入创业实践中去,定能磨炼出坚强的创业心理品质。一是学校要构建创业实践基地为学生提供创业实践的便利,如创业见习基地、创业实习基地和创业园等,实现产、学、研一体化;二是社会要为大学生提供更多的创业岗位,如勤工俭学岗位、社区服务岗位等,使其经受创业实践熔炉的考验;三是大学生自己课余应主动参与创业实践,从小商品推销到去饭店洗盘子,从为人打工到自己开店,熟悉各种职业特点和自己的能力特点,积累创业经验,增长创业才干,减少将来创业的盲目性。只有经受创业实践的锻炼,创业目标才会更加明晰,创业信念才会更加坚定,才会形成良好的创业习惯和人格。

【经典案例】在创新创业大赛中成长的创业者

尹然平,华南农业大学2013级企业管理专业的研究生。2013年2月创立广州迅睿网络科技有限公司,采用"高校＋政府＋公司＋农户"四位一体的模式,以"e村e品"

农产品导购平台为核心,开发出一套汇聚优质农产品的电子商务系统。团队致力于为消费者提供优质、健康、安全的农产品,并解决乡镇农户农产品销售渠道不畅通的问题。

尹然平是如何走上创业之路的?尹然平最初建立团队,目的是参加共青团中央举办的"挑战杯"大学生创业计划竞赛。谁知从那一刻起他与创业竞赛便有了不解之缘,也踏出创业的第一步。在2014年共青团广东省委举办的"中国好梦想"创业大赛中,广州迅睿团队获得二等奖,并成为广东青年网商联盟的成员单位。这群有梦想的"90后"青年,开始把想法变成现实,把创业当成事业。他们在大赛中接受评委和风投的意见,逐步修改创业计划和方向,把业务做精做细。

以农产品导购平台开拓创业新径,以"挑战杯"点燃逐梦激情。谁注意到光芒下的汗流浃背,谁能体会做大业绩前废寝忘食的滋味?积淀与磨合,他在逆境中生长涅槃;青春与热血,他在创新路上永不停歇。为了更好地推动项目进展,他们和华南农业大学校团委联合发起暑期"三下乡"特别行动之"雁行计划",建立28支志愿服务团队下乡为农民普及电子商务知识。"三下乡"的揭阳之行,让他们更加坚定走"电商脱贫"的道路。揭阳市的军埔村原来是一个贫穷落后的小村落,经过几年时间的发展,很多农村劳力、留守妇女和返乡青年纷纷做起了电子商务,电商一条街已经成为当地一个独特的风景。"揭阳市陈东市长非常赞赏我们的想法,亲笔书写了'仰望星空存理想,脚踏实地接电气'的题词,勉励我们继续负重前行。"尹然平介绍说。为了使更多的农民接触外面的世界,拥抱更美丽的蓝天,他愿意做只孤独的领头雁。

(四)充分利用创业实训平台

创业实训是培育大学生创新创业精神的重要方式,必须充分利用现有的实训平台,同时建设多样的创业实训平台。实训平台有沙盘模拟训练室、创业模拟训练室、创新创客实验室等。沙盘模拟训练室需要配备多媒体设备和企业经营模拟沙盘。沙盘模拟训练是集模拟性、趣味性、知识性为一体的企业管理技能训练,通过沙盘可以模拟企业的运营,在此过程中学生可以模拟进行企业的经营与管理、市场开发、产品研发等。创业模拟训练室是在室内配备多媒体设备、办公桌椅等硬件,让学生进行商务谈判、市场推广、团队合作、项目培训等创业模拟训练。创新创客实验室可以充分发挥创新创业的作用,激发学生的创意与创新,形成浓厚的创新氛围。创新创客实验室旨在让学生在掌握某种技能与原理的基础上,利用实验室研发新产品,培育学生的创新能力,而不仅仅是教给他们基本的实验操作技能。此外,还可以引进 ERP 软件实验室,为学生搭建一个仿真的企业平台,模拟企业的经营环境以及业务处理。模拟训练使学生仿佛置身于企业的实际环境之中,有利于他们更直观地体验企业经营中可能遇到的各种问题,更有利于培养他们的开拓性思维,激发他们的创新灵感,培育创业精神。

思考题：

1.为什么说创业精神对创业成功与否起着至关重要的作用？

2.为什么要倡导大学生在校期间努力培养创业精神？

3.根据所学的知识,结合当前大学生创业环境的实际,论述大学生创业应该具备什么样的创业精神。

4.约上你的伙伴,对身边的创业者做一次创业访谈,发现他们身上的创业精神特质。

第三章 创新思维与创新理论

创新是人类的希望、民族的希望。从钻木取火到现代的互联网技术,一部人类的文明史,就是一部不断超越、不断创新的历史。创新思维是创新过程中的关键因素,是一种积极的、智慧的、策略性的思维方式。创新思维促进知识的融会贯通,促进知识优化组合,决定着一个人的发展前途,作用重大。创新理论是人对思维客体的理解和把握。思想先行,理论指导,观念推动,是社会历史发展的基本要求。本章主要介绍创新思维的特征与类型、创新理论以及如何突破创新思维障碍。

第一节 创新思维

【案例导入】"丑陋"招财

美国艾士隆公司董事长布希耐一次在郊外散步,偶然看到几个小孩在玩一只肮脏且异常丑陋的昆虫,爱不释手。布希耐顿时联想到:市面上销售的玩具一般都是形象优美的,假若生产一些丑陋玩具,又将如何? 于是,他安排自己的公司研制一套丑陋玩具,并迅速向市场推出。

这一炮果然打响,丑陋玩具给艾士隆公司带来了收益,使同行羡慕不已,于是丑陋玩具接踵而来,如疯球就是在一串小球上面印上许多丑陋不堪的面孔;橡皮做的"粗鲁陋夫",长着枯黄的头发、绿色的皮肤和一双鼓胀而带血丝的眼睛,眨眼时又会发出非常难听的声音。这些丑陋玩具的售价超过正常玩具,且一直畅销不衰,在美国掀起了行销丑陋玩具的热潮。

这"丑陋"的灵感获得商业成功,为艾士隆公司广开财源,其根本原因就是抓住了两种消费心理:追求新鲜和逆反心理。

创造价值虽然是一件很不容易的事情,但只要创新思维,经营得法,就算处于绝境,也可以求得生机。创造性思维是从事创新活动者应该具备的基本特质。

一、创造性思维的内涵与特征

所谓创造性思维(或称创新思维),就是创新的意识、开放的心态,突破各种思维定式的束缚进行思考,并产生创新成果的思维。简明地说,就是不受现成的、常规的思路约束,寻求对问题全新的、独特的解决方法的思维过程。这里所说的创新成果,主要是指对事物的新认识、新判断和解决问题的新方案、新途径等"思维的创新产物"。创新思维不是一般性思维,它不是单纯依靠现有的知识和经验进行抽象和概括,而是在现有知识和经验的基础上进行想象、推理和再创造,对前人尚未解决的问题进行探索、寻究,找出新答案的思维活动,是一种具有开创意义的思维活动,即开拓人类认识新领域、开创人类认识新成果的思维活动。创新思维不是天生就有的,它是人们通过学习和实践而不断培养和发展起来的。一项创造性思维成果往往要经过长期的探索、刻苦的钻研,甚至多次的挫折方能取得,而创造性思维能力也要经过长期的知识积累、素质磨砺才能具备,至于创造性思维的过程,则离不开繁多的推理、想象、联想、直觉等思维活动。

创造性思维,不仅可以提示客观事物的本质和规律性,而且能在此基础上产生新颖的、独特的有社会意义的思维成果,开拓人类知识的新领域。广义的创造性思维是指思维主体有创见、有意义的思维活动,每个正常人都有这种创造性思维。狭义的创造性思维是指思维主体提出新的假说、创见新的理论、形成新的概念等探索未知领域的思维活动,这种创造性思维是少数人才有的。创造性思维是创造成果产生的必要前提和条件,而创造则是历史进步的动力,它具有如下一些主要特征:

(一)求实性

创造源于发展的需求,社会发展的需求是创造的第一动力。创造性思维的求实性体现在善于发现社会的需求,发现人们理想与现实之间的差距,从满足社会的需求出发,扩展思维空间。而社会的需求是多方面的,有显性的和隐性的。显性的需求已被世人关注,很难创新,而隐性的需求则需要创造性的发现。商城中常常出现"跟风"现象,很多商家一旦发现什么商品利润大,便紧随其后组织货源进行销售,结果常常是市场上这类商品供大于求,不但不能赢利而且还造成亏损。具有创造性思维的商家将预测学的原理运用于经营之中,通过对信息的收集筛选与分析判断,得出符合事物发展规律的结论,进而制定相应的策略。

沃尔玛是世界上第一家试用条形码及通用产品码(UPC)技术的零售商。1980 年试用,收银员效率提高百分之五十,故所有沃尔玛分店都改用条形码系统。在案例教学里,西方很多大学都把沃尔玛视为新技术持续引进的典范。

(二)批判性

我们原有的知识是有限的,而世界上的事物是无限的,其发展又是无止境的。无论是认识原有的事物还是未来的事物,原有的知识都是远远不够的。因此,创造性思维的批判性首先体现在敢于用科学的怀疑精神对待自己和他人的原有知识,包括权威的论断,敢于独立地发现问题、分析问题、解决问题。法国作家巴尔扎克说"打开科学的钥匙都毫无异议是问号"，"而生活的智慧大概就在于逢事都问个为什么"。创造性思维的批判性还体现在敢于冲破习惯思维的束缚，敢于打破常规去思维，敢于另辟蹊径、独立思考，运用丰富的知识和经验，充分展开想象的翅膀，这样才能碰撞出创造性的火花，发现前所未有的东西。在世界科学史上具有非凡影响和重大意义的控制论的诞生，就体现了美国科学家维纳的思维的批判性。古典概念认为世界由物质和能量组成，维纳则认为世界是由能量、物质和信息三部分组成。尽管一开始他的理论受到了保守者的反对，但他勇敢地坚持自己的观点和理论，最终创立了具有非凡生命力的"控制论"。

（三）连贯性

一个勤于思考的人，越进入创造思维的状态，就越容易激活潜意识，从而产生灵感。托马斯·爱迪生一生拥有1039项专利，这个纪录迄今仍无人打破。他就是给自己和助手确立了创新的定额，每10天有一项小发明，每半年有一项大发明。有一次他无意将一根绳子在手上绕来绕去，便由此想起可否用这种方法缠绕炭丝。如果没有思维的连贯性，没有良好的思维态势，是不会有如此灵敏的反应的。可见，只有勤于思考才能善于思考，才能及时捕捉住具有突破性思维的灵感。创新者在平时就要善于从小事做起，进行思维训练，不断提出新的构想，使思维具有连贯性，保持活跃的态势。目前对创新的理解还存在一些误区，比如认为创新具有偶然性。实际上，每一次的创新看似偶然而绝非偶然，偶然是必然的结果。

（四）灵活性

创造性思维思路开阔，善于从全方位思考，若遇难题受阻，不拘泥于一种模式，能灵活变换某种因素，从新角度去思考，调整思路，善于巧妙地转变思维方向，随机应变，产生适合时宜的办法。创造性思维的灵活性体现为多种思维方式：

（1）辐射思维。以一个问题为中心，思维路线向四面八方扩放，形成辐射状，找出尽可能多的答案，扩大优化选择的余地。

（2）多向思维。从不同的方向对一个事物进行思考，更注意从他人没有注意到的角度去思考。爱因斯坦创立的相对论，就是在对事物用不同视角进行观察后，对其相互之间的关系做出了自己的解释。

（3）换元思维。根据事物多种构成因素的特点，变换其中某一要素，以打开新思路与新途径。一项科学实验，常常变换不同的材料和数据反复进行。

（4）转向思维。思维在一个方向停滞时，及时转换到另一个方向。大画家达·芬奇在绘画创作过程中观察人物、景物时，就善于从一个角度不停地转向另一个角度，对创作对象、题材的理解随着视角的每一次转换而逐渐加深。

（5）对立思维。从对立的方向去思考，从而将二者有机地统一起来。邓小平同志"一国两制"的构想就是将社会主义制度和资本主义制度两种不同的社会制度结合起来进行思考。

（6）反向思维。从相反的方向去思考，寻找突破的新途径。吸尘器发明者就是从"吹"灰尘的反方向"吸"灰尘去思考，从而运用真空负压原理，制成了电动吸尘器。

（7）原点思维。从事物的原点出发，从而找出问题的答案。我国的古语"解铃还须系铃人"讲的就是这个道理。

（8）连动思维。由此思彼的思维。连动方向有三：一是纵向，看到一种现象就向纵向思考，探究其产生的原因；二是逆向，发现一种现象，就想到它的反面；三是横向，发现一种现象，能联想到与其相似或相关的事物，如"一叶落知天下秋"，"窥一斑而知全豹"，"运筹帷幄之中，决胜千里之外"。

（五）跨越性

创造性思维的思维步骤、思维跨度较大，具有明显的跳跃性。例如，苏联十月革命时，有一名敌军军官发生了动摇，但还没有下定决心投诚。列宁没有再按部就班地去做那位军官的动员工作，而是让电台向全国广播这名军官已经起义，迫使这名军官下定了最后的决心，旋即宣布武装起义。创造性思维的跨越性表现为跨越事物"可见度"的限制，能迅速完成"虚体"与"实体"之间的转化，加大思维前进的"转化跨度"。

（六）综合性

任何事物都是作为系统而存在的，都是由相互联系、相互依存、相互制约的多层次、多方面的因素，按照一定结构组成的有机整体。这就要求创新者将事物放在系统中进行思考，进行全方位、多层次、多方面的分析与综合，而不是孤立地观察事物，也不只是利用某一方法思考，应是多种思维方式的综合运用。这种"由综合而创造"的思维方式，体现了对已有智慧、知识的"杂交"和升华，不是简单的相加、拼凑。阿波罗登月计划总指挥韦伯说过："当今世界，没有什么东西不是通过综合而创造的。"阿波罗庞大计划中就没有一项是新发现的自然科学理论和技术，都是现有技术的运用。磁半导体的研制者菊池城博士说："我以为搞发明有两条路：第一是全新的发明，第二是把已知其原理的事实进行综合。"摩托车的诞生也是如此，它是将自行车的灵活性、轻便性和汽车的机动性、高速度合二为一的结果。可见，将众多的优点集中起来，绝非简单的凑合、堆积，而是协调、兼容和创造。

上面若干思维特性仅是为了研究才提炼出来的，在实际运用中思维状态的灵活与丰富，是多少特性都无法概括的。

二、创造性思维的类型

简言之，创造性思维就是脱离窠臼、开辟新路的思维方式，它是在逻辑思维和形象思维的基础上和相互作用中发展起来的，逻辑思维和形象思维是创造性思维的基本形式。大体而言，创造性思维包括如下几类。

（一）逻辑思维与形象思维

形象思维是用直观形象和表象解决问题的思维。形象思维的原理是神经结构与外部事物建立起一一映射关系，只要激活了这群细胞，我们就会产生与看到、听到外部对象一样或类似的心理感受。人脑具有自组织学习能力，通过这种学习能力，逐渐建立起世界图景，这个世界图景是在多次反馈中形成、修正、发展起来的，经过实践的检验，这个图景逐渐符合外部世界的真实面貌而具有预测能力,然而这个图像并不是有形的,而只是一种一一对应关系。在人类还没有产生语言文字之前,动物或人类只有通过形象思维去认识世界,但是人们依然具有想象能力、理解能力、观察能力、学习能力、记忆能力、情感运用能力,依然能够进行大部分生活,能够活得很好。

逻辑思维也称为抽象思维,与抽象思维的定义密切相关的是分析、综合、归纳、演绎。逻辑思维是如何产生的?逻辑思维源于语言,由于语言的产生,人们对感性的概念有了指代的对应关系,好处是人们可以通过语言表达和交流思想,传达指令,描述事件。由于概念与概念之间客观固有的逻辑关系,人们在概念之间建立了分类、范畴等逻辑关系,并且运用语言来描述这种关系。更进一步的推理是形式逻辑产生之后才逐渐清晰的,推理能力大大提升了人们运用知识的能力,使人们能够举一反三、融会贯通。"尝一脔肉而知一镬之味一鼎之调,见瓶水之冰而知天下之寒鱼鳖之藏也"就是逻辑思维所产生的作用。逻辑思维是客观存在在主观中的表达,是必然产生的,也是人类智慧发展的结果。

形象思维是原生的,逻辑思维主要是依靠后天培养的。从重要性上来说,形象思维的重要性远远大于逻辑思维,人的逻辑思维是建立在形象思维的基础上的,这就好比土壤和植物,没有形象思维的土壤,植物只能是枯木。形象思维不像抽象(逻辑)思维那样,对信息的加工一步一步地、首尾相接地、线性地进行,而是可以调用许多形象性材料,一下子合在一起形成新的形象,或由一个形象跳跃到另一个形象。它对信息的加工过程不是系列加工,而是平行加工,是面性的或立体性的。它可以使思维主体迅速从整体上把握住问题。逻辑思维与形象思维不同,它不是以人们感觉到或想象到的事物为起点,而是以概念为起点去进行思考,进而再由抽象概念上升到具体概念——只有到了这时,丰富多样、生动具体的事物才得到了再现,"温暖"取代了"冷冰冰"。形象思维是或然性或似真性的思维,对问题的反映是粗线条的反映,对问题的把握是大体上的把握,对问题的分析是定性的或半定量的,思维的结果有待于逻辑的证明或实践的检验。所以,形象思维通常用于问题的定性分析。抽象思维可以给出精确的数量关系,在感觉所看不到的地方去抽取事物的本质和共性,形成概念,这样才具备了进一步推理、判断的条件,没有抽象思维,就没有科学理论和科学研究。所以,在实际的思维活动中,往往需要将抽象思维与形象思维巧妙结合,协同使用。

【经典案例】蝙蝠屎可治眼疾

这是李时珍的一个典型的采用形象思维创造一个药方的例子,这个药方没有经过逻辑思维的方法确定它的真伪。我们都知道,蝙蝠是白天休息夜晚觅食的动物。李时珍发现它在晚上没有光线时也能捕捉到虫子,不会撞到树、墙壁等物体,就直观判断它的视力很好。于是李时珍采用想象、移植法认为蝙蝠的屎可以用来治疗人的眼疾。可是我们通过物理学、生物学的方法,发现蝙蝠的视力极差,基本上看不见东西,但是它可以发出超声波,通过发出的超声波的反射波来探测、定位。逻辑思维的方法发现了蝙蝠的这个功能,帮助科学家发明制造出了超声波探测仪,成功运用于医学等领域。

【经典案例】红外跟踪技术的发明

生物学家都知道,响尾蛇的视力很差,几十厘米近的东西都看不清,但是在黑夜里能准确地捕获十多米远的田鼠,其秘密在于它的眼睛和鼻子之间的颊窝。这个部位是一个生物的红外感受器,能感受到远处动物活动时由于有热量产生而发出的微量红外线,从而实现"热定位"。美国导弹专家由此产生联想:若用电子器件制造出与响尾蛇的生物红外感受器类似的"电子红外感受器",用于接受飞行中的飞机因发动机运转发热而辐射的红外线,岂不可以通过这种"热定位"来实现对目标的自动跟踪?所谓红外跟踪响尾蛇导弹就是在这种联想的基础上设计出来的。

(二)发散性思维与收敛性思维

发散性思维,指在解决问题的过程中,不拘泥于一点或一条线索,不受已经确定的方式、方法、规则或范围等约束,而是从仅有的信息中尽可能扩散开去,并从这种扩散或者辐射式的思考中,求得多种不同的解决办法,衍生出不同的结果。发散性思维包括联想、想象、侧向思维等非逻辑思维形式。一般认为"发散思维的过程并不是在定好的轨道中产生,而是依据所获得的最低限度的信息,因此是具有创造性的"。发散性思维是产生式思维,运用发散性思维可以产生观念、问题、行动、方法、规则、图画、概念、文字。

收敛性思维是在解题过程中,尽可能利用已有的知识和经验,把众多的信息逐步引导到条理化的逻辑程序中去,以便最终得到一个合乎逻辑规范的结论。收敛性思维包括分析、综合、归纳、演绎、科学抽象等逻辑思维和理论思维形式。收敛思维常用的思考方法有:辏合显同法,即把所有感知到的对象依据一定的标准"聚合"起来,显示它们的共性和本质;层层剥笋法(分析综合法),即从问题的表层(表面)层层分析,向问题的核心一步一步地逼近,揭示出隐蔽在事物表面现象内的深层本质;目标确定法,即确定搜寻目标(注意目标),进行认真的观察,作出判断,找出其中的关键,定向思维的目标确定得越具体越有效;聚焦法,即思考问题时,有意识、有目的地将思维过程停顿下来,并将前后思维领域浓缩和聚拢起来,更有效地审视和判断某一事件、某一问题、某一片段信息。

发散性思维是整个创造性思维的基础和核心。收敛性思维是人们在生活中最经常使用的一种思维。思维发散过程需要张扬知识和想象力,而收敛性思维则是选择性的,在收敛时需要运用知识和逻辑。发散性思维与收敛性思维具有互补性,不仅在思维上互补,而且在思维操作的性质上也互补。美国创造学学者 M. J. 科顿认为发散性思维与收敛性思维必须在时间上分开,即分阶段。如果它们混在一起,将会大大降低思维的效率。发散性思维与收敛性思维在思维方向上的互补,以及在思维过程上的互补,是创造性解决问题所必需的。发散性思维向四面八方发散,收敛性思维向一个方向聚集。在解决问题的早期,发散性思维起到最主要的作用;在解决问题的后期,收敛性思维则扮演着越来越重要的角色。收敛性思维与发散性思维各有优缺点,在创新思维中相辅相成,互为补充。只有发散,没有收敛,必然导致混乱;只有收敛,没有发散,必然导致呆板僵化,抑制思维的创新。因此,创新思维一般是先发散而后收敛。

(三)求同思维和求异思维

求同思维是指根据一定的知识或事实以求得某一问题的最佳或最正确答案的思维。求同思维又称聚合思维(convergent thinking),也叫辐合思维、集中思维,是一种有方向、有范围、有条理的收敛性思维方式,与发散思维相对应。求同思维的特点是闭合性,方向同一,结果确定。这种思维使人思维条理化、逻辑化、严密化。数学中的多种证明方法,如综合法、归纳法、反证法等,均属于求同思维的范畴。但求同思维训练过度在一定程度上也会阻碍创造能力的发展。

求异思维是指思维主体对某一研究问题求解时,不受已有信息或以往思路的限制,从不同方向、不同角度去寻求解决问题的不同答案的一种思维方式。求异思维通常包括发散求异和转换求异等思维方式。求异思维方法的内核是积极求异、灵活生异、多元创异,最后形成异彩纷呈的新思路、新见解。可以说求异思维方法是孕育一切创新的源头。科学技术史上许多发现或发明就是运用这种思维方式的结果。在科学研究过程中,求异思维的主要任务或关键是为解决问题而积极运用特殊的方法,建立起灵活的研究之道。

毫无疑问,创新主要依靠发散思维来寻找超越事物一般意义的内涵,从平淡无奇之处发现不平凡的见解,在看似传统的理念中找到可以"嫁接"的增长点,从而推陈出新。然而在人们判断什么是旧有的、什么是创新之前,必须找寻新与旧的本质差异,也就是要从众多的个案中找到一般性特征,这就是我们常说的求同存异。求同思维是提炼规律的基础,是发散思维的原点。例如,遇到红灯,人们都应自觉停下等候,这是普遍的价值观;可是能不能在一定条件下让闯红灯变成正确的呢?比如说一个年幼的孩子跑向马路追他的小球,我们是不是还要墨守交通规则?这样的引导,可以让人从规则至上的常规性判断上升为人性至上的创新式判断。不过,如果没有对一般规则的认同,也就没有超越性的理解。所以,求同思维有助于提高归类和总结规律的能力。而求异思维在思维认识过程中,往往关注客观事物的差异性和特殊性,旨在发现与解决已知与未知之间的矛盾。求异思维的本质包含广博的开拓创新功能,有助于科学创新。求异思维的灵活性有利于自主性的创造,而多元性和试错性则有利于创新成果的选择,所以求异思维贯穿于整个创新活动过程。

(四)正向思维与逆向思维

正向思维就是人们在创造性思维活动中,沿袭某些常规去分析问题,按事物发展的进程进行思考、推测,是一种从已知到未知,通过已知来揭示事物本质的思维方法。这种方法一般限于对一种事物的思考。正向思维应充分估计自己现有的工作、生活条件及自身所具备的能力,应了解事物发展的内在逻辑、环境条件、性能等。这是自己获得预见能力并保证预测正确的条件,也是正向思维法的基本要求。

逆向思维法是指从事物的反面去思考问题的思维方法。它包括的类型有:

(1)反转型逆向思维法,指从已知事物的相反方向进行思考,产生发明构思的途径。

常常从事物的功能、结构、因果关系三个方面做反向思考。比如,市场上出售的无烟煎鱼锅就是把原有煎鱼锅的热源由锅的下面安装到锅的上面。

(2)转换型逆向思维法,指由于解决问题的手段受阻,而转换成另一种手段,或转换思考角度,以使问题顺利解决的思维方法。历史上著名的司马光砸缸的故事就是一个典型的例子。

(3)缺点逆向思维法,指利用事物的缺点,将缺点变为可利用的东西,化被动为主动,化不利为有利的思维方法。人们利用金属腐蚀原理进行金属粉末的生产或进行电镀,是缺点逆向思维法的一种应用。

正向思维是依据事物是一个过程这一客观事实而建立的,任何事物都有产生、发展和灭亡的过程,都从过去走到现在,由现在走向未来。正向思维是在对事物的过去、现在做了充分分析,对事物的发展规律做了充分了解的基础上,推知事物的未知部分,提出解决方案,因而是一种较深刻的方法。例如,汽车已成为发达国家的灾祸,大量的汽车阻塞、交通事故、环境污染等问题日益困惑着发达国家,尤其是1994年法国农民罢工,不再以传统的示威游行方式进行,而是开车游行,并把车停放在交通要道,让车"静坐"。要解决此问题,可以增加警力,进行疏通;也可以增修高速公路、立交桥,以保畅通;还可以限制车辆上路时间等。但这些终究是治标不治本,要想真正解决问题,就得思考从汽车引入家庭至今,给人民生活、环境、社会发展、安全等带来了哪些方便与不便,还将继续向何方向发展等,即从家庭拥有汽车这件事情本身的产生、发展过程入手,寻求解决办法。目前,在发达国家已基本达成共识:发展公交事业,提倡公民出入乘公共交通工具。这是根本的解决办法。这就是利用正向思维解决问题。逆向思维则常常使问题获得创造性的解决。美国有种番茄酱,跟同类产品比起来,浓度太高,特别稠,很多家庭主妇在使用时,总觉得不方便,市场前景不被看好。起初,经销公司想重新研制配方,降低浓度,重新生产,但又不方便,觉得十分困难,风险又大。于是,他们认为,产品的缺点其实正是它的优点。因为浓度高,说明番茄酱的固体成分多,水分少,营养更加丰富,味道更加纯正。于是,他们加大宣传力度,使这种观点家喻户晓。很快,其市场占有率跃居同类产品榜首。

(五)直觉思维与灵感思维

直觉思维是人脑对客观世界及其关系的一种非常迅速的识别和猜想。它不是分析性的、按部就班的逻辑推理,而是从整体上做出直接把握。领悟很好地概括了它的特点。在直觉思维下,人们不仅利用概念,而且利用模型和形象。大脑中储存的各种"潜知"都被调动出来,它们不一定按逻辑的通道进行组合,而用一种出乎意料的形式造成新的联系,用以补充事实和逻辑链条中的不足。爱因斯坦对直觉一直给予极高的评价,认为科学发现的道路首先是直觉的而不是逻辑的。"要通向这些定律,并没有逻辑的道路;只有通过那种以对经验共鸣的理解为依据的直觉,才能得到这些定律。"在科学发现中,下意识活动的主要形式是直觉,创造过程达到高潮时产生的特殊体验是灵感。直觉这种思维形式和灵感这种情绪体验常常相伴随而出现。与直觉思维相适应,灵感的产生常常是不期然的。

虽然直觉是难以预期的,正如伴随直觉的心理状态——灵感难以预期一样,但直觉思维需要一定的主客观条件。这些条件是:有一个能解决的问题,问题的解决已经具备了相当的客观条件,研究者顽强地探求问题的答案,并且经历了一段紧张的思考。机遇常常在此基础上起着触媒的作用,使人们在探索中产生新的联想,打开新的思路,从而实现某些顿悟。由于直觉以凝缩的形式包含了以往社会和个体的认识发展成果,因此,它归根到底是实践的产物,是持久探索的结果。以凯库勒发现苯环结构为例,产生灵感,实现顿悟不像表面显示的那样,完全是不可理解的梦境。我们可以约略分析当时的主客观条件。那时有机化学理论已经兴起,正处于大发展的阶段,凯库勒本人思考苯的结构已有 12 年之久。还有两件事值得注意:一是他在大学学习过建筑,建筑艺术中空间结构美的熏陶,给他对分子结构的研究带来影响;二是他年轻时当过法庭陪审员,曾经对某一刑事案件中出现的首尾相接的蛇形手镯有深刻印象。当时,这些蛇形手镯是作为有关炼金术案件的物证提出来的。可见多年来积淀下来的所有这些"潜知"最终统统被调动出来,才形成梦中那个环形的蛇,与苯的结构联系起来,达到顿悟式的突破。

尽管直觉思维不同于逻辑思维,但在科学理论的创造和发展中,两者之间存在着互为补充的关系。在直觉产生以前,人们总是在前人铺就的逻辑大道上行走。一旦逻辑通道阻塞了,产生了已有知识难以解释的矛盾,才会出现对直觉的识别和猜测。由直觉得到的知识还要进行逻辑的加工和整理。直觉的结果本身,只是某种揣测,它的正确性应当通过随后的研究来验证,从揣测引至逻辑结果,进一步把这些逻辑结果跟科学事实相对照,并把它纳入一个完整的理论体系。如果不进行逻辑处理,原封不动地把直觉思维产生的思想火花显现于世,即使这是可能的,也不会有说服力。严密的科学要求人们把他的成果用准确的语言、文字、公式、图形表示出来,构成系统知识,直觉的毛坯不能作为科学成品。如前例,凯库勒在他梦醒后的那天晚上,余下的时间全用在逻辑的加工和整理上了。他报告于世的是苯的结构式,而不是梦中飞舞的咬住自己尾巴的蛇。

由于直觉的非逻辑性,人们常常分析直觉的孪生兄弟——灵感,通过了解灵感,在科学活动中自觉地激发灵感,产生直觉,获得创造性的科学成果。但对于灵感是怎样产生的,人们有不同的看法。说灵感纯粹产自天才,这是不正确的。长期的艰苦劳动和执着探索,是产生灵感、获得成功的基础。伟大的美国发明家爱迪生说,发明是百分之一的灵感加上百分之九十九的汗水。甚至可以进一步说,若没有百分之九十九的汗水,就根本不可能产生百分之一的灵感。应当强调,灵感产生的前提条件,就是科学家执着于创造性地解决问题。要做出科学发现,不能不对问题的解决怀抱强烈的愿望。他要翻来覆去地考虑问题的各个方面,掌握与该问题有关的各种资料。所以,灵感是长期艰辛劳动的结果,正如俗话所说:积之于平日,得之于顷刻。唯其如此,才可能不失时机地抓住那些富有启发的东西,产生灵感,成为匠心独具的发现者。

心理学的研究表明,灵感属于无意识活动范畴,它的进行和转化为意识活动,需借助一定的心理条件。如果长期循着一条单调的思路,精神特别容易疲劳,大脑这部机器就会运转失灵,难以找到问题的症结。拉普拉斯曾经介绍过下述屡试不爽的经验:对于非常复杂的问题,搁置几天不去想它,一旦重新捡起来,你就会发现它突然变容易了。

灵感是突发的、飞跃式的。对于瞬息即逝的灵感,必须设法及时抓住,牢记于心,不要让思想的火花白白浪费了。许多科学家都养成了随时携带纸笔的好习惯,记下闪过脑际的每一个有独到见解的念头。科学发现有赖于灵感,是无意识活动参与进行的。那么,非常重要的,就是对无意识形成的结果做出选择,抛弃不合适的方案,从而得到真正的科学发现。究竟是什么支配无意识的选择呢?许多科学家认为,导致科学发现的选择乃是科学美感。传统上认为,在真、善、美这几个人类向往的目标中,科学追求真,宗教追求善,艺术追求美。这种划分尽管在概念上抓住了一定的本质特征,但非常笼统、粗糙,严格说来是不完备的。居里夫人认为,科学的探讨和研究,其本身就含着至美。即使不能说美的感受决定科学发现,也可以肯定真的东西和美的东西是一致的。

三、创造性思维的活动过程

创造性思维在解决问题的活动中,需要一定的过程。心理学家对这个过程也做过大量的研究。比较有代表性的是英国心理学家华莱士(G. Wallas)所提出的四阶段论和美国心理学家艾曼贝尔(T. Amabile)所提出的五阶段论。华莱士认为任何创造过程都包括准备阶段、酝酿阶段、明朗阶段和验证阶段四个阶段;而艾曼贝尔从信息论的角度出发,认为创造活动过程由提出问题或任务、准备、产生反应、验证反应、结果五个阶段组成,并且可以循环运转。这里,以华莱士的四阶段论来看创造性思维的活动过程。

(一)准备阶段

准备阶段是创造性思维活动过程的第一个阶段。这个阶段是搜集信息、整理资料、做前期准备的阶段。由于要解决的问题存在许多未知数,所以要搜集前人的知识经验来对问题形成新的认识,从而为创造活动的下一个阶段做准备。例如,爱迪生为了发明电灯,据说光收集资料整理成的笔记就有200多本,总计四万多页。可见,任何发明创造都不是凭空杜撰的,而是在日积月累、大量观察研究的基础上进行的。

(二)酝酿阶段

酝酿阶段主要是对前一阶段所搜集的信息、资料进行消化和吸收,在此基础上,找出问题的关键点,以便考虑解决这个问题的各种策略。在这个过程中,有些问题由于一时难以找到有效的答案,通常会把它们暂时搁置。但思维活动并没有因此而停止,这些问题会无时无刻萦绕在头脑中,甚至转化为一种潜意识。在这个过程中,人容易产生狂热的状态,如"牛顿把手表当成鸡蛋煮"就是典型的因钻研问题而产生的狂热状态。所以,在这个阶段,要注意有机结合思维的紧张与松弛,使其向更有利于问题解决的方向发展。

(三)明朗阶段

明朗阶段,也叫顿悟阶段。经过前两个阶段的准备和酝酿,思维已达到一个相当成熟的阶段,在解决问题的过程中,常常会进入一种豁然开朗的状态,这就是前面所讲的灵感。例如,耐克公司的创始人比尔·鲍尔曼一天正在吃妻子做的威化饼,感觉特别舒服。于是,他被触动了,如果把跑鞋制成威化饼的样式,会有怎样的效果呢?于是,他就拿着妻子做威化饼的特制铁锅到办公室研究起来,之后,制成了第一双鞋样。这就是有名的耐克鞋的发明。

(四)验证阶段

验证阶段又叫实施阶段,主要是对前面三个阶段形成的方法、策略进行检验,以寻求更合理的方案。这是一个否定—肯定—否定的闭环过程。通过不断的实践检验,从而得出最恰当的解决方案。

这样几个阶段的循序推进简明扼要地描述了创造性思维的活动过程。

【经典案例】学前教育学院"新思维教育咨询有限公司"

2016 年,学前教育学院 2014 级李子红、吴燕媚和 2015 级邱羚、陈志坤、张小丽五位同学组成创业团队,由郭鸿、吴振东和许幸娟老师任指导老师,围绕创新思维成立创业项目,创办"新思维教育咨询有限公司",参加"挑战杯——彩虹人生"全国职业学校创新创效创业大赛,获得全国一等奖。

此次创业团队的创业内容就是抓住创新思维在个人事业成功中占有重要地位,从幼儿开始有意识训练和培养,让学生拥有创新思维。所创立的公司目标是使幼儿在相互交流沟通和学习中产生创造欲望,激发他们探索的兴趣,以培养他们有效的思维能力。

创业团队分析的创业机会为:随着人们生活水平的不断提高,越来越多的家长意识到幼儿智力开发的重要性。21 世纪的学前教育要解决的重要问题就是如何为培养创造型人才奠定坚实的基础。而创造型人才首先必备的就是思维的敏锐性和创新性。因此,思维的训练与拓展对于创造型人才的成长和发展是至关重要的。科学证明,3~6 岁的幼儿时期,是人生命的起跑线,是思维创新的关键期。由于思维创新是 3~6 岁幼儿发展的重要组成部分,具有非常强的专业性,众多家长因无法谈及这方面的教育经验而变得束手无策。一方面为了使孩子更好地适应未来社会对创造型人才的需求,他们只好苦苦地寻找思维训练和拓展机构。另一方面由于民办教育培训机构启动资金大,选址难,审批难,因而涉及思维训练和拓展的正规教育培训机构寥寥无几。这种市场的供需矛盾为思维拓展机构提供了一个千载难逢的发展契机。众所周知,思维训练和拓展是通过游戏活动而得以实现的,建立优质的游戏活动中心便成为实现思维创新的新载体。

创业团队成立的新思维教育咨询有限公司开展以思维训练与拓展为基础的新型教育,游戏活动的设计方案是公司的核心竞争力之一。在管理制度上,为发挥大学生的专业化优势和有经验的优秀在职幼儿教师的优势,采用总经理负责制;在组织结构上,为与公司初期的规模和发展战略相配合,采用较为灵活的直线职能制;在人员配置上,组建高素质的教职工队伍,为公司未来的延伸发展打下良好的基础。

第二节 创新理论概述

【案例导入】牛顿晚年趋于保守

牛顿是世界上最伟大的科学家之一,他对科学的贡献是史无前例的。牛顿的一生有许多伟大的发现:力学三定律、万有引力、光学环、光微粒说、冷却定律以及微积分,然而到了晚年,他的研究陷入了亚里士多德的柏拉图学说的范围而不能自拔。他花了十年的时间来研究上帝的存在,结果自然毫无所得。由此看来,即使是一个伟大的科学家,一旦落入陈旧的范畴,就谈不上有丝毫的成就。

一、创新扩散模型理论

(一)创新扩散模型基础理论

"创新扩散理论"是美国学者埃弗雷特·罗杰斯(E. M. Rogers)提出的,是对创新的各类人群进行研究归类的一种模型。它的理论指导思想是:在创新面前,部分人会比另一部分人思想更开放,更愿意采纳创新。这个模型也被称为创新扩散理论(Diffusion of Innovations Theory),或创新采用曲线(Innovation Adoption Curve)、多步创新流动理论(Multi-step Flow Theory)。

埃弗雷特·罗杰斯认为创新是"一种被个人或其他采纳单位视为新颖的观念、时间或事物",而且一项创新应具备相对的兼容性、便利性、可靠性、复杂性和可感知性五个要素。美国学者罗杰·菲德勒则认为创新还应当包括"熟悉"这一要素。

一般认为,创新扩散包括五个阶段,即了解阶段、兴趣阶段、评估阶段、试验阶段和采纳阶段。

(1)了解阶段:接触新技术、新事物,但知之甚少。

(2)兴趣阶段:发生兴趣,并寻求更多的信息。

(3)评估阶段:联系自身需求,考虑是否采纳。

(4)试验阶段:观察是否适合自己的情况。

(5)采纳阶段:决定在大范围内实施。

创新扩散被定义为以一定的方式随时间在社会系统的各种成员间进行传播的过程,扩散过程由创新、传播渠道、时间和社会系统四个要素组成。由此可见,传播渠道是其中一个重要的环节。

创新扩散的传播过程可以用一条"S"形曲线来描述。"S"形曲线理论在广告推广、市场营销、产品代谢以及媒介生命周期的研究方面都得到了承认,有着广阔的应用前景。

罗杰斯指出，创新事物在一个社会系统中要继续扩散下去，首先必须有一定数量的人采纳这种创新事物，通常，这个数量是人口的10％～20％。在扩散的早期，采用者很少，进展速度也很慢；创新扩散比例一旦达到临界数量，即当采用者人数扩大到居民的10％～25％时，进展突然加快，曲线迅速上升并保持这一趋势，进入快速扩散阶段，即所谓的"起飞期"；在接近饱和点时，进展又会减缓。整个过程类似于一条"S"形曲线。饱和点的概念是指创新在社会系统中一般不能100％扩散，事实上，很多创新在社会系统中最终只能扩散到某个百分比，当系统中的创新采纳者不再增加时，系统中的创新采纳者数量（绝对数量表示）或创新采纳者比例（相对数量表示）就是该创新扩散的饱和点。

在罗杰斯看来，早期采用者就是愿意率先接受和使用创新事物并甘愿为之冒风险的一部分人，在创新扩散过程中，这部分人为后来的起飞做了必要的准备。

这个看似"势单力薄"的群体在人际传播中发挥了很大的作用，他们不仅对创新初期的种种不足有着较强的忍耐力，还能够对自身所处各群体的意见领袖展开游说，劝说他们接受创新，采用创新产品。之后，创新又通过意见领袖迅速向外扩散。

创新推广的最佳途径是将信息技术和人际传播结合起来加以应用。罗杰斯认为，在创新向社会推广和扩散的过程中，信息技术能够有效地提供相关的知识和信息，创新扩散总是借助一定的社会网络进行，但人际交流在说服人们接受和使用创新方面则显得更为直接、有效。

罗杰斯创新采用曲线创新扩散研究的五个焦点是：人们在考虑一个新主意、一件新产品或一个新项目时所采取的决策过程；对创新成果采用与否有重要影响的创新活动自身的特征；采用创新过程中的沟通渠道；个人或社会采用创新的后果和影响；采用创新人群的一些个人特征。

（二）创新采用曲线的类别

创新者：他们自觉推动创新，是勇敢的先行者。创新者在创新交流过程中发挥着非常重要的作用。

早期采用者：他们是公众意见领袖，是受人尊敬的社会人士。他们乐意尝试新鲜事物、引领时尚，但行为谨慎。

早期采用人群：他们是有思想的一群人，也比较谨慎，但他们较之普通人群更愿意接受变革。

后期采用人群：他们对创新持怀疑态度，只有社会大众普遍接受了新鲜事物，他们才会采用。

迟缓者：他们是保守传统的一群人，对新鲜事物吹毛求疵，习惯于因循守旧，只有当新的发展成为主流、成为传统时，他们才会被动接受。

（三）创新采用曲线的运用

罗杰斯的创新采用曲线说明，试图快速印证和广泛采用全新的、争议中的创新主意是不现实的。促进创新采用的最好方法是，首先说服创新者与早期采用者。在沟通过程中，还可以结合创新类别与采用百分比，更为准确地估计目标群体。

二、熊彼特创新理论

(一)理论内容

熊彼特在《经济发展理论》一书中提出"创新理论",此后又相继在《经济周期》和《资本主义、社会主义和民主主义》两书中加以运用和发挥,逐渐形成了以"创新理论"为基础的独特的理论体系。"创新理论"最大的特色就是强调生产方法的变革和生产技术的革新在经济发展过程中至高无上的作用。他第一次以"创新理论"解释资本主义的本质特征,解释资本主义发生、发展和趋于灭亡的过程,从而闻名于经济学界,影响颇大。

熊彼特认为,创新是周期性的,每个长周期包括六个中周期,每个中周期包括三个短周期。长周期为 48～60 年,中周期为 9～10 年,短周期为 40 个月。他根据创新浪潮的起伏,以重大的创新为标志划分,把资本主义经济的发展分为三个长周期:(1)1787—1842 年是产业革命发生和发展时期;(2)1843—1897 年为蒸汽和钢铁时代;(3)1898 年以后为电气、化学和汽车工业时代。周期性的经济波动正是起因于创新过程的非连续性和非均衡性,不同的创新对经济发展产生不同的影响,由此形成时间各异的经济周期;资本主义只是经济变动的一种形式或方法,它不可能是静止的,也不可能永远存在下去。

20 世纪 70 年代以来,门施、弗里曼、克拉克等用现代统计方法验证了熊彼特的观点,并进一步发展这一理论,被统一称为"新熊主义"或"泛熊彼特主义"。

进入 21 世纪,在信息技术的推动下,知识社会的形成及其对创新的影响进一步被认同,创新被认为是各创新主体、创新要素交互复杂作用下的一种复杂涌现现象,是创新生态下技术进步与应用创新的双螺旋结构共同演进的产物。关注用户参与的、价值实现的和以人为本的创新模式,成为新世纪对创新重新认识的探索与实践。

熊彼特认为,创新就是要"建立一种新的生产函数",即"生产要素的重新组合",就是要把一种从来没有的关于生产要素和生产条件的"新组合"引进生产体系中去,以实现对生产要素或生产条件的"新组合"。资本主义就是这种"经济变动的一种形式或方法",即所谓"不断地从内部革新经济结构"进行的"一种创造性的破坏过程"。作为资本主义"灵魂"的"企业家",其职能就是实现"创新",引进"新组合"。所谓"经济发展"就是指整个资本主义社会不断地实现这种"新组合",这种"新组合"的目的是获得潜在的利润,即最大限度地获取超额利润,或者说资本主义的经济发展就是这种不断创新的结果。

(二)熊彼特进一步明确指出创新的五种情况

(1)采用一种新的产品,也就是消费者还不熟悉的产品或一种产品的新特性。

(2)采用一种新的生产方法,也就是在有关的制造部门中尚未通过经验检定的方法,这种新的方法不需要建立在科学发现的基础之上,并且可以存在于商业上处理一种产品的新方式之中。

(3)开辟一个新的市场,也就是国家的某一制造部门以前不曾进入的市场,而不管这个市场以前是否存在过。

（4）掠取或控制原材料或半成品的一种新的供应来源，不论这种来源是已经存在，还是第一次创造出来的。

（5）实现一种新的组织，比如造成一种垄断地位（如通过"托拉斯化"），或打破一种垄断地位。

后来人们将他的观点归纳为五个创新，依次对应产品创新、技术创新、市场创新、资源配置创新、组织创新，而这里的"组织创新"仅仅是初期的狭义的制度创新，也可以看成部分的制度创新。

（三）熊彼特创新理论的基本观点

（1）创新是生产过程中内生的。他说："我们所指的'发展'只是经济生活中并非从外部强加于它的，而是从内部自行发生的变化。"投入的资本和劳动力数量的变化导致的经济生活的变化并不是唯一的经济变化，还有另一种经济变化，就是"创新"。它是从体系内部发生的，不能用外部数据的影响来说明。这种变化是很多重要经济现象产生的原因，所以为它建立一种理论似乎是值得的。

（2）创新是一种"革命性"变化。熊彼特曾作过这样一个形象的比喻："不管把多大数量的驿路马车或邮车连续相加，也绝不能得到一条铁路。""而恰恰就是这种'革命性'变化的发生，才是我们要涉及的问题，也就是在一种非常狭窄且正式意义上的经济发展的问题。"这就需要对经济发展进行动态性分析研究，充分强调创新的突发性和间断性的特点。

（3）创新同时意味着毁灭。一般说来，"新组合并不一定要由控制创新过程所代替的生产或商业过程的同一批人去执行"。所以，在竞争性的经济生活中，虽然消灭的方式不同，但新组合就意味着对旧组织通过竞争而加以消灭。

（4）创新必须能够创造出新的价值。熊彼特认为，发明是新工具或新方法的发现，而创新是新工具或新方法的应用，发明先于创新产生。"只要发明还没有得到实际上的应用，那么在经济上就是不起作用的。"因为新工具或新方法最重要的含义就是能够创造出新的价值，它们的使用在经济发展中能起到作用。把发明与创新割裂开来，有其理论自身的缺陷；但强调创新是新工具或新方法的应用，必须产生出新的经济价值，这对于创新理论的研究又具有重要的意义。

（5）创新是经济发展的本质规定。熊彼特认为，可以把经济区分为"增长"与"发展"两种情况，他力图引入创新概念以便从机制上解释经济发展。人口和资本的增长所导致的经济增长并不能称作发展。"因为它本质上不能产生新的现象，而只是同一种适应过程，像在自然数据中的变化一样。""我们所意指的发展是一种特殊的现象，同我们在循环流转中或走向均衡的趋势中观察到的完全不同。它是流转渠道中的自发的和间断的变化，是对均衡的干扰，它永远在改变和代替以前存在的均衡状态。我们的发展理论只不过是对这种现象和伴随它的过程的论述。"所以，我们所说的发展，可以定义为执行新的组合。这就是说，创新是发展的本质规定，发展是经济循环流转过程的中断。

（6）创新的主体是企业家。熊彼特认为，企业家的核心职能不是经营或管理，而是能否执行"新组合"。他把"新组合"的实现称为"企业",那么以实现这种"新组合"为职业的人便是"企业家"。每个企业家只有当其实际上实现了某种"新组合"时才是一个名副其实的企业家,这个核心职能又把真正的企业家活动与其他活动区别开来。这就使得"充当一个企业家并不是一种职业,一般说也不是一种持久的状况,所以企业家并不形成一个从专门意义上讲的社会阶级"。熊彼特这种独特的界定目的在于说明创新活动的特殊价值,突出创新的特殊性。

学术界在熊彼特创新理论的基础上开展了进一步的研究,使创新的经济学研究日益精致和专门化,仅创新模型就先后出现了许多种,其代表性的模型有需求拉动模型、技术推动模型、整合模型、相互作用模型、系统整合网络模型等。通过构建机制创新、技术创新、创新双螺旋等理论体系,关于创新理论的经济学理解便形成了。

第三节　突破创新思维的障碍

【案例导入】王明和他的百米微

百米微的诞生源于上海金融学院会计学院2014届毕业生王明的一次郁闷的收快递经历。

出于校园安全考虑,绝大多数学校不允许快递入校派送。每天上午快件到校的高峰时刻,外环边上的上海金融学院门口就会交通拥堵。王明想,是不是可以对快递公司的货物进行截流,代他们进行校内派送。对快递公司来说,可以节省人力和时间,对自己来说可以从中收取一定的费用。王明找到了创新创业学院的副院长张树义进行咨询,张树义非常支持,并且给王明梦想中的公司取名——"百米快递"。这个名字有两层意思,一层是这是从校门到师生手中的最后一百米,另一层是要用百米冲刺的速度给大家送快递。创新创业学院把王明的创意正式列为创业项目进行扶持。

经过一年多的运营,百米微快递已经形成一整套规范化的操作流程,每天的快递量稳定在四五百件。百米微快递与顺丰、中通、圆通、申通、汇通达成合作,原先只有四五人的小小队伍扩大为23人。王明也开始拓展校内收件业务,为师生们寄快递。2013年3月,王明的"上海瓦耶实业有限公司"正式在工商部门登记注册,"百米微"成为公司的重要品牌,小小的创业项目在创新创业学院成功孵化,成为真正的法人实体。

一、常见思维障碍

人的大脑思维有一个特点,就是一旦沿着一定方向、按照一定次序思考,久而久之,当人们面对纷繁复杂的客观事物时,就形成了一种惯性,遇到类似的问题或表面看起来相同的问题,就会不由自主地按照上次思考的方向或次序去解决,这种思考方式称为思维惯性。多次以这种惯性思维来对待客观事物，就形成了固定的思维模式，这些思维模式就叫作思维定式。思维障碍是思维惯性和思维定式的组合，非常不利于创新，阻碍了我们创造性地解决问题。要进行创新思维，首先必须突破思维障碍。

（一）习惯型思维障碍

习惯型思维障碍是生活中常见的一种思维定式，产生于人们的生活、思考中。这种思维障碍是不可避免的，但并不是百分百有害。对于一些简单的问题，如日常生活中的小事，按照习惯去思考、去行事，可能节省时间，或者少费脑筋。在创新过程中，习惯性思维障碍却是有害的。人的思维不仅有惯性，还有惰性，对于比较复杂的问题也要如法炮制，就会使我们犯错误，或者面对新问题时一筹莫展。

（二）权威型思维障碍

在长期的学习、工作和生活中，很多人逐渐形成了对权威的尊敬甚至崇拜，这是因为权威或是领导，或是长辈，或是专家，社会舆论也经常对有学问、有经验的人广为宣传，使他们的名望更高。尊重权威在一定条件下是没有什么错的，但一切都按照权威的意见办事，不敢怀疑权威的理论或观点，不敢逾越权威半步，就会使权威成为创新思维的极大障碍。权威的意见只是在一定时间、范围内正确，而且权威人物也可能被自己的知识和经验限制住，自己设置思维上的障碍。人们如果不为已有的权威意见所限制，没有任何框框，从头研究，反而能够取得成功。

（三）直线型思维障碍

在学习和生活中，我们习惯用直线型思维方式去解决问题。学习时，虽然也遇到过稍微复杂的数学问题、物理问题，但多数情况下是把类似的例题拿来照搬，对待需要认真分析、全面考虑的社会问题、历史问题或文学艺术方面的问题，经常是死记硬背现成的答案；生活中，人们在解决简单问题时也只需用一就是一、二就是二这样的直线型思维方式即可奏效，于是就养成了直线思维的习惯。这种思维习惯让人们不善于从侧面、反面或迂回地去思考问题，如果没有经过破除直线型思维的训练和实践，即使是比较有经验的人也难免陷入思维的误区。

（四）自我中心型思维障碍

在日常生活中，我们常常可以看到有些人特别固执，思考问题时以自我为中心，阻碍了创新思维。这些人有的还是很有能力的，做出过一些成绩，这也因此让他们觉得自己了不起，不知道天外还有天。我们在取得了一定成绩或学到了一种本领之后，千万不要局限在自己已有知识或成果的范围内，千万不要以为按照自己的思维模式就可以不变应万变，从此可以无往而不胜了。

（五）书本型思维障碍

俗话说"尽信书，不如无书"，"尽信书"就是书本型思维障碍的写照。很多人认为，一个人的书本知识多了，比如上了大学，读了硕士、博士，就必然有很强的创新能力。还有的人认为，书本上写的就都是正确的，遇到难题先查书，如果自己发现的情况与书本上不一样那就是自己错了。在这些认识的指导下,书上没有说的不敢做,书上说不能做的更不敢做;读书比自己多的人说的话百分之一百地全信,一点儿也不敢怀疑。这种对书本的迷信阻碍了人们去纠正前人的失误,去探索新的领域。我们把这种对书本知识过分相信而不能突破和创新的思维叫作书本型思维障碍。也就是说,书本知识是重要的,但是,书本知识毕竟是经验的总结,时代发展了,情况变化了,书本知识也可能过时。诺贝尔物理学奖的获得者、美国物理学家温伯格曾经说过一段很值得我们深思的话:"不要安于书本上给你的答案,要去尝试下一步,尝试发现有什么与书本上不同的东西。"正确的态度应当是:既要学习书本知识,接受书本知识的理论指导,又要注意到书本知识可能包含的缺陷、错误或落后于现实的局限性。从事创新活动时要对所应用的书本知识严格地进行检验,而检验的唯一标准是实践。

(六)从众型思维障碍

从众心理,就是不冒尖、不带头,一切都随大部队的心理状态。在实际生活中,大部分人都可能因从众心理而陷入盲目中。一个问题,明明自己稍加思考就能正确决策,却偏偏跟着大家走错误的路线,这就是从众型思维障碍。一位心理学家曾经做过这样一个实验:让一个人跟着另外四个人进实验室,地上画着 4 条长度不等但相差不多的直线 a、b、c、d,然后问:"直线 a 与 b、c、d 中的哪条长度最接近?"前面 4 个人都回答是 c,后面那个人看了一会儿,认为是 b(实际上这个答案是对的),刚想回答,心理学家说:"再想一想,到底是哪条?"他又想了一会儿,回答说:"是 c。"心理学家的一句"再想一想"就让这个人改变了答案。这就是典型的从众心理现象。

(七)文化禁忌型思维障碍

文化禁忌型思维障碍是因个人所处的文化环境和生活习惯的不同,长时间养成的对某些本来是客观存在的现象的规避、禁忌,从而影响对问题的客观认识,致使解决问题的良好时机丧失。

(八)其他类型的思维障碍

还有一些思维障碍也比较常见,在不同的人身上表现的严重程度不同。例如自卑型思维障碍、麻木型思维障碍、偏执型思维障碍等。自卑型思维障碍就是非常不自信,由于过去的失败等受到过别人的轻视,甚至污蔑,产生了自卑心理。自卑心理会让人踟蹰不前,不敢去做没有把握的事情。麻木型思维障碍表现为不敏感,思维不活跃。这种思维障碍的人注意力集中程度低,难以出现兴奋状态,对关键问题不能够及时捕捉。偏执型思维障碍的人大多颇为自信,过于固执,明知这条道路走不通,还非要往前闯,不能及时转弯,费了很大力气,走了许多弯路还不愿意回头。

二、思维障碍的突破

思维障碍严重妨碍着我们进行思维创新,而突破思维障碍的好办法就是扩展思维视角。

（一）思维视角的定义

人的思维活动不是毫无头绪的，它是有次序、有起点的，在起点的位置上，就有切入的角度。实际上，对于创新活动来说，这个起点和切入的角度非常重要。我们把思维开始时的切入角度叫作思维视角。扩展视角对认识客观事物会有极大的影响，这是因为：

（1）世界上的各种事物都不是孤立存在的，它们与周围的其他事物有着千丝万缕的联系，观察研究某一未显露本质的事物，可以从与它联系的另一事物中找到切入点。

（2）事物本身都有不同的侧面，从不同的角度去观察，就能更加全面地接近事物的本质。

（3）对于某个领域的一些事物，特别是社会生活或专业技术领域内的常见事物，许多人都观察思考过，自己也经常接触。

（4）事物是发展变化的，而发展变化的趋势有多种可能性。

（二）扩展思维视角的方法

1. 改变万事顺着想的思路

大多数人在思考问题的时候都是顺着想的，按照常情、常理、常规去想，或者按照事物发生的时间、空间顺序去想。大家都是这样想的，彼此之间的交流就比较方便，容易找到切入点，解决问题的效率就比较高。但在互相竞争的情况下，这种思路就很难出奇制胜。当面对复杂的客观事物，顺着想的思路就不可能完全揭示事物内部的矛盾，发现客观规律。

第一，从事物的对立面出发去想。直接跳到事物矛盾一方的对立面去想是扩展思维的一个重要角度。对立的双方是既对立又统一的，改变这一方不行，改变另一方则可能有助于问题的解决。例如，过去的工业锅炉和生活锅炉都是在炉内安装许多水管，用给水管加热的方法使热水上升，产生蒸汽。日本科学家熊田长吉想要提升锅炉的工作效率，开始时主要考虑怎样在炉内加热，但热效率改变不大。后来，他想到，冷和热是对立的，不能只考虑热的方面，不考虑冷的方面。在加热水管时，热水上升，忽视了冷水的下降，在冷热水循环不畅的情况下，热效率难以提高。于是，他通过实验，把原来的许多热水管加粗，在粗管内再安装一根使冷水下降的细管，这样，粗管里的热水上升，细管里的冷水下降，水流和蒸汽的循环加快，热效率果然提高了。按照这种设计生产的锅炉，在实际使用中热效率可以提高 10%。

第二，变顺着想为倒着想。如果顺着想不能很好地解决问题，那倒过来想可能就找到了新的突破口。二战后期，苏联军队准备在夜晚突袭柏林，可朱可夫元帅遇到了一个难题。因为当晚星光灿烂，部队难以隐藏，如果贸然发起攻击，苏军的行动在敌人眼中一目了然。如果因此放弃，又会贻误战机。经过反复思考，他下令集中所有探照灯，用最强的灯光照射敌军阵地。在这 140 台探照灯的强烈光线下，德军眼睛都睁不开。苏军就在明晃晃的灯光掩护下突然进攻，冲破防线，打得敌人措手不及，迅速结束了战斗。

第三，改变思考者自己的位置。改变思考者自己的位置就是换位思考或易位思考。如果是思考社会问题，可以把自己换到考察对象的位置上，或者是其他人的位置上；如果是科学技术问题,可以更换观察的位置,从前后、左右、上下等各个方向去思考分析问题。

2.转换问题获得新视角

问题是多种多样的,但彼此之间有相通的地方,尤其是难以解决的问题,与其盯住一个角度不放,不如把问题转变一下。例如,把几何问题转换为代数问题,把物理问题转换为数学问题。

第一,把自己生疏的问题转换成熟悉的问题。我们总会遇到这样那样从未接触过的生疏的问题,难以下手就是对这些问题时最大的感受。其实,这时试着把它转换成自己熟悉的问题,可能就会有新的视角,也许还会有出色的成果诞生。19世纪末,法国园艺学家莫尼哀想设计一种牢固坚实的花坛。可是,他只熟悉园艺,对建筑结构和建筑材料一窍不通。经过思考,他发挥了自己的特长:他对植物再熟悉不过了,于是就把花坛的构造转换成植物的根系。植物根系是盘根错节的,牢牢地和土壤结合在一起,非常结实。他把土壤再转换为水泥,把根系再转换为一根一根的钢筋,并用水泥包住钢筋,就制成了新型的花坛。这样,不仅花坛造出来了,而且建筑史上划时代意义的新型建筑材料——钢筋水泥也由这个建筑业的门外汉发明出来了。

第二,把复杂问题转化为简单问题。有一句话说,聪明人可以把复杂的问题越搞越简单,不聪明的人可以把简单的问题越搞越复杂。事实上,在解决复杂问题时能够化繁为简,就体现了一种新的视角。

第三,把不能办到的事情转化为可以办到的事情。世间有些事情是能够办到的,有些是难以办到的,有些就是根本不能办到的。但是,在很多时候,通过我们的努力很可能把不能办到的转换成能够办到的,这也是一种思路。

3.把直接变为间接

在解决比较复杂、比较困难的问题时,直接解决问题可能会遇到极大的阻力,这时就要扩展自己的视角,或退一步来考虑,或采取迂回路线,先设置一个相对简单的问题作为铺垫,然后逐步向着目标迈进。

思考题:

1.简述创新思维方法中的逻辑思维。

2.思维障碍的突破有哪些方法?

第四章　创业者与创业团队

国家鼓励公民创业，鼓励大学生创业，创业者需要具备一定的素质和能力。罗马非一日建成，也不可能是一个人完成的。在创业的道路上，团队必不可少，团队对于一个创业者来说起着至关重要的作用。这一章主要讲创业者特征，认识成功创业者必备素养及创业能力，理解团队对于创业成长的意义，掌握创业团队组建与管理的技巧和策略。

第一节　创业者

【案例导入】应届大学毕业生：从5000元到10亿的创业传奇

短短两年时间他由一名在校大学生成为全省最大网游公司总裁，让5000元变成10亿，这个传奇的缔造者是一位年仅23岁的应届大学毕业生，名叫金津。这位"创业楷模"和"史上最牛学生"，高居2009年、2010年"中国大学创业富豪榜"榜首。

金津从小就是个十足的游戏玩家，他挣来的第一笔钱也和游戏有关。读初三的时候，金津和另外四人组队参加电子游戏竞赛，团队获得1500元奖金，每人分到300元，那时候他就下定决心以后自己也要开发网游赚钱。

2003年，他考入了浙江理工大学。大家都在读书的时候，金津琢磨起了游戏，他投入了5000元买点卡，由于当时竞争者少，需求旺盛，利润率非常高。他还在网上卖"装备"，低价购进，高价卖出，硬是让5000元变成了近100万元，赚到了他创业之途上的第一桶金。

金津并没有满足，他又瞄准了朝阳产业，也是杭州当时正大力扶持的产业——动漫游戏。

2005年，金津在杭州正式创业，他给自己的公司起了个名字——渡口。从此岸到彼岸，从传统产业到IT业，"渡口"似乎多了一层含义。金津自己也说："更想把它看作一个新的起点。"

"杭州正在打造'动漫之都'，有着非常不错的创业环境和人才设备，而且给了年轻人许多创业的优惠政策。"金津至今记得当时筹建公司时，新高区直接给公司一整层楼的办公场地，而租金着实让他大吃一惊——免费。

短短两年之内，渡口网络公司不仅在杭州设立了总部，在上海设立了分部，而且在全国11个城市建立了办事处。来自全国各地的300多名年轻大学生和这位年轻的总裁一起，共同构筑着他们的创业梦。

一、创业者

在欧美学术界和企业界，创业者被定义为组织、管理一个生意或企业并承担其风险的人。创业者对应的英文单词是 entrepreneur，具有两个基本含义：一是指企业家，即日常理解的在一个成熟的企业中负责经营和决策的领导人，更准确地说应该是那些具有创业特征，如锐意创新、承担风险、超前行动、积极参与竞争的领导人；二是指企业创办人，即新企业的领导者。

需要强调的是，企业创办人是创业者，企业家在本质上也是创业者，企业家是那些在现有企业中具有创新精神和创业行为的领袖型人物。但在特定的研究环境下，当着重研究新创企业或新业务的发动者时，更多使用"创业者"这一术语；当泛指具有创业精神和创业行为的商业行为人时，一般用"企业家"。对于一个新创企业，伴随着企业的成长，创业者所扮演的角色毫无疑问会发生转变，创业者就逐步成长为企业家；从企业生命周期看，当一个企业达到成熟期时，如果不能够保持创新就会走向衰退。因此，即便是成功转变为企业家的创业者，仍然需要保持旺盛的创业精神。

创业者并不是特殊人群，创业本身并不神秘。具备一些独特技能和素质有助于成功创业，创业精神和创业能力是可以通过后天培养而习得的。

创业教育创始人之一彼得·德鲁克指出："创业不是魔法，也不神秘。它与基因没有任何关系。创业是一种训练，而就像任何一种训练一样，人们可以通过学习掌握它。"另一位创业教育专家布罗豪克斯在《企业家精神与家族企业的比较研究》一文中也指出："教一个人成为创业者，就如同教一个人成为艺术家一样。我们不能使他成为另一个凡·高，但是我们可以教给他色彩、构图等成为艺术家必备的技能。同样，我们不能使他成为另一个布朗森，但是成为成功的创业者所必需的技能、创造力等能通过创业教育而得到提升。"可见，一个人通过适当学习和实践经验的积累，在具备了一些基本的创业技能和素质后完全有可能成功创业。

实证研究也支持这样的观点，创业者可以通过创业教育培养创业素质，提高创业能力。2000年，美国学者查尼（A. Charney）和利贝卡（G. D. Libecap）对亚利桑那大学创业教育的跟踪调查表明，参加创业教育的毕业生平均创业能力是非创业教育毕业生的3倍；创业学专业毕业生自己开办的公司或者雇佣他们的那些初创型公司，在销售额与员工数量的增长上比那些非创业学专业毕业生所在的公司约高5倍；创业学专业毕业生的平均工资、年收入比非创造学专业毕业生高出27%，毕业后聚积的个人财富比其他专业学生要高出62%。

可见,创业者可以通过创业教育培养创业素质,提高创业能力。

二、创业者素质

创业者素质是个综合性很强的概念,其内涵深刻丰富而且具有广泛的外延。

素质是能力发展的基础。创业者素质泛指构成创业者的品德、知识、才能和身体等诸多要素在特定时间和环境内的综合状态,是创业者主体通过学习和自身的实践而形成和发展起来的,具有内在的、本质的及相对稳定的身心要素的整体系统。但对创业者素质的界定,国内外众说纷纭。1992 年,美国的一个研究部门对数千名企业老板与最高管理层人员进行了调查,并对创业家(或企业家)最重要的 20 项素质与能力按重要程度进行了排序,见表 4-1。

表 4-1 创业家素质与能力排序表

序号	素质与能力内容	序号	素质与能力内容
1	财务管理经验与能力	11	行业及技术知识
2	交流与人际关系能力	12	领导与管理能力
3	激励下属的能力	13	对下属培养与选择能力
4	远见与洞察能力	14	与重要客户建立关系的能力
5	自我激励与自我突破	15	创造性
6	决策与计划能力	16	组织能力
7	市场营销能力	17	向下级授权能力
8	建立各种关系的能力	18	个人适应能力
9	人事管理的水平	19	工作效率与时间管理水平
10	形成良好企业文化的能力	20	技术发展趋势预测能力

美国百森商学院管理学专家威廉·D. 拜格雷夫将优秀创业者的基本禀赋归纳为 10 个"D":理想(dream)、果断(decisiveness)、实干(doers)、决心(determination)、奉献(dedication)、热爱(devotion)、周详(details)、命运(destiny)、金钱(dollar)和分享(distribute)。

事实上,创业者的个性特征形形色色,成功的途径各有千秋,学者们对创业者素质的界定也不尽相同。我国《科学投资》杂志通过对上千案例的研究,发现成功创业者具有多种共同的特性,从中提炼出最为重要的中国创业者十大素质,具有一定代表性。

(一)梦想

一个人的梦想有多大,他的事业就会有多大。将"梦想"列在中国创业者素质的第一位,为什么?因为有梦想,想得到,而凭自己现在的身份、地位得不到,所以要去创业,要靠创业改变身份、提高地位、积累财富、实现梦想,这就构成了许多创业者的人生之路。

习近平总书记提出,中国梦是民族的梦,也是每个中国人的梦,"只要我们紧密团结,万众一心,为实现共同梦想而奋斗,实现梦想的力量就无比强大,我们每个人为实现自己梦想的努力就拥有广阔的空间"。因此,要创造条件为每个青少年播种梦想、点燃梦想,让更多青少年敢于有梦、勇于追梦、勤于圆梦。

【经典案例】一个没能实现的梦想成就了扎克伯格

1992 年的某个周四的下午,比尔·盖茨来到纽约的一所小学,看望那里的师生,并且给全体小学生做了一场励志报告。临走时,盖茨表示,自己会在某个周四的下午再次来学校看望大家,如果到时谁的课桌收拾得最整洁,最有条理性,谁就将会获得他免费赠送的一台个人电脑。电脑在当时还非常昂贵和稀有,大家自然都希望能得到。

因此当盖茨走后,每逢周四的下午,大家都会不约而同地将课桌收拾得整整齐齐,因为这是盖茨承诺来访的时间,而其他时候则不愿意动手收拾。但有一位学生觉得盖茨有可能会在周四的上午就来,于是,在每个周四的上午他就开始动手收拾课桌。

之后,他又觉得盖茨也许会在除周四外的其他日子里来访,于是他就决定每天都要收拾一次课桌,可是,每次收拾后不久,课桌便又会乱了,他想,如果刚好这个时候盖茨来了,那么之前付出的劳动和坚持岂不是白费了。于是,他又决定,必须要让自己的课桌每时每刻都保持整洁,这样就万无一失了。

可遗憾的是,盖茨此后却一直也没能再来,其他的同学早就忘记要继续收拾课桌,但这个学生因此养成了一个随时保持整洁的习惯,并且从此学会了做事一定要有条理性并坚持下去,正是日夕操持而潜移默化的行为与思维习惯让他在后来的人生中收益颇丰。

多年后,他终于再次见到了盖茨,但这次见面,盖茨并不是来兑现当年的承诺——送他一台电脑,而是来送他一件更大的礼物——用 2.4 亿美元购买他公司 1.6% 的股权,这还是因为他感激当年盖茨对他的无形影响而做出的让步。

不错,他创立的公司就是 Facebook(脸谱网)——世界第一社交网站,他就是马克·扎克伯格。

(二)诚信

诚信是企业家的立命之本,是企业家最看重的财富品质。做事首先是做人,诚信是做人的第一品质,做人必须诚信,无诚信不能创造财富。

市场经济是法制经济,更是信用经济、诚信经济,没有诚信的商业社会将充满极大的道德风险,显著抬高交易成本,造成社会资源的极大浪费。

一些创业者为了获得眼前利益不惜违背商业道德,铤而走险,其实这是一种短视的行为。只有卓越的产品质量、良好的客户服务,再加上诚实守信等可靠的社会信誉,这个企业才能赢得众多顾客的信任,它的前途才会一片光明。

创业者的信誉是最重要的品质,要对股票持有者诚实守信,对职工诚实守信,对供应商和客户诚实守信。只有这样,才不会出现一夜暴富、财富又转瞬即逝的情况。一个人拥有良好的信誉就如同拥有一笔无形的财富，只要用心经营，不去损害它，就会是取之不尽用之不竭的财富宝藏，可以一辈子享用；不论是你认识的还是不认识的人，都会尊重你，乐于同你交往，乐于同你合作。

（三）勤奋

勤奋几乎是所有成功企业家的普遍特征。企业家在美好愿景的鼓舞下，满怀激情，身先士卒，勤奋不辍，恰如为事业引擎源源不断地添加汽油，无论雨雪风霜，都将赋予其事业不断前进的无穷能量。

李嘉诚说过："事业成功虽然有运气在其中，主要还是靠勤奋，勤奋苦干可以提高自己的能力，就会有很多机会降临在你面前。""2006年胡润百富榜"中国首富、被称为"全球女人白手起家挣钱最多的人"——玖龙纸业张茵认为，"勤奋和厚道是创业者第一要素"。

【经典案例】天道酬勤

宗庆后"上山下乡"15年，坚持理想，坚持挑灯夜读。1987年创业，从儿童营养液到果奶、AD钙奶、纯净水、非常可乐、营养在线、婴幼儿配方奶粉……年年坚持推陈出新，每天超过16小时的工作时间（早上7点上班到晚上11点后下班）；坚持自己走市场、看终端；每年出差200多天；每年亲笔撰写100多篇的销售通报。20多年如一日！

2010年大年初三，有媒体专门报道企业家如何过年，说到宗庆后时，记者是这么写的："年三十陪员工吃年夜饭，百桌宴后再回家陪家人，娃哈哈集团董事长宗庆后迎接新年的方式一贯如此，只不过，年夜饭吃的桌数越来越多，家人能等到他回家吃团圆饭的时间越来越晚。大年初一，比平时多睡了半个小时的觉，宗庆后就起身去上班。2月份本来就短，又去掉春节7天，对于他来说时间真是不够用。大年初四开了一场市场分析会，而大年初八还有零售商终端推广会。也因此，这几天的中午，宗庆后照样在办公室吃着盒饭。"

20多年来，宗庆后就是凭着这样的一股劲，将娃哈哈打造成了国内饮料行业的龙头企业，同时，也被许多企业家和媒体誉为"中国最勤奋的企业家"。

（四）忍耐

忍耐是创业者必须具备的素质。"艰难困苦，玉汝于成"以及"筚路蓝缕"，都是说创业不易。《孟子·告子下》："天将降大任于斯人也，必先苦其心志，劳其筋骨，饿其体肤，空乏其身，行拂乱其所为，所以动心忍性，增益其所不能。"可见，肉体上和精神上的折磨是创业者成功路上的必修课，创业者一定要有坚韧不拔、宠辱不惊的定力与意志。

乔布斯在斯坦福大学毕业典礼上的演讲中自述当年的穷困潦倒："当我休学之后，我没有宿舍，所以我睡在友人家里的地板上，靠着回收可乐空罐的5先令退费买吃的，每个星期天晚上得走好几里的路绕过大半个镇去印度教的Hare Krishna神庙吃顿好吃的。追寻我的好奇与直觉，我所驻足的大部分事物，后来看来都成了无价之宝。"

万通集团董事长冯仑对忍耐另有见解：一旦确定要走上创业的路，必须做好牺牲的准备。"你得牺牲房子，钱都用到创业上了；你得牺牲稳定的生活，创业有风险，没有百分百的成功；你得牺牲跟家人相处的时间，创业者大量的时间是面对不确定性，不确定的情况下你要花很多时间去摆平这些事；你还得牺牲面子、尊严，以前不屑做的，现在不做不行，创业做老板并不是很爽的事，许多人都得罪不起，许多事都难以处理，许多委屈都需要你自己来承受。""所以，这些牺牲的心理准备非常重要。当你开始创业的时候，至少三年你得有做'孙子'的准备，否则你很难在万人之中冒出来。"

【经典案例】残疾人竟然成了中关村百万富翁第一人

王江民40多岁到中关村创业，靠卖杀毒软件，几乎一夜间就变成了百万富翁，几年后又变成了亿万富翁，他曾被称为中关村富翁第一人。王江民的成功看起来很容易，不费吹灰之力。其实不然，王江民困难的时候，曾经一次被人骗走了500万元。他的成功，可以说是偶然之中蕴含着必然。

王江民3岁的时候患过小儿麻痹症，落下终身残疾。他从来没有进过正规大学的校门，20多岁还在一个街道小厂当技术员，38岁之前不知道电脑为何物。王江民的成功，在于他对痛苦的忍受力。

从上中学起，他就开始有意识地磨炼意志。"比如爬山，我经常去爬山。500米高很快就爬上去了，慢慢地爬上去也就不感觉累。再一个就是下海游泳，从不会游泳喝到海水，到会游泳，一直到很冷的天也要下水游泳，去锻炼自己，在冰冻的海水里提高忍受力。比如，别人要游到1000米、2000米，那么我也要游到1000米、2000米，游到两三千米以后再上岸的时候都不会走路了，累得站不起来了。"当他40多岁辞职来到中关村，面对欺骗，面对商业对手不择手段、不遗余力的打击，都能够坦然面对。中关村能人虽多，却让这样一个外来的残疾人拔了百万富翁的头筹。

(五)眼界

对于创业者来说，必须见多识广，广博的见识、开阔的眼界，可以很有效地拉近自己与成功的距离，使创业活动少走弯路。眼界决定了创业者的创业思路。一般而言，创业者的创业思路有几个共同来源：第一是职业，第二是阅读，第三是行路，第四是交友。这些往往都和眼界密切相关。

(1)职业。从事原来的职业，对行业的运作规律、技术、管理都非常熟悉，人头、市场、渠道也熟悉，这样的创业成功概率很大。

(2)阅读。阅读使人思维敏捷、眼界开阔、信息丰富。对创业者来说，阅读就是工作，是工作的一部分，一定要有这样的意识。

因为阅读了一份报纸、一本书而启迪灵感，找到并抓住机会，获得创业第一桶金的例子数不胜数。代表性人物如李嘉诚、霍英东、王传福、阿利舍尔·乌斯马诺夫。

阿利舍尔·乌斯马诺夫生于1953年，经营矿石和钢铁生意起家，后进入电信和传媒行业。2014年3月，他以186亿美元继续保持俄罗斯首富地位。

20 世纪 70 年代末,乌斯马诺夫莫名卷入一场政治斗争,被判 8 年徒刑。1986 年,当时的苏联领导人戈尔巴乔夫搞司法改革,复查疑案,他被提前释放。出狱后,一贫如洗的乌斯马诺夫拖着一条在狱中受伤的腿到处找工作、找机会。有一次,在酒店他和一个化工厂的工程师住在一个房间,后者留下了一本书。乌斯马诺夫无聊中翻阅此书,发现 1 吨塑料原料可做 3 万~3.6 万个塑料袋。当年,苏联物资匮乏,塑料袋多数人舍不得丢,总是洗洗再用。一吨原料卖 437 卢比,一个塑料袋卖 1 卢比,乌斯马诺夫马上借钱办了个工厂,淘到了第一桶金。

【经典案例】霍英东阅报获商机

抗战胜利后的香港,百废待兴。一天,霍英东在翻阅一些报刊资料时,无意中看到香港政府的宪报,上面刊登不少拍卖战时剩余物资的通告。霍英东脑袋一转,心想:"有不少物资是目前市面上需要的,一买一卖,也许能赚些钱。"一次,他看中 40 部轮船机器,这些机器略经修理就可使用。参加投标,需付 100 元的费用。他向妹妹借了 100 元参加投标,出价是 1.8 万元港币。几天后,港府通知霍英东,他中标了,要他准备 1.8 万元去取货。

接到中标通知,霍英东又发愁了:这 1.8 万元去哪里拿?霍英东搭船过海,到九龙去找一位好朋友。他把此事说给朋友听,希望这位朋友帮他想办法做成这桩买卖。这位朋友一听,很感兴趣,就一起去仓库看机器。看了机器,这位朋友对霍英东说:"别到处找人借钱了,干脆 4 万元把这些机器卖给我算了。"

他的朋友给他 4 万元,他把 1.8 万元付给政府,然后把机器运到朋友处。这宗无本生意,霍英东净赚 2.2 万港元。

(3)行路。俗话说,"读万卷书,行万里路"。行路,各处走走看看,是开阔眼界、了解市场、跟踪文化的好方法。开阔眼界意味着你不但在创业伊始有一个比别人更好的起步,有时候它甚至可以挽救你和企业的命运。创意往往就源于眼界开阔。见钱眼开,莫如说眼开见钱,眼界开阔才能看见更多的机会,赚到更多的钱。

(4)交友。广泛交朋友更是创业者必须高度关注并努力做好的事。因为,这是在编织创业成功所必需的人际关系网络,在为自己积累创业的人脉资源。

信息时代,交友的一个重要途径是互联网,尤其对于年轻人更是如此。创立 Segmentfault 的"90 后"高阳出身农村,自小所处环境信息闭塞。高阳将自己的成功归结为互联网带来的信息便利,"我大部分工作机会都是通过互联网获得的,包括我的原始人脉积累"。当年,他在网上发布一条信息希望去北京找一份工作,正在北京创业的 Magnetjoy CEO 郭启睿给他留言"到我这儿来吧"。这家社交游戏开发公司的成长速度让高阳第一次意识到创业可能带来成功,成立没多久公司的流水收入超过 1 亿元人民币。

高阳此后在网络上组织了一个"丧心病狂'90 后'"小组,组里有 1/3 的人在创业,60 多人的项目加起来超过了 5 亿元人民币。

（六）敏感

创业者需要具备敏锐的直觉,对外界环境变化保持高度关注和敏感,尤其是应对商业机会和快速变化的市场。

【经典案例】课余时间创办快递公司,大学未毕业即赚 500 万

河北经贸大学 13 号学生宿舍楼旁的树上,悬挂着"博强快递——毕业生行李托运"的红色条幅,条幅下设有博强快递的摊位,旁边堆放着 12 个白色大包裹,里面是一些大四毕业生寄回家的物品。

身穿白色 T 恤的 5 个身强力壮的小伙子正在打理包裹,他们的身份既是本校学生,又是博强快递的代理,依据业务量大小提成。这些包裹都是他们从 5 层高的宿舍楼抬下来的。一些想要寄包裹的学生询问着情况,还有些已经寄出包裹的学生正在进行登记。

"包裹邮不回去,直接到公司找我!"河北体育学院大四学生、博强人力资源咨询有限公司总经理李海洋到学校现场指导,很多学生看到他,直喊:"李哥!"

面带笑容的李海洋向同学们介绍了博强快递的特色。因为他现在也是大学生,所以做事情都以服务学生为出发点,做的是"情感快递"。他们的包裹不计重量,统一提供袋子随便装,省内投递费 50 元,省外 60 元起价,比一些快递公司业务便宜 20 多元。李海洋说,他们公司实际上独揽位于石家庄市的 30 多家高校的快递业务。

1988 年,李海洋出生在河北省承德市承德县岔沟乡下局子村一个贫苦家庭。父亲左手四级伤残,妈妈患高血压,大姐患神经性分裂症,一家 5 口人,只有二姐和他是个健康人。家里穷得响叮当,以至于 2008 年 8 月,他收到河北体育学院运动训练系网球专业录取通知书的时候,连学费都掏不起。从那时起,年仅 20 岁的李海洋就发誓,一定要珍惜大学时光,发奋图强,10 年之内成为百万富翁。没想到他仅拼搏了三年,就实现了这个梦想。

一次偶然的机会,李海洋发现高校快递这个利润丰厚的市场。说干就干,李海洋开办起了自己的快递公司。为了找到足够的学生给自己快递业务做代理,李海洋几乎跑遍了附近几家高校的宿舍楼。而作为一名没资本、没经验的在校大学生,如何说服邮递公司跟自己签订合作协议是他创业之初面临的最大难题。

"如果做不了,我就把所有的收入全部给你!"李海洋的诚意打动了邮递公司,生意也慢慢走上了正轨。现如今,李海洋已经包揽了石家庄市 30 多所高校的快递代理业务,并与 3 家快递和托运公司签订了合作协议,年利润超过百万元。

（七）人脉

创业不是引"无源之水",栽"无本之木"。创业需要资源,而其中最重要的是人脉资源。一个创业者如果不能在最短时间之内建立自己最广泛的人际网络,那他的创业一定会非常艰难。

创业者的人脉资源，第一是同学资源，第二是职业资源，第三是朋友资源。

1. 同学、同乡资源

同学之间因为平等相处、接触密切，彼此间也甚少冲突，友谊一般较可靠，纯洁度高。

"福布斯"榜上赫赫有名的中国富豪南存辉和胡成中就是小学和中学时的同学，一个是班长，一个是体育委员，后来两人合作创业，企业做大以后才分了家，分别成立正泰集团和德力西集团。目前，仅北京大学各种各样的同学会就不下几百个，其中一个由金融投资进修班学员组成的同学会，仅有200余人，控制的资金却高达1200亿！一位成功的创业者在接受记者的采访时说，他在中关村创立公司前，曾经花了半年时间到北大企业家特训班上学、交朋友。他开始的十几单生意，都是在同学之间做的，或是由同学帮着做的。同学的帮助，在他创业的起步阶段起重要的作用。

与同学相似的是战友；可以与同学和战友相提并论的，是同乡。共同的人文地理背景，使老乡有一种天然的亲近感。曾国藩用兵只喜欢用湖南人；中国历史上最成功的两大商帮——徽商和晋商不管走到哪里，都是老乡帮老乡。正是同乡之间互为犄角，互为支援，才成就了晋商和徽商历史上的辉煌。同学资源和同乡资源，可称为创业者最重要的外部资源。

2. 职业资源

对创业者来说，效用最明显的首推职业资源。所谓职业资源，即创业者在创业之前，在职场所建立的各种资源。充分利用职业资源，从职业资源入手创业，符合创业活动"不熟不做"的教条。尤其是在国内目前还没有像美国或欧洲国家一样，普遍认同和执行"竞业避止"法则的情况下，选择从职业资源入手进行创业，已经成为许多人创业成功的捷径和法宝。

比亚迪的王传福创业前就是搞电池的；碧桂园的杨国强原先是搞建筑的；苏宁的张近东大学毕业后曾在一家服装企业工作，业余时间帮人安装空调，积累了第一桶金，并开始意识到空调销售、配送、安装、维修一体化的重要性。1990年张近东辞职创业专门销售空调，一举成为国内家电销售业翘楚。据调查，国内"下海"创业的人员，90%以上利用了原先在工作中积累的资源和关系。

【经典案例】大学生"卧底"取经或为职业资源

创业不到一年便赚了几十万，还清了公司所有的贷款，南京信息职业技术学院通信学院大二学生陈烨创业不仅有眼光、能吃苦，还特别有创意，为了解行业最新动态，他利用假期到大公司去"卧底"取经。

"进入大学以来我参加了不少同学们组织的大小活动和比赛，每次活动的宣传费用和舞台费用都是很大一笔开销。学校给我们开设了专门的创业课程，我就想，与其请商家来做活动不如自己创业自己赚钱。"陈烨说。说干就干，怀揣着梦想，筹备资金、注册、购买设备……大二初，他的图文公司就成立了。"但图文工作既烦琐又耗时间，加上价格战，我们一点优势都没有。"经过调研，他毅然放弃了"图文"，转移到舞美策划上。

　　一般公司的舞美策划也就帮着调调灯光，调调音响，陈烨没有把自己的工作局限在这块。他购买了灯具音响等舞台设备，并学习如何安装，以期能在承接的活动中做到最好。为了学到更好的技术，他还到一些大公司实习，学习人家的经验，以弥补自己公司的不足。

　　陈烨认为："首先，创业开始再困难再辛苦，都要学会忍耐坚持，要以积累、学习经验为主；其次，学会看清自己，到单位一切要从头开始，学会低调，做事勤快；最后，也是最重要的一点，人际关系是第一生产力！"

　　现在陈烨公司的业务越来越多。"不仅大学城很多大学的活动都由我们来帮着做，很多品牌公司如江苏银行、中国福利彩票、健力宝的活动，也都找到了我们。"

　　"公司成立1年，目前已经还清了五十万元的贷款。"

3.朋友资源

　　朋友是一个总称。同学是朋友，战友也是朋友，老乡是朋友，同事一样是朋友。一个创业者，各种不同的朋友都要交。朋友犹如资本金，对创业来说多多益善。"在家靠父母，出门靠朋友"，"多一个朋友多一条路"都是至理名言。

(八)谋略

　　商场如战场，在产品同质化严重、市场有限、竞争激烈的情况下，创业者的智谋将在很大程度上决定其创业成败。谋略，说白了就是一种思维的方式，一种处理问题和解决问题的方法。对于创业者来说，谋略是不分等级的，它没有好坏、高明不高明的区别，只有好用不好用、适用不适用的差别。

【经典案例】冯仑的"空手道"

　　1991年，冯仑和王功权南下创业的时候，兜里总共才3万块钱。3万块钱要做房地产，简直是天方夜谭。但是冯仑想了一个绝妙的办法。信托公司是金融机构，有钱。冯仑就找到一个信托公司的老板，先给对方讲一通自己的经历。冯仑毕业于中共中央党校，曾在中央党校、中宣部、国家体改委和海南省委任职，经历很耀眼，对方不敢轻视；再跟对方讲一通眼前商机，自己手头有一单好生意，包赚不赔，说得对方怦然心动。冯仑提出："不如这样，这单生意咱们一起做，我出130万元，你出500万元，你看如何？"这样好的生意，对方又有这样的经历，有什么不放心？好吧！于是该老板慷慨地甩出了500万元。

　　冯仑就拿着500万元，让王功权跟银行做现金抵押，又贷出1300万元。他们就是用这1800万元，买了8栋别墅，略作包装一转手，赚了300万元，这就是南海万通的第一桶金。

(九)分享

　　作为创业者，一定要懂得与他人分享，一个不懂得分享的创业者，不可能将事业做大。分享不是慷慨,对创业者来说,分享是明智。正泰集团的成长历史,有人说就是修鞋匠南存辉不断分享财富的历史。在南存辉的发家史上,曾经有过 4 次大规模的股权分流,从最初持股 100%,到后来只持有正泰股权 28%,每一次当南存辉将自己的股权稀释,把自己的股权拿出来,分流到别人口袋里去的时候,都伴随着企业的高速成长。但是南存辉觉得自己并没有吃亏,因为蛋糕大了,自己的相对收益虽然少了,但是绝对收益大大增加了。

白手起家的郭凡生之所以成为亿万富翁,其成功的秘诀就在于懂得与人分享。慧聪公司是郭凡生 1991 年创立的,1992 年慧聪的章程里已经写入了劳动股份制的内容。学经济出身的郭凡生这样解释他的劳动股份制:我们规定,慧聪公司的任何人分红不得超过企业总额的 10%,董事会分红不得超过企业总额的 30%。"当时我在公司占有50% 的股份,整个董事会占有的股份在 70% 以上,有 20% 是准备股,但是连续 8 年,慧聪把 70% 以上的现金分给了公司那些不持股的职工。"

【经典案例】李嘉诚如何看待情和义

李嘉诚一直认为,有钱要大家赚,利润更要让大家一起分享,做人不可自私自利,有情有义才有人愿意合作。作为最大投资商,你拿 10% 的股份很公正,拿 12% 也没什么,但是如果只拿 8% 的股份,将其余回报给那些曾经支持过你的人,虽让小利,但你将财源不断。重情重义不是用嘴巴说说那么简单,而是要实实在在地去做,从内心对每一个帮助过自己的人带着感激之情,要以实际行动来表达。

1973 年,当世界危机波及香港的时候,李嘉诚做了一件功德无量的事,至今仍被香港商界传为佳话。香港经济的依赖性很强,塑料原料全部依赖进口,因此受价格的影响也最大。危机爆发前每磅塑料原料的价格是 0.65 港元,危机爆发后涨到每磅 4.5 港元。当时李嘉诚凭借在塑料业的实力以及在经商过程中获得的良好声誉,已经是香港塑料制造业商会主席,但他的经营重点已经逐步转移到地产上了,因此,这场塑料危机,对他的影响并不是很大。况且,长江塑料公司本身也有充足的原料储备。

尽管这件事与自己的利害关系不大,李嘉诚还是毫不犹豫地挂帅上阵。在他的倡议和组织下,数百家塑料厂入股组建了联合塑料公司。原先单个塑料厂家的购货量太小,无法达到交易额度,现在由联合塑料公司出面,需求量比进口商还大,可以直接从国外进口塑料原料,进行交易。所购进的原料,全部按市价分配给股东厂家。在厂家的联盟面前,进口商的垄断也就不攻自破了。这样笼罩全港塑料业达两年之久的原料危机,一下就解除了。

不但如此,李嘉诚在这次救业大行动中,还将长江塑料公司的 12.43 万磅原料以低于市价一半的价格救援待料的会员厂家。可以直接购入国外出口商的原料后,他又把长江塑料公司本身的 20 万磅配额以原价优先转让给需求量大的厂家。在此次危难中,得到李嘉诚帮助的厂家达数百家。李嘉诚因此被称为香港塑料业的"救世主"。李嘉诚救人于危难中的义举,为他树立起崇高的商业形象,回馈的无疑是不尽的生意和财富。

(十) 自省

自省其实是一种学习能力。创业既然是一个不断摸索的过程,创业者就难免在此过程中不断地犯错误。自省,正是认识错误、改正错误的前提。对创业者来说,自省的过程,就是学习的过程、进步的过程。成功的创业者有一个共通之处,就是都非常善于学习,非常勇于进行自我反省。一个创业者遭遇挫折、碰上低潮都是常有的事,在这个时候,反省能力和自我反省精神能够很好地帮助你渡过难关。曾子说:"吾日三省吾身。"对创业者来说,问题不是一日三省吾身、四省吾身,而是应该时时刻刻警醒、反省自己,唯有如此,才能时刻保持清醒。

【经典案例】难以入眠的高德康

高德康做波司登,经常"晚上睡不着,想心事,常常半夜里醒过来一身冷汗"。

高德康,江苏常熟白茆镇山泾村的一个农民。1976 年,高德康组织了村里一个缝纫组,靠给上海一家服装厂加工服装赚钱,每天要从村里往返上海购买原料,递送成品。"从村里到上海南市区的蓬莱公园有 100 公里路。我骑自行车每天要跑几个来回,骑了几次车就不行了。于是我就挤公共汽车,背着重重的货包挤上去,再挤下来,累得满头大汗。因为我挤车也是在上班时间,车挤得不得了。我背着货包好不容易挤上去,车上的人闻到我一身臭汗,就把我推下来,有一次把我的腰都扭伤了。有时候他们还要骂一句,你这个乡下人、乡巴佬,神气得不得了……可是包重呀,你把我推下来,我怎么办?我想那些人一点都不理解我。有时甚至考虑还要不要和上海人做生意,但是不去上海,家里就没有活干,吃不上饭,只能上,乖乖地上。做生意龙门要跳,狗洞要钻,没办法的,只能受点委屈。"在这种情况下,高德康睡不着觉。

后来他的事业做大了,波司登成为中国羽绒服第一品牌,自己也变成千万、亿万富翁了,却仍然常常睡不着觉。高德康总是在反省自己,为了一些想不明白的问题,他还特意跑到北大、清华上了一年学。他说:"我总是在听人家讲,听了以后抓住要害,再在实践中去检验,到最后看结果,看到底是不是真的。"

三、创业能力

面对创业机会,能否有效地把握并成功实施创业决策,就必然涉及创业能力,创业能力涉及面很广,主要包括创新能力、学习能力、经营管理能力和人际关系能力等。大多数创业能力主要通过后天培养而习得。

(一) 创新能力

彼得·德鲁克曾指出:"创业者首先要具有创新精神。"新经济的本质就是创新,就是鼓励和促使个人的创新潜能得到充分激发。

在激烈的市场竞争中,缺乏创新的企业很难站稳脚跟,改革和创新永远是企业活力与竞争力的源泉。正是创业者持续不断地创新,企业才一步步成长壮大,产生了像华为、中兴、海尔、联想、沙钢等这样一批世界级大型企业,也产生了像百度、腾讯、阿里巴巴等这样一批横空出世的新兴信息企业,还产生了像天地伟业、中芯电子、华中数控等这样一大批科技型企业。

【经典案例】大三学生创业打造"透明农场"

在南京农业大学有家金麦云蔬菜配送点,这里的蔬菜比菜场贵好几元一斤,却卖得很火。配送点每天为附近100多户居民送货上门,一个月能卖掉一万多斤蔬菜。这里的蔬菜究竟有什么秘密呢?配送点的老板是南京农业大学大三学生张轩,从大一起他就当起"卖菜仔",打造"透明农场"。他的蔬菜从种子、土壤、化肥到农药全程公开,居民在电脑上随时能看到蔬菜的生长情况。张轩当选2012年度"中国大学生自强之星"标兵。

为了创业下地种菜

"我的家在城乡接合部,我的外公是一个很朴实的农民。"2012年张轩的外公病重,"他眼睛不好,耳朵却很灵,听到新闻报道中常讲到'蒜你狠''豆你玩'等问题,他的眼泪都流出来了"。这一幕深深触动了张轩。"土壤重金属超标、农药过量,部分农产品质量存在问题是事实,我看到的是身边大部分农民都在勤勤恳恳地种田。有什么办法能改变这个现状呢?"张轩心中萌生创业的念头,"我们来打造一个生态农业园,让城市居民放心购买生态园里的农产品"。从大一暑假起,他就跟着农学老师下农场,一蹲就是两个月。"要学的东西太多,比如检测土壤,看重金属是否超标;学怎么使用农药,甚至学种菜,一个夏天浑身晒得黝黑,手臂、脸都脱皮了。"

用物联网打造"透明农场"

磨炼一段时间后,张轩和其他四名同学合伙成立了南京金麦云农业科技有限公司。"我们的想法是先打造一个现代化农场。"张轩和伙伴们用上了物联网技术。在老师的帮助下,经过几番波折,张轩终于说服了常州一家农场,"老板投入了15万元,学校的创业基金支持5万,我们几个同学凑了4万多"。张轩的合伙人、南京农业大学大三的曾凡功介绍说,现代化农场里面有一套完整的物联网感应设备,控制采集系统、温感、光感等设备。"经过智能化改造,40亩地只需要10个人,既减轻了成本,也减少了污染。"农场里还装有摄像监控,"我们开发了一个网络平台,登录后可以看到农场里面的一举一动,物联网还提供一个信息库,这块地用的是什么种子、化肥,撒了多少农药,点点鼠标都能查到。对于消费者来说,这个农场是透明的"。曾凡功说,如果出现病虫害等问题,他们还请农业专家通过远程视频进行"问诊"。"专家凭平台账号登录进去,上面会有农场的反馈,显示一些图片,长了什么虫,生了什么病,他在线解答。"

建立透明农场还只是第一步,"解决销售渠道,才能提高农民的积极性"。张轩的技术研发团队又在网络平台上研发出网上订购蔬菜系统。第一个配送点就选在南京农业大学。"当我们打开网络平台,向居民展示农场的种植实时画面时,很多人开始动心了。"曾凡功告诉记者。2013年张轩的透明农场从常州的那一个扩展到四个,农产品品种丰富起来。"有蔬菜基地、大米基地,也有养鸡场,我们严格按照国家有机食物的标准来打造农场。现在蔬菜配送点每星期都是几千斤蔬菜,每个月是一万多斤。很多居民办了年卡,我们请营养老师配餐,每天配好种类送上门。"

希望能解决食品安全难题

"我们从大一开始摸索,到大三粗见规模,坚持了两三年,第一批客户正是南京农业大学的老师。"张轩透露,他们目前正在进行大客户拓展。"农产品可以定制。比如可以提前一年下单,希望得到什么样的农产品,我们负责来找合适的农场,打造安全的现代种植环境,配送安全的种子、化肥和农药,整个过程对客户公开,一年后按照客户要求交货。"张轩说。"我们提出'透明农业',希望整个社会,特别是城市中的孩子,能对农民、农业有深入了解,并从服务模式上探索一条解决中国食品安全问题的途径。"

(二)学习能力

人类已步入知识经济新时代,一次性学校"充电"、一辈子工作中"放电"的时代已成为历史,终身学习必将成为一种重要的生存方式和生活方式,同时也必将成为人们追求幸福与财富的主要诱发因子及原动力。

终身学习的价值就在于培养一种学习习惯,使得人生各阶段都能获得相应的学习机会,不断提升自身能力和素质,如此才能应对知识经济和信息时代的挑战。

【经典案例】终身学习的创业典范

"不学习,就死亡",这就是新希望集团总裁刘永好的一个观点。刘永好把学习视为日常必修课,他随身携带一支笔和一个本子,把学习到的东西都记在上面,并且每年花1/3的时间与优秀人士交流。

世界最大的微波炉生产企业格兰仕的总裁梁庆德42岁才开始创业,只有小学文化。但30多年来,梁庆德坚持学习,不断超越自我,员工们亲切地称梁庆德是"交通大学"毕业生。因为梁庆德无论在飞机、火车还是汽车上都始终坚持学习,可谓手不释卷,正是这种坚持不懈的学习精神,带动了整个企业的学习热情,使得格兰仕一步步成长壮大。

2009年的中国首富——沙钢沈文荣学历不过中专,学的也不是冶金专业,他的不耻下问、谦虚好学在国内外同行中是出了名的。他的办公室、家里堆满了全球有关冶金的书籍杂志,一谈到钢铁技术他就像吃了兴奋剂,一谈到风花雪月他就打瞌睡。

波司登的高德康只有小学文化,而他现在最大的爱好竟然是看书。"时间再紧张,学习也不能马虎。"随着波司登的发展壮大,工作越来越繁重,在时间很紧的情况下,高德康坚持每个月集中3天时间学习,把自己的思路理顺。高德康认为,"作为一个领导,不一定整天忙得不得了就是好领导,你必须把思路理顺,考虑整个企业的发展"。

(三)经营管理能力

成功的创业者应当具备决策能力、组织协调能力、资源整合能力、交往沟通能力等经营管理能力,这样才会拥有一批坚定的追随者和拥护者,才能使组织有序运营,取得良好绩效。经营管理能力已成为决定创业活动的效率和成败的关键因素。

《全球创业观察中国报告》对中国创业者创业能力总体变化的研究发现,相对于所有 GEM 成员的总体水平,中国创业者在创办企业的经验和技能方面较为欠缺。大多数创业者缺乏创办新公司的经验,未能组织创办公司所需的各种资源,也不知道如何管理一家新成立的小公司。在调查对象中,拥有创业经验和技能的人比例为 38.9%,相比较前几年,这一比例变化不大。可见,努力提高经营管理能力已成为中国创业者的当务之急。

(四)人际关系能力

人际关系能力是指妥善处理组织内外关系的能力,包括激励能力、说服能力、沟通能力及谈判能力等。自创业起步,创业者就需要取得组织内外诸如员工、股东、顾客、政府、银行、供应商甚至所在社区的支持帮助。良好的人际关系能力是建立和谐人际关系与搭建广泛社会关系网络的基础,良好的"人脉"会为创业者提供许多重要信息和资源,是创业企业生存和发展的必要条件。为此,创业者必须具备与利益相关者打交道时处理各种人际关系的能力。

【经典案例】"中国女大学生创业第一人"谈人际关系能力

2009 年 3 月,广州日报记者采访了"中国女大学生创业第一人"——原华中科技大学学生李玲玲——一位现在身家已达 4000 多万的女企业家。17 岁时,李玲玲发明"高杆喷雾器",受到诺贝尔奖得主杨振宁颁奖。一年后,她考入华中科技大学(原华中理工大学),1999 年,她发明的防撬锁在第七届中国专利博览会上获金奖。1999 年 7 月,高杆喷雾器和防撬锁两项专利被武汉世博公司看好,成为世博公司第一笔投资的对象。双方签订协议,由世博公司出资 60 万元,创立天行健科技开发公司。李玲玲以专利入股,占公司四成股份,出任公司董事长兼总经理,世博公司占六成股份。

但事情并没有按既定轨道运行,不到一年时间,公司匆匆倒闭,这个"中国女大学生创业第一人"就这样迅速陨落。

李玲玲总结自己最初创业失败的原因时谈到,"最大的障碍还是在于人际关系的处理不当","大学生整个创业圈子都有一个与生俱来的缺陷,那就是办事无头绪,人脉资源匮乏,不会处理人际关系"。她说,天行健公司倒闭后,她在长沙又开了一家公司,半年也挺不下去,原因也还在于缺乏处理人际关系的能力。

四、创业者的领导角色与行为策略

(一)现代组织中领导者充当着越来越多的角色

(1)外交家。平衡外界环境,协调本组织与其他组织的关系,争取获得最佳支持和最多资源。

(2)传教士。宣传组织文化、理念和目标,解释组织的目的、做什么和为什么要做。

(3)调解人。统一不同意见,化解组织冲突。

(4)观察家。了解环境变化和趋势,洞察组织文化、结构、运作、成员的细微变化,形成理念,加以引导。

(5)教师。训练群体成员遵照组织目标、规则,并不断提高群体成员能力、素质,以适应组织发展需求。

这些角色无不需要领导者与其他群体成员产生互动,而互动的结果并非取决于职权等级关系。创业者的领导行为是一个组织在核心团队建设中必须注意的要素。

(二)人格魅力影响创业团队

创业者是从自然人到经济法人的转换,其主体人格的特征,如价值取向、思想观念、情感意志、知识能力和行为方式等影响整个团队。创业者的领导行为在价值取向上,以人的各种需要为基础,以创造财富和发展实业的需要为主要内容,以创业者个人的自我实现动机为主导和灵魂;在思想观念上,以市场观念为基础,以功利效率和优胜劣汰观念为主要内容,以开拓创新、敢冒风险为主导;在情感意志上,以积极热情、稳定执着为主要内容,以坚韧和敏锐为主导;在知识能力上,以一定的科学知识为基础,以有关业务和人际交往的知识、能力为主要内容,以经营管理知识为主导和核心;在行为方式上,以对自己的行为负责的行为方式为基础,以竞争合作行为和激励约束控制行为为主要内容,以领导示范、团队协作行为为主导。

在明确了一个团队的目标时,团队的负责人应该以这个共同的目标为出发点,来召集团队的成员。团队是不能以人数来衡量的。如果有一群人,但他们没有共同的理想和目标,那这就不是一个团队。所以,你和你的伙伴应是志同道合的,有共同或相似的价值追求和人生观。

(三)用职业精神管理创业团队

成功的创业者需要走出感性的个人情绪,而以职业经理的身份、事业心、理性、知识和对企业、对员工负责的态度作为成功的基本保证。职业精神包括道德感和规则意识。这里的道德感一方面指创业者讲究社会公德、职业道德和家庭美德,崇尚公平竞争,而更重要的是指对民众、对客户、对竞争对手的尊重,对市场规则的尊重。西方经济学家熊彼特曾描述,企业家的工作就是"创造性地破坏"。恩格斯指出"原始积累的每个毛孔都充满了血腥"。一些创业者对自己、对部下、对企业相当负责,而对竞争对手、对社会、对整个经济秩序的均衡有序缺少最起码的责任感,从而形成了个人道德与职业道德的分裂。最终结果就是,这些人既是社会经济秩序的破坏者,也是被破坏了的经济秩序的受害者。

(四)用创造性思维带领创业团队

创业者必须有高瞻远瞩的决策能力,这种能力来自创造性思维。这就要求创业领导者拥有亢奋激昂地追求经济利益和成就感的内在冲动和优胜劣汰的竞争意识。创业者进行创造性思维的结果,是使产品的品种、规格、花色和质量不断发生变化以满足市场复杂多变的需求。创业者不断培养、运用创造性思维，并通过这种思维凝结成有形的结果，能使企业产品和服务有应变力、有市场、有生命力，也使公司获得成功。

第二节　创业团队

【案例导入】两位史蒂夫分道扬镳

两位史蒂夫——史蒂夫·乔布斯与史蒂夫·沃兹曾是老友，在 1976 年共同创立了苹果公司。在创办苹果公司的过程中，沃兹与乔布斯堪称黄金组合，一个搞技术，一个负责市场，又迎合了个人电脑兴起的第一波浪潮，苹果公司很快就风生水起。

乔布斯和沃兹是这样一对"兄弟"，其中一人毕生致力于管理公司，用各种手段激起消费者的欲望，创造赢利的神话；而另一人则言谈幽默，爱好技术，对一些小玩意感兴趣，在世界上挖掘趣闻，并乐在其中。

沃兹是技术"牛人"，在苹果公司发展初期，他在公司里的作用很重要，他在 20 世纪 70 年代中期创造出苹果一号和苹果二号。苹果二号风靡后，成为 20 世纪 70 年代和 80 年代初期销量最佳的个人电脑，苹果公司早期产品的专利权属于共同创办人沃兹。罗伯特·克林利曾在他的著作《偶然帝国》一书中说："沃兹称得上是苹果公司首席雇员。因为从技术的角度来看，沃兹就是苹果电脑。"但没过多久，两位共同创始人的矛盾就公开化了。

创业早期乔布斯常被批评为脾气坏、顽固、倔强、喜怒无常。他有着近乎摇滚明星的坏脾气，是一个小心眼的微观管理者，让自己的雇员不得不时刻分心提防。乔布斯的任性以及以这种自我为中心的工作作风得罪了太多的人，让他迅速走向危机。1985年，苹果公司董事会最终投票做出一个艰难的决定：剥夺了乔布斯在苹果公司的一切职务。

就在这一年，沃兹也离开了苹果公司。

两位史蒂夫共同成就了一家伟大的公司。但是，这两个伟大的人物终未能一直携手。

一、创业团队概述

（一）创业团队的概念

对创业团队有许多不同的定义，有学者将创业团队定义为两个或以上有共同的经济利益而最初建立公司的人。也有学者对创业团队定义中的"最初建立"和"共同的经济利益"提出了质疑，并将创业团队定义得更为广泛，认为创业团队是两个或以上有明显的经济利益关系并共同发展企业的个体，创业团队并不一定是最初建立公司的人，也不一定具有完全共同的经济利益,而是有相似的经济利益的人。另有学者定义了两类创业团队:第一类创业团队是具备一定素质的创业者个体创建企业,而其他的团队成员接受作为从属管理的角色;第二类创业团队是由几个从事财富创造的个体组成,这些个体能够整合资源和相互协商。

国内学者对创业团队的概念进行界定的研究比较少,多是对国外的定义进行综述和分类,也有少量学者在国外定义的基础上尝试着对创业团队提出自己的定义。汪良军(2007)从创业团队所有权的角度将创业团队界定为"在创业初期(包括企业成立前和成立早期),由一群才能互补、责任共担、愿为共同的创业目标而奋斗的人所组成的特殊群体。个体联合创建一个企业,并且他们在新创企业中拥有各自的股份",并且指出创业团队共享的承诺可以理解为股份和财务利益。

综上所述,创业团队可以从两个层面理解。狭义的创业团队是指有着共同目的、共享创业收益、共担创业风险的一群经营新成立的营利性组织的人,他们提供一种新的产品或服务,为社会提供新增价值。广义的创业团队不仅包含狭义的创业团队,还包括与创业过程有关的各种利益相关者,如风险投资商、供应商、专家咨询群体等。

现代企业需要的是少走弯路,从一开始就走规范化管理道路,因此,创业者在组建公司时就应该组建创业团队。一个好的创业团队在新创科技型企业的成功中起着举足轻重的作用。新型风险企业的发展潜力(以及其打破创始人的自有资源限制,从私人投资者和风险资本支持者手中吸引资本的能力)与企业管理团队的素质之间有着十分紧密的联系。虽然一个喜欢独立奋斗的创业者可以谋生,但是一个团队的营造者能够创建出一个组织或公司,而且是一个能够创造重要价值并有收益选择权的公司。创业团队的凝聚力、合作精神、立足长远目标的敬业精神会帮助新创企业渡过难关,加快成长步伐。另外,团队成员之间的互补、协调,在新创科技型企业中起到了降低管理风险、提高管理水平的作用。

(二)创业团队组织要素

相比群体,创业团队的联系更加紧密,因为创业团队共享新创企业的承诺。创业团队就是一个特定的组织形式,可用 5P 模型表示。5P 模型即目标(purpose)、计划(plan)、人(people)、定位(place)、权力(power),这五个因素构成了优秀的团队。

1. 目标

在团队建设中,有人做过一项调查,问团队成员最需要团队领导做什么,70%以上的人回答希望团队领导指明目标或方向;而问团队领导最需要团队成员做什么,几乎80%的人回答希望团队成员朝着目标前进。从这里可以看出目标在团队建设中的重要性,它是团队所有人都非常关心的问题。许多创业者认为,没有行动的远见只能是一个梦想,没有远见的行动只能是一场苦役,远见和行动的结合才是世界的希望。

团队目标是一个有意识地选择并能表达出来的方向,它运用团队成员的才干和能力,促进组织的发展,使团队成员有一种成就感。因此,团队目标表明了团队存在的理由,能够为团队运行过程中的决策提供参照物,同时能成为判断团队是否进步的可行标准,而且为团队成员提供一个合作和共担责任的焦点。

2. 计划

对于一家新创企业来说,制定一套完善的计划更为重要。制定发展计划远比解决聘用问题、设计控制系统、确定上下级关系或确定创始人的角色等事项重要。发展计划明确的公司能够经受组织的混乱和创业者无能所带来的考验,而再完善的控制系统和组织结构也无法弥补计划上的缺陷。

企业发展计划的最大使命就是使企业行驶在正确的航道上。如果一个企业的发展计划出现了致命失误,最终就会出现南辕北辙,即便是拥有强大执行力的组织队伍,也终会一无所获。检验企业发展计划是否出现偏颇的角度有:计划与企业的长远目标是否一致?计划与企业的竞争优势是否一致?计划是否突出了企业的目标市场和消费群体?计划目标是否为更多的子目标所分解?一般而言,企业发展计划会与企业的长期目标一致,能够发挥出企业的竞争优势,为企业确定出最容易获得利润的目标市场,并且被分解成阶段性目标和众多子目标。

3. 人

在知识经济时代,人是企业最重要的资产,也是企业可持续发展最核心的生产力。松下幸之助认为,企业经营的基础是人,"要造物先造人",企业如果缺少人才,就没有希望可言。可以毫不夸张地说,在竞争激烈的市场环境中,人才决定企业命运。因此,在一个组织中,任何决策都不会比人事决策更重要。德鲁克认为,人事决策是最根本的管理,因为人决定了企业的绩效能力,人所产生的成果决定了整个企业的绩效。

而企业要用人,就必然要选人、招聘人。然而很多进行人事决策的创业者并不真正懂得选人,很多人都自认为自己是优秀的创业者,创业者以此为前提选人时,就可能犯下严重的错误。卓有成绩的创业者必然明白,不能凭自己的直觉和感悟来雇佣员工,必须建立一套考查和测试程序来选人。

4. 定位

选用人才,能力固然是首先要考虑的,但一个人的能力必须与相应的职位相结合,这就是对人才的定位原则。用人不能只看能力大小,更要看其适不适合某一职位,最好能做到人尽其才,既不能大材小用,也不能小材大用。物尽其用、人尽其才是每一个创业者都孜孜以求的,涉及一个人才及岗位价值的最大化问题与企业用人标准密切相关。

5. 权力

创业者面临的各项事务纷繁复杂,千头万绪。任何管理者,即使精力、智力超群,也不可能独揽一切,授权是大势所趋,是明智之举。授权的目的是让受权者有足够的职权顺利地完成授权者所托付的任务。因此,授权首先要考虑应实现的目标,其次要考虑为实现这一目标下属需要多大的处理问题的权限。只有目标明确的授权,才能使下属明确自己所承担的责任,盲目授权必然带来混乱。要做好按预期成果授权的工作,必须先确定目标、编制计划,并且使大家了解它们,然后为实现这些目标与计划而设置职位。

可以从以上五个方面建立起自己的创业团队。与个体创业相比较,团队创业具有多方面的优势。

二、创业团队形成的重要性

创业是一个包含众多人的组织的形成过程。研究团队成员在创业过程中的不同阶段,个人经历、能力和资源控制水平对新企业死亡率的影响发现,创业团队的素质对新创企业的生存状况影响显著,对技术型公司影响最大的是团队成员的经历和经验,团队的异质性影响更大。因此,创业过程对创业团队形成具有重要意义。

(一)创业团队的建设有利于资源获取

创业初期,如何获取创业所需的资源对创业者来说非常重要,即创业者必须通过组建合适的团队来获取创业所需的资源,所以创业团队的形成伴随着创业资源的获取。因此,团队创业具有更强的资源整合能力,能同时从多个融资渠道获取创业资金等资源,保证创业企业的成功。

(二)创业团队的建设有利于创业能力的整合

创业团队的形成过程伴随着创业活动,创业团队的形成包括以下几个阶段:创业概念阶段,创业团队主要由技术人员组成;企业创建前阶段,大量的团队成员加入,领导者出现;创建阶段,有团队成员离开,需要招募新成员;创建后期,形成稳定的规范,稳定的团队形成。因此,团队成员之间的技能互补可提高创业企业驾驭环境不确定性的能力,从而降低新创企业经营失败的风险。

(三)创业团队的建设有利于共担风险和成本

组建创业团队就是要解决创业面临的一系列问题,而创业所需的资源多、风险大,所以创业者需要寻求合作伙伴来共担风险和成本,由此创业团队就形成了。因此,共同创业有利于分散创业失败的风险。

三、创业团队的优劣势分析

(一)创业团队的优势

"人是最宝贵的资源",优秀的创业团队是新创企业的基石,是任何新创企业人力资源的关键组成部分。一流的创业团队能够带来出色的知识、经验、技能和对公司的承诺,团队成员间有效的工作关系对任何新创企业来说都是一笔宝贵的财富。

与个体创业相比较,团队创业具有多方面的优势,团队成员可优势互补,资源共享,拓宽渠道,凝聚智慧,群策群力,降低风险。

大量的实证研究也表明,团队创办的企业在存活率和成长性两方面都显著高于个人创办的企业。20世纪60年代,美国一项针对104家高科技企业的研究报告指出,在年销售额达到500万美元以上的高成长企业中,有83.3%是以团队形式建立的;而在另外73家停止营业的企业中,仅有53.8%有一个以上的创始人。针对美国波士顿地区"128公路100强"企业的研究显示,100家创立时间较短、销售额高于平均数几倍的企业中,70%属于团队创业的类型。

(二)创业团队的劣势

创业团队也可能带来障碍,对后续创业活动带来潜在的风险。

近年来,中关村每年的企业倒闭率一直维持在25%左右,其中很重要的一个原因就是创业团队内部不团结。企业倒闭后,原来的创业伙伴基本上分道扬镳,能够继续共事的相当少。核心创业成员合作破裂,往往会导致创业团队解体或解散,创业团队解体的较好结果是拆分企业或由某个或某些成员接盘,而最糟糕的结果是破产清算。

1.团队成员个性不合带来风险

因为经验、友谊和共同兴趣结成合作伙伴,发现商业机会后共同创业的例子比比皆是。这种关系驱动的模式适应中国文化的特点,其团队的稳定性相对较高。但人际上的交集往往掩盖了团队成员性格上的差异、处理问题的态度,关系的远近亲疏也经常成为制约团队发展的瓶颈。创业成员如果性格、个性、兴趣不合,很容易导致创业磨合期就出现分歧,甚至分裂引发团队解散的风险。

2.利益分配争议带来风险

对200多位创业者创业管理的调查表明,团队散伙排在前三位的原因是团队矛盾(26%)、利益分配(15%)、有效沟通(12%)。团队矛盾的背后或多或少有利益的成分存在,这两项合计占41%,而被竞争对手打败的只占1%。

创业初期,一起打拼的伙伴很容易有共患难精神,但是等到要"同甘"的时候,例如利益分配时,若团队在组建初期没有明确完善的分配方案,则随着企业的成长壮大、股票价值的与日俱增,就会因分配不公导致团队矛盾激化。人的自利性使得多数成员潜意识中认为自己贡献更大,都会有"这个公司没有我早垮了,而我只得到如此少的利益"这种想法。

因此,要"先小人后君子",凡涉及权利义务与利益分配问题,必须先说清楚、讲明白,形成书面协议,不能感情用事,也不能回避不谈。利益分配问题越早提出来讨论越好。

3.团队成员经营理念不同带来风险

创业之初,对团队成员的选择难免带有随意性和偶然性,或是在团队中某种角色的人才过多,团队成员之间角色和优势重复;或是团队成员的经营理念、处理问题方式不一致,团队思想不统一;或是随着企业的成长,有些成员难以适应更大规模、更加规范的企业经营管理的需要,这些都会引发各种矛盾,最终导致整个创业团队的散伙。这种情况是非常普遍的,一个典型的例子就是联想的倪光南和柳传志。柳传志是一位有科技背景的企业管理者,而倪光南是一位著名的科学家,他们的分歧是经营理念不一致,柳传志是市场导向,而倪光南是技术导向,这一根本的分歧导致了曾被誉为"中关村最佳拍档"的联想创业组合的分裂。

4.目标不一致带来风险

在创业初期,创业团队的目标一般并不十分清晰和明确。随着创业的进程以及外界环境的变化,团队成员可能会发现原先确定的目标和现实之间存在差距。此时如果团队成员之间缺乏沟通,意见难以调和,或是个人目标与组织目标出现较大的不一致,甚至有些成员不认可公司的目标和战略,价值观有冲突,那么团队就面临着解散的风险。

【经典案例】我的三次合作创业经历

我曾经经历三次创业合作,第一次是在 2003 年的 6 月份。那时我刚刚从公司辞职,与同事合作代理一个项目。我们资金合在一起,他因为还要上班,我负责整个经营,他负责财务。其间遇到很多从没有遇到的问题,我们一起协商解决,在困难的时候确实感觉到合作的力量,至少在问题面前商量的人多,智慧就多,问题就好解决。我们做得非常好,同行开始败落,我们成为最后的胜利者。

第二次合作是在 2004 年 10 月份,随着我们合作不断发展,我的其他朋友要求一起参与,做全国市场。因为各种原因,由我的一个朋友做法人,全权负责经营。他不懂我们这块业务,导致合作过程中出现一系列问题:分工不明确,合作没有书面严格的原则要求,外行管理内行,合作不信任,运作不踏实,内部缺乏监督制约等,带来很大的风险与危机,结果一步步走向失败。

第三次合作,我们组建了股份公司,在吸取第二次合作失败教训的基础上,我选择了合作伙伴。虽然他比较精明多疑,但是我们在合作前签订了协议,大家必须遵守制度。虽然多次发生股东意见分歧,但是面对原则,大家不敢妄动。运营开始慢慢好转,现在我们的项目已经打开全国市场,并且地方市场也在好转。

第三节　创业团队的管理

【案例导入】俞敏洪创业团队

在俞敏洪创办新东方之前,北京已经有三所同类学校,参加新东方培训的多以出国留学为目的。培训学校普遍做不大是有原因的。由于培训学校对个别讲师过分倚重,每个讲师都可以开一个公司,但是每个公司都做不大。所以俞敏洪需要找到更多的合作伙伴,帮他控制住英语培训各个环节的质量。而这样的人不仅要有过硬的专业知识和能力,更要和俞敏洪本人有共同的办学理念。他首先想到的是远在美国的王强、加拿大的徐小平等人。实际上这也是俞敏洪考虑了很久的决定——这些人不仅符合业务扩展的要求,更重要的是作为自己在北大时期的同学、好友,在思维上和自己有着一定的共性,肯定比其他人能更好地理解并认同自己的办学理念,合作也会更坚固和长久。

这时他遇到了一个和他有着共同梦想的、惺惺相惜的朋友——杜子华。杜子华像个漂泊的游侠,研究生毕业后游历了美国、法国和加拿大,凭着对外语的透彻领悟和灵活运用,在国外结交了各色朋友,也得到了不少让人羡慕的机会。但是他在国外待的时间越久,接触的人越多,就越是感觉到民族素质提高的重要性和迫切性。要提高一个民族的素质,唯有投资教育。

1994年,在北京做培训的杜子华接到了俞敏洪的电话。几天后,两个同样钟爱教育并有着共同梦想的"教育家"会面了。谈话中,俞敏洪讲述了新东方的创始和发展、未来的构想、自己的理想、对人才的渴望……这次会面改变了杜子华的生活,他决定在新东方实现自己的追求和梦想。

经俞敏洪的不懈努力,从1994年到2000年,杜子华、王强、胡敏、包凡一、何庆权、钱永强、江博、周成刚等人陆续被网罗到了新东方的门下。

新东方的核心竞争力是师资,但是如何让这支高精尖的队伍最大限度发挥作用?俞敏洪从学员需求出发,秉持着一种"比别人做得好一点"的朴素的创新思维,合理构建自己的团队,寻找和抓住英语培训市场上别人不能提供或者忽略的服务,使新东方的业务体系得以不断完善。

一、创业团队管理的技巧和策略

(一)建立信任

信任作为高素质团队的起点,能推动团队的发展。团队能不能发展,首先看团队成员间能不能建立起相互的信任。

(1)信任是合作的基础。对于一个团队而言,团队成员是相互信赖的,且团队合作往往是建立在信任而非利益的基础上。尤其在现今的工业社会中,虽然信任与合作正朝着一体化的方向发展,但是合作是以相互信任为前提的,没有信任,就难以产生合作的基础。可以说,信任是一个高效团队成功的关键因素。信任即彼此独立,有效率,有吸引力,共同承担责任,相互鼓励和信赖。现实中,团队的失败大多也被归纳为内部缺乏信任,团队成员对领导的不信任是团队失败的主要原因。

威尔逊和乔治在《团队领导生存手册》中指出,要建立团队内的信任,团队领导者应注意做好以下九个方面:

①必须知道自己所做的事是否对建立团队内部的信任有意义;

②能识别同伴间的不信任以及不信任对团队的不良影响;

③要知道如何避免信任陷阱,如随便猜疑别人、掩饰自己、不守承诺、混淆信息等;

④在陷入信任陷阱时,有自己信任和尊重的人来提醒自己;

⑤坦率表达自己的看法;

⑥善于倾听别人的谈话;

⑦适当的时候,承认自己不全知道所有的解决办法;

⑧让别人提供反馈意见,同时要对他们的意见做出合理的、恰当的反馈;

⑨要告诉别人,自己是非常信任他们的。

(2)信任也需要相互监督。信任无疑能提高组织成员的积极性、满意度,有效地提升组织创新、生存能力,然而,信任也有成本,一旦信任被利用了,高得可怕的信任成本便显示出极强的破坏力,因为没有约束的信任将伴随着风险。

(二)合理授权

管理学专家彼特·史坦普说过,成功的企业领导不仅是控权高手,更是授权高手。

随着团队的建设和发展,领导者要通过合理授权,让团队成员分担责任,使团队成员更多地参与项目的决策过程,允许个人或小组以自己的更灵活的方式开展工作。其目标和意义如下:

(1)灵活授权,显示了领导者对团队成员的信任,也给团队成员学习与成长的空间。这种信任可以奠定团队信任的基础,也是团队精神存在于领导者与团队之间的体现。

(2)合理授权有利于充分发挥团队成员的积极性和创造性。每个人都有实现自我价值的愿望。每一项工作的成功,不仅是领导管理的成功,更是所有实现自我价值的团队成员的成功。

(3)合理授权有利于及时决策。一方面,团队成员在自己授权范围内可根据内外部环境的变化及时决策;另一方面,通过灵活授权,领导者逐渐将工作重点转向关键点控制、目标控制和过程控制。

(三)团队角色建设

(1)做好角色定位。角色定位是综合角色期望和角色知觉,进而找出团队成员最佳的角色位置。角色期望是指别人认为你在某一场合应该有怎样的表现。角色知觉是指个体对某一场合应如何作为的认识。对团队而言,角色定位主要由组织和团队中资深的人员根据自身的知识和经验来确定。角色知觉的正确性、准确性直接影响团队角色定位与角色实现,因此,组织中的团队必须提高角色知觉信息的正确性。团队领导者要尝试让角色适合队员的个性,而不是勉强队员去适应角色。

(2)优化角色组合。"一山不能容二虎",说明的正是团队缺乏效应,互补妥协,形成内耗。况且,即使诸葛亮有无数锦囊妙计,又有谁去执行呢?所以,重要的团队角色要符合团队任务的结构要求。结构是多样化的,有决策与执行之分,也有体力活和脑力活之分。一旦团队结构与任务结构脱节,任务就失败了一半。

(四)团队凝聚力建设

团队凝聚力是团队对其成员的吸引力和成员之间的相互吸引力,包括"向心力"和"内部团结"两层含义。只有当这种吸引力达到一定程度,而且团队成员资格对成员个人和团队都具有一定价值时,团队才具有凝聚力。要打造一个有凝聚力的团队,需要团队建设人员去挖掘相同点,使其从不同点分化出来,为团队建设服务。增强团队凝聚力有多种途径:

(1)发挥团队领导者的个人魅力。研究发现,在"民主""专制""放任"这三种领导方式中,以"民主"型领导方式最好。这种领导方式下的成员比其他领导方式下的成员更友爱,团队中的成员思想更活跃,情感更积极,凝聚力更强。

(2)增强团队忧患意识和团队的竞争性。将内部矛盾化解转移为外部矛盾,就可减少内部矛盾产生的机会,从而使团队内部出现"一致对外"的局面。这种情况往往能增强团队的凝聚力和自信心。

（3）确定团队长远的发展目标。确定团队长远的发展目标,可以加强成员的一致性,同时使团队成败的利害关系与团队成员产生直接联系。外国许多企业都采取让员工直接参股的方式来密切员工与企业间的关系,从而增强团队的凝聚力,提高生产效益。

（4）完善团队内部管理机制。做到赏罚分明、公平公正,将个人奖励与团队奖励相结合,把个人目标与团队目标相结合,就会增强团队观念和团队凝聚力。

（5）加强信息沟通和交流,密切团队成员之间的关系。对于一个团结的团队来说,内部成员间的交流与沟通是非常必要的,团队成员间的交流和沟通可以加强团队的一致性,密切相互间的关系,从而起到增强团队凝聚力的作用。

(五)团队培训与学习

微软公司曾经提出过这样一种说法:让优秀者更优秀,让平庸者不平庸。对于企业来说,每个成员都需要发展,而且都需要找到合适自己的方式来不断发展。这种适合方式是建立完善的团队培训与学习机制,提升团队成员的素质和能力,将企业发展的需要和员工自身发展和谐统一起来,激发员工发展的内驱力,从而促进企业和员工的全面持续发展。因此,团队管理的一项重要任务,就是要构建一个学习型团队。懂得不断充实自己的学习型团队,在发展的社会中会创造出更多的奇迹;当团队真正在学习的时候,不仅团队能有出色的表现,其成员的成长速度也快。那么如何构建一个学习型团队呢?

（1）营造开放的学习环境,构建创新型学习团队。营造开放的学习环境是建立学习型组织的基本条件。营造开放的学习环境,构建创新型学习团队,一是强调"终身学习",让组织的成员养成终身学习的习惯;二是强调"全员学习",不仅是企业组织的操作层要学习,决策层、管理层都要全身心投入学习;三是强调"全过程学习",使学习贯彻组织系统运行的整个过程;四是强调"团队学习",不但重视个人学习和个人智力的开发,更强调组织成员的合作学习和群体智力(组织智力)的开发;五是强调"兼学别样",团队成员不仅要掌握本岗位的工作技能,而且要学习、了解其他岗位的工作技能。只有这样,工作才能顾全大局,才能相互协作,工作效率才会高。

（2）构建新颖有效的学习模式,促进企业与员工双赢发展。建设学习型团队,已不再局限于传统的学习教育培训模式,而应从企业、员工自己的工作特点和现实需要出发,大胆进行观念、机制和活动形式的创新,不断丰富和完善学习的形式和载体。企业一方面要充分利用场地组织现场学习、专家讲座等;另一方面应不断创新学习载体,如采用远程教育、网上教育、博客论坛、读书会以及现场交流、实地考察、课题调研等丰富多彩的学习形式,拓宽教育渠道;同时,还应结合实际,大力开展各种形式的校园文化活动,做到寓学习教育于各种文体活动之中。

（3）建立长效学习机制,为双赢发展提供保障服务。联想之所以能虚心学习,是因为联想集团总裁柳传志有一个有趣的"鸵鸟理论":当两只鸡一样大的时候,人家肯定觉得你比它小;当你是只火鸡,人家是只小鸡时,你觉得自己大得不得了,而人家会认为咱俩一样大;只有当你是只鸵鸟时,小鸡才会承认你比它大。正是有了"鸵鸟理论"作指导,联想才不自高自大,才会经常看到自己的短处,发现别人的长处,并努力学习,取长补短,使自己不断得到提高,由此可见建立长效学习机制的重要性。

二、创业团队的社会责任

(一)创业团队社会责任的概念

创业团队的社会责任是企业追求的,超越经济、法律要求的,有利于社会长远发展的义务,创业团队的社会责任就是企业的社会责任。

企业社会责任(corporate social responsibility,CSR)是指企业在其商业运作中对其利害关系人应负的责任。利害关系人是指所有可以影响或会被企业的决策和行动所影响的个体或群体,包括员工、顾客、供应商、社区团体、母公司或附属公司、合作伙伴、投资者和股东。企业社会责任是基于商业运作必须符合可持续发展的想法,企业除了考虑自身的财务和经营状况外,也要加入其对社会和自然环境所造成的影响的考量。

(二)团队社会责任的产生

企业活动究竟应该对谁负责?负什么责?有人提出这样的观点:企业在照章纳税之后,就算完成了对社会的责任,就没有必要再去承揽其他社会义务;企业如果负有太多的社会责任和道义感,肯定长不大,成不了大气候。这种观点甚至将道义感笼统地概括为东方企业的特点,最后得出结论:东方文明难以产生大企业,发展到一定阶段时便会被社会责任压垮。还有人认为,企业首先要为自身的生存与发展负责,然后才能考虑到社会。这些观点也有一定的道理,但并不全面。企业是否仅仅是一台机械运转的机器,企业具不具有人性化,市场经济下的企业到底负有哪些责任,的确值得我们进行认真的研究和讨论。

毋庸置疑,企业的首要任务是创新和生产,企业是社会物质财富的创造者,企业的主要目的是为社会提供物质产品和服务。企业是支撑人类社会生存的基本经济单位。企业如果失去了生产和创新功能,就失去了存在的基本价值。因此,任何企业的第一要义是搞好生产,创造出市场效益,争取为社会多纳税,承担它对社会的经济责任,这样企业就完成了它的主要任务。至于说企业的其他社会责任,有人认为是第二位的事情,可以称为"分外"的事情。譬如,如何保障职工的劳动权利,要不要教育职工,要不要从事清洁生产和保护环境的活动,要依企业的发展程度来定。企业如果有经济实力了就可以考虑,如果没有就顾不上了。

但我们看到,市场经济下的企业与社会有着千丝万缕的联系。企业来自社会,也必将回馈于社会,这是一种新形势下的社企关系。企业的发展壮大或被淘汰出局,都要由社会来承接它。更主要的是,社会是企业的生存环境,没有一个好的环境,企业也难以生存。因此,企业与社会有一个共荣的关系,市场经济下的企业与社会有着更密切的关系,而不是关系变得相对疏远。

(三)创业团队社会责任的内容

美国学者戴维斯就企业为什么要承担以及如何承担社会责任提出了自己的看法,

这种看法被称为"戴维斯模型"。其具体内容如下：

（1）企业的社会责任来源于它的社会权利。由于企业对诸如少数民族平等就业和环境保护等重大社会问题的解决有重大的影响力，因此社会就必然要求企业运用这种影响力来解决这些社会问题。

（2）企业应该是一个双向开放的系统，既要开放地接受社会的信息，也要让社会公开地了解它的经营。为了保证整个社会的稳定和进步，企业和社会之间必须保持连续、诚实和公开的信息沟通。

（3）企业的每项活动、产品和服务，都必须在考虑经济效益的同时，考虑社会成本和效益。也就是说，企业的经营决策不能只建立在技术可行性和经济收益之上，而要考虑决策对社会的长期和短期影响。

（4）与每一项活动、产品和服务相联系的社会成本应该最终转移到消费者身上。社会不能希望企业完全用自己的资金、人力去从事那些只对社会有利的事情。

（5）企业作为法人，应该和其他自然人一样参与解决一些超出自己正常范围的社会问题，因为整个社会条件的改善和进步，最终会给社会每一位成员（包括作为法人的企业）带来好处。

具体来说，创业团队社会责任的内容如下：

①对股东：股东拥有充分分享企业经营成果的权利。

②对职工：职工拥有相当的收入水平，工作的稳定性，良好的工作环境、健康保护，平等的就业和提升机会。

③对政府：对政府号召和政策的支持，遵守法律和规定。

④对供应者：保证付款的时间。

⑤对债权人：对合同条款的遵守，保持值得信赖的程度。

⑥对消费者/代理商：提供高品质的产品和服务，保证商品的价值。

⑦对社会：对环境保护和节约资源的贡献，对社会发展的贡献（税收、捐献、直接参加），对扶贫济困和发展慈善事业的贡献，对公共产品与文化建设的贡献，公平地竞争。

思考题：

1. 简述创业者要具备哪些素质。

2. 假如你是团队领导者，你将如何组织创业团队？

第五章　创业机会与创业风险

　　创业是很多人的梦想,无数充满豪情壮志的年轻人为创业前仆后继,希望能够通过创业来改变人生。诚然,现代社会中处处都有创业机会,抓住机会就有了一个良好的开端。但不是每一个创业者都能够实现自己的创业梦想,因为创业机会与创业风险总是相伴而行的。创业者应尽可能识别创业机会中可能蕴含的风险,并制定相应的风险防范措施,从而实现创业目标。

第一节　创业机会

【案例导入】创业要找到"自己"才有商机

　　6年时间,他从一名"骨灰级"网游玩家,到辞职创办自己的网游公司,开发出首款原创手游,最终获得包括网易、盛大、腾讯在内的多个业内"大佬"的认可。他就是武汉梦之游科技有限公司运营总监褚世文。高中时由于文化成绩不好改学美术,2006年考上了华师,就读艺术设计专业。大二时,他开始一边学习,一边到处找工作做兼职,希望找到自己的人生方向。去肯德基做服务生,帮企业发传单,他什么事都做过。一次偶然听到一家游戏制作公司招收学员的信息,他兴奋起来,因为自己一直对网络游戏很感兴趣,而且还是名"骨灰级"的玩家。他就在琢磨,如果能把专业和游戏相结合,说不定能有前途,于是毫不犹豫拿出打工挣的钱,自费学习相关游戏的制作技术。

　　2010年8月,褚世文毕业仅两个月。他辞去上海一家知名游戏设计公司月薪6000元的工作,回家乡创业,与5位朋友、同学共同出资20多万元成立了一间自己设计游戏的公司。公司成立不久,问题便接二连三地出现了。由于公司初创,找其他公司合作,得不到人家的信任,好不容易接到的单子也常常得不到客户的认可。加上一口气招收了十多名员工,公司的生存成了大问题。面对困难,褚世文不气馁、不妥协,查阅大量资料,学习同行成功的营销经验。几经思考,他终于明白"美术设计抄袭的情况十分严重,很多公司甚至直接抄袭日本漫画里的人物形象,没有自己的风格,欠缺原创能力,是不会被玩家选择的"。

褚世文拿出公司最好的原创作品，在网络论坛上展示，扩大公司的知名度和影响力。半年后，正是凭着企业的原创能力，网易、盛大、腾讯等多个大型游戏生产商陆续向他抛来了橄榄枝。第二年，公司赢利30多万元。

2013年，公司终于推出了自己的首款原创游戏——人间大炮。经过上线测试，人间大炮的下载排名在国内可以排到前六名。测试版本是免费的，获得了市场的极大关注，付费版本推出三个星期，很多游戏代理商就开始找他们商谈代理事宜。如今，年轻的褚世文有了"野心"——让自己的原创游戏走向世界。褚世文虽然是艺术设计专业的学生，但作为一名"骨灰级"的网游玩家，其核心竞争力就是网络游戏，当然对网游领域的机会更为警觉。他通过自己的核心竞争力发现了创业机会，并为此机会不断尝试、不断学习，坚持走原创之路，从而推出了自己的首款原创游戏，获得成功。

一、创业机会概述

创业机会来源于具有商业价值的创意，是一种特殊的商业机会。在一个完全自由的市场体系中，创业机会的出现往往是因为创业者准备进入的行业和市场存在着缝隙，这是商业环境变化、市场机制不协调或不健全、技术落后或领先、信息不对称以及市场中其他因素影响的结果。对创业者而言，能否有效把握创业机会，依赖于创业者能否准确识别和充分利用这些市场缝隙。市场越不完善，相关知识和信息的缺口就越大，不对称或不协调就越明显，商业机会就越多，创业机会也就越多。

(一)创业机会的含义

美国经济学家熊彼特认为，创业机会是通过把资源创造性地结合起来，满足市场的需要，创造价值的一种可能性，它是由一种系列市场不完全性所造成的。关于创业机会有不同的定义：

(1)创业机会是为购买者或者使用者创造或者增加价值的产品或服务，它具有吸引力、持久性和适应性。

(2)创业机会是引入新产品、新服务、新原材料和新组织形式，并能以高于成本价出售的情况。

(3)创业机会是一种新的"目的-手段"关系，它能为经济活动引入新产品、新服务、新原材料、新市场和新组织方式。

(4)创业机会主要是指具有较强吸引力的、较为持久的、有利于创业的商业机会，创业者据此为客户提供有价值的产品或服务，并同时使自身获利。

综上所述，我们可以这样概括：创业机会是指在市场经济条件下，在社会的经济活动过程中形成和产生的一种有利于企业经营成功的因素，是一种带有偶然性并能被经营者认识和利用的契机。

(二)创业机会的特征

了解和掌握创业机会的特征有利于人们识别和把握创业机会。创业机会具有以下五个特征：

1. 普遍性

凡是有市场、有经营的地方，客观上就存在着创业机会，并能够被人们把握住。创业机会普遍存在于各种经营活动过程之中。很多创业机会就在我们身边，生活中很多平常的现象在有心人眼里就是创业机会，此谓"处处留心皆学问"。

2. 隐蔽性

机会是一种无形的事物，人们只能凭感觉意识它的存在，而无法用视觉看到它。机会总是隐藏在社会现象的背后，其真相往往被掩盖着，通常很难找到它的踪影。机会的这种隐蔽性特征，使它在人们的心目中是如此神秘和可贵。

【经典案例】29 岁的戴维·哈特斯坦在经过几次海外旅行后，发现欧洲人在鲜花上的花费约等于购买面包的花费；相比之下，尽管他的美国同胞要比欧洲人富有很多，但在鲜花购买上只能排到世界第 13 位。经过自己的仔细调查，他发现了其中的奥秘：欧洲的花市要比美国大，布置得很亲切，价格要便宜大约 35%。于是，哈特斯坦把这些优势集中到一起，成立了第一家具有欧洲风格的超市，并采取特许经营权的方式扩大其公司业务。

3. 偶然性

对一个企业来说，创业机会的发现和捕捉带有很大的不确定性，任何创业机会的产生都有"意外"因素。人们越是刻意地寻找机会，就越难见到它的踪影，而当你毫无准备的时候，它却突然出现在你的面前。这就是通常所说的，要对创业机会保持警觉，时刻做一个有心人。

4. 消逝性

俗话说，机不可失，时不再来。机会并非永久存在，需要及时把握。创业机会存在于一定的时空范围之内，随着产生创业机会的客观条件的变化，会相应地消逝和流失，表现为稍纵即逝和一去不复返。

5. 时代性

机会总是与时代紧密联系在一起，具有鲜明的时代特征。一定的时代对各种机会打上烙印，并赋予其社会的、民族的、时代的色彩。时代是机会的土壤，好的时代能培养出大量的机会，为人们的成功提供条件；而差的时代则像碱性土壤，毫无生机，很少有成功的机会和可能。

(三)创业机会的类型

分类角度不同，创业机会类型不同。

1. 根据创业机会的来源划分

根据创业机会的来源，创业机会可以分为以下三种类型：

(1)问题型创业机会。即现实生活中存在的缺陷，不完备的或完全空白的问题所带来的机会。涉及生产生活、消费娱乐等诸多领域的种种不便、不足都可能是问题型的创业机会。

（2）变化型创业机会。在变化中看到未来的发展方向并能预测到良好前景的创业机会。如今，科学技术日新月异，人们的生活发生了翻天覆地的变化，人口形势、风俗习惯、审美取向等都在随着时代的发展旧貌换新颜，从中发现机会并把握机会，是创业者成功创业的重要前提。

（3）组合型创业机会。即将现有的技术、产品或服务等因素加以组合以实现新的价值而产生的创业机会。

2. 根据目的-手段关系的明确程度划分

根据目的-手段关系的明确程度，创业机会可以分为以下三种类型：

（1）识别型机会。市场中的目的-手段关系不十分明显时会产生这一类型的创业机会。问题型机会属于这一类型。

（2）发现型机会。前提是目的或手段任意一方处于未知状态，需要创业者去发掘。创业者要面向的是市场空白，也称市场缝隙。尽管现实社会市场竞争激烈，但依然存在着许多盲点。创业者找到市场空白点的同时，也就意味着他很有可能成为某个细分市场的领导者。缝隙市场可能是不易察觉的，需要创业者去发现、去开拓、去扩大、去独占。

（3）创造型机会。即目的和手段都不明确，创业者面对全新市场，提供全新产品（服务）的创业机会，也叫作未来市场机会。如果创业者提前预测到某种机会会出现，就可以在这种市场机会到来前早做准备，从而获得领先优势。

二、创业机会识别

机会具有很强的时效性，一旦被别人把握住也就不存在了。机会又总是存在的，一种需求被满足，另一种需求又会产生；一类机会消失了，另一类机会又会产生。但机会大都具有隐蔽性，需要去发现和挖掘，去思考和探索，互动反复，并将创意进行转变，不断地权衡创业机会预期价值实现的可能性，这一过程就是创业机会的识别过程。

（一）影响创业机会识别的因素

在现实中，许多人都有创业的想法，富有创意幻想，但能否在众多的创业想法中发现真正的创业机会，并有能力抓住它，最终成为一个成功的创业者，这受到许多因素的影响。

1. 先前经验

在特定的产业中，先前经验有助于创业者识别机会，称为"走廊原理"。它是指创业者一旦创建企业，他就开始了一段旅程，在这段旅程中，通向创业机会的"走廊"将变得清晰可见。某个人一旦投身于某一产业，将比那些从产业外观察的人更容易看到产业内的新机会。

2. 认识因素

拥有某个领域更多专业知识的人，会比其他人对该领域内的机会更具警觉性和敏感性。警觉很大程度上是一种习惯性的技能，在某个领域拥有更多知识的人，往往比其他人对该领域内的机会更警觉。例如,一位计算机工程师就比一位律师对计算机产业内的机会和需求更警觉。

3.社会关系网络

个人社会关系网络的深度和广度影响着机会识别。建立了大量社会与专家联系网络的人比那些拥有少数网络的人更容易得到机会和创意。一项针对 65 家初创企业的调查发现,半数创业者报告说,他们通过社会联系得到了他们的商业创意。一项类似的研究考察了独立创业者(独自识别出创业机会的创业者)与网络型创业者(通过社会联系识别机会的创业者)之间的差别,研究发现,网络型创业者能比独立创业者识别出更多的机会。

4.创造性

创造性有助于产生新奇或有用的创意。从某种程度上讲,机会识别是一个创造过程,是不断反复的创造性思维过程。在听到更多奇闻轶事的基础上,你会很容易看到创意包含在许多产品、服务和业务的形成过程中。

(二)创业机会识别的过程

机会识别包括三个截然不同的过程:一是感觉或感知到市场需求和尚未利用的资源;二是认识和发现在特殊的市场需求和特别的资源之间"相匹配的东西";三是这种"相匹配的东西"以新业务的形式展现出来。这些过程分别代表了感知、发现和创造,而不仅仅是识别。这一过程分为以下三个阶段:

1.机会搜寻

这一阶段创业者对整个经济系统中可能的创意展开搜索,创业者如果意识到某一创意可能是潜在的商业机会,具有现实的发展价值,将进入机会识别的阶段。

2.机会识别

相对整体意义上的机会识别过程,这里的机会识别应当是狭义上的识别,即从创意中筛选合适的机会。这一过程包括首先通过对整体的市场环境以及一般的行业分析来判断该机会是否在广泛意义上属于有利的商业机会;其次是考察对于特定的创业者和投资者来说,这一机会是否有价值,也就是个别的机会识别阶段。

3.机会评价

实际上机会评价已经带有尽职调查的含义,相对比较正式,考察的内容主要是各项财务指标、创业团队的构成等,通过机会评价,创业者决定是否正式组建企业,吸引投资。

【经典案例】"哭吧",哭来滚滚财源

上海的"哭吧"从名字上就透着新鲜,而这个项目的由来既得益于刘琳娜身为女性的细腻,也与她的从业经历有关。在经营"哭吧"之前,刘琳娜在上海一家法制类媒体担任咨询顾问,名为"婚恋处方"的栏目就是她为别人排忧释疑的一方阵地。在那段为期两年半的时间里,通过热线、书信等一系列手段,得到刘琳娜帮助的超过千人。在工作当中,刘琳娜发现需要倾诉和进行心理咨询的人不在少数,而自己在长期实践中已经积累了一定的经验,并形成了一套独特的辅导模式。绝大多数人在接受她的心理辅导时都是伴着眼泪的。于是,刘琳娜决定自己创业,开一家"哭吧"。有了这样的想法之后,她便找到上海心理协会的老师就项目的可行性进行咨询。他们认为,哭不能解决问题,但是在心理指导下的哭有助于问题的根本解决。老师们的肯定更是鼓舞了刘琳娜开办"哭吧"的信心。结果,刘琳娜的"哭吧"大获成功。

(三)创业机会识别的方法

创业机会识别没有明确而统一的分类方法。大部分机会有迹可循,而有些完全是在不经意间被开发出来的。所谓一不小心成了老板,一念之差身价千万。但讲究创业机会识别方法,对于创业机会识别的整个过程大有裨益。以下几种创业机会识别的方法较为常见:

1. 通过系统分析发现机会

多数机会都可以通过系统分析得以发现。人们可以从企业的宏观环境(政治、经济、法律、技术等方面)和微观环境(顾客、竞争对手、供应商等)的变化中发现机会。借助市场调研,从环境变化中发现机会,是机会发现的一般规律。

2. 通过问题分析和顾客建议发现机会

进行问题分析,可以首先问"什么才是最好的",一个有效并有回报的解决方法对创业者来说是识别机会的基础。这个分析需要全面了解顾客的需求,以及可能用来满足这些需求的手段。此外,一个新的机会可能会由顾客识别出来,因为他们知道自己需要什么。这样,顾客就会为创业者提供机会。顾客的建议多种多样,他们会提出一些诸如"如果那样的话不是更好吗"之类的非正式建议。无论采用什么样的手段,一个讲究实效的创业者总是渴望从顾客那里征求想法。

3. 通过市场缝隙发现机会

市场缝隙即现有市场存在的盲点或盲区。如今,市场竞争越来越激烈,"缝隙"其实无处不在。只要善于发现缝隙市场,就能开拓新的商机。怎么发现缝隙市场?就是在生活中,去发现现有产品或者服务的缺陷。提供能改进缺陷的产品或服务,就是一个缝隙市场。接下来去调查这个缝隙市场的市场容量有多大,有哪些目标客户,有没有市场前景和发展潜力等。

【经典案例】胡润的富豪榜

胡润,1970年出生于卢森堡,就读于英国杜伦大学。1990年,胡润到中国留学,后来就留在安达信会计师事务所上海分部工作,成了一名会计师。但是,胡润遇到了一件麻烦事,每次休假回到英国,大家都会很好奇问他中国怎样了。这个问题看似简单,不过很难回答,关键是没有标准。偌大一个中国,五千年历史,13亿人口,该说哪些方面呢?他很为难。1999年,当时正好是中华人民共和国成立50周年,他灵机一动,想到:我给你介绍50个中国特别成功的人,不就可以让你知道中华人民共和国成立50年来的变化吗?居于这样的想法,胡润后来推出了富豪榜。

4.通过创造获得机会

这种方法适合新技术领域。难点在于新技术需要高、精、尖的人才,也需要开拓新的市场。如果人力资源不到位,市场定位不准确,面临的风险就大一些。当然,如果能够成功,获得的利润和回报也会很大。

5.通过他人获取创业机会

常言道,说者无意,听者有心。这话用到创业机会识别方法这一环节,说者可能是消费者,他对现有产品或服务不满而随便抱怨或建议,而听者则是创业的人,这个人或者已经是老板或者有创业的意愿。

三、创业机会评价

通过信息的搜集、机会的分析,创业者已经对机会有了一定的认识,掌握了一定的数据。但是发现了创业机会,并不意味着要创业,更不意味着成功就在眼前。创业者需要对机会进行筛选和评估,以有效地降低风险,减少失败。只有有价值的创业机会才值得去投资,那么有价值的创业机会具有什么样的特征呢?

(一)有价值创业机会的特征

机会评价是创业过程中仔细审查创业并分析其可行性的阶段。评价是创造过程中特别具有挑战性的阶段,因为它要求创业者对创业的可能性采取一种公正的看法。创意需要符合一定的标准,才是真正的创业机会,而创业机会只有符合创业者的能力和目标才是有价值的。有价值的创业机会具有吸引力、持续性、时效性、价值性四个主要特征。

(1)吸引力。表示一种顾客渴望的未来状态,主要针对潜在的顾客而言。

(2)持续性。指创业机会持续一定的时间,从而使创业者有可能去发现、评价和开发利用。

(3)时效性。指创业机会必须在机会窗口存续期内加以开发利用。

(4)价值性。指创业机会依附于为买者或终端用户创造或增加价值的产品、服务或业务。

无论经营者是否意识到,市场机会总是客观存在于一定的市场环境之中。一个企业未能发现的机会,会被另一个企业捕捉和利用。因此,企业应积极从市场环境变化的规律中寻找机会。

(二)个人与创业机会的匹配

创业活动是创业者与创业机会的结合,影响创业机会既有主观因素,也有客观因素。由于创业者个性特质的差异,更由于各个创业者所面临的创业环境和资源约束条件的不同,创业者尽管发现了创业机会,但并不意味着要创业,更不意味着成功就在眼前,因为并非所有的机会都适合每个人。只有创业者和创业机会之间存在恰当的匹配关系时,创业活动才可能发生,也最可能取得成功。对任何人而言,有些机会只能看见,却不能为自己所把握。即使创业机会的价值潜力再大,如果缺乏相应的必备条件和因素,盲目行动带来的后果往往是血本无归。如何才能判断创业机会是否属于自己呢?判断创业机会是否适合自己的主要依据在于机会特征与个人特质的匹配,即应该从个人经验、社会网络、经济状况、个人素质方面进行评价。

在个人经验层面,要考虑以前的工作和生活经验能否支撑后续开发创业机会所必需的知识和技能。

在社会网络层面,要考虑自己身边认识、熟悉的人能否支撑后续开发创业机会所必需的资源和其他因素。

在经济状况层面,要重点考虑的是能否承受从事创业活动带来的机会成本。

在个人素质层面,要看个人是否具有良好的智力结构、乐观的心态、敏锐的洞察力等个性特征。

由于创业本身是一项高风险的活动,没有一个创业机会是完美的,也不是每个创业者是在把握完全适合自己的条件下才开展创业活动的,因此,在评价创业机会之后决定是否投入创业,仍然是一个比较主观的决策。

【经典案例】"研究生第一面馆"草草收场

几年前,成都市西华大学食品科学系 6 名研究生自筹资金 20 万元,在成都著名景观——琴台故径边上开起了"六味面馆"。第一家店还未开张,6 位股东已经把目光放到了 5 年之后开 20 家连锁店。他们一致认为今年先把第一家店搞好,积累经验之后再谈发展。他们还要与肯德基、麦当劳较量较量。然而,仅仅经营了 4 个多月,由于面馆缺乏管理,经营惨淡,投资人公开转让。当初的成都"研究生第一面馆"就这样草草收场了。这样的例子为数不少。创业者看似发现了创业机会,于是仓促上阵,却没有认真分析机会到底是否可行,是否适合自己。

(三)评价创业机会价值的方法

如何评价创业机会?对创业者来说,需要从评价创业机会价值潜力与实现创业机会价值潜力可能性两个方面着手。创业者在机会开发中的每一步,都需要进行评估,也就是说,机会评价贯穿于整个机会识别的过程中。在机会识别的初始阶段,创业者可以非正式地调查市场的需求和所需的资源,直到断定这个机会值得考虑或是进一步深入开发;在机会开发的后期,这种评价变得较为规范,且主要集中于考察这些资源的特定组合能否创造出足够的商业价值。

目前,并没有什么绝对权威的机会评价标准,创业企业能否从最初的市场需求和未利用资源的形态发展成新企业,不仅涉及机会本身的情况,还要求机会能与创建新企业管理的其他力量(创业团队、投资人等)相协调。创业者需要借助"机会选择漏斗",经过一层又一层筛选,在众多机会中筛选出真正适合自己的创业机会。

关于创业机会的筛选,一方面要筛选出较好的创业机会。一般而言,较好的创业机会具有五个特征。一是市场前景较好,前五年中的市场需求会稳步快速增长;二是创业者能够获得利用该机会所需的关键资源;三是创业者不会被锁定在"刚性的创业路径"

上，而是可以中途调整创业的"技术路径"；四是创业者有可能创造新的市场需求；五是特定机会的商业风险是明朗的，且至少有部分创业者能够承担相应的风险。另一方面，要筛选出利己的创业机会。面对较好的创业机会，特定的创业者需要回答四个问题：一是创业者能否获得自己缺少但他人控制的资源；二是遇到竞争时，自己是否有能力与之抗衡；三是是否存在创业者可能创造的新增市场；四是创业者是否有能力承受利用该机会的各种风险。

此外，创业者在做出创业决策之前，必须对创业机会价值进行评估。可以分为定性分析和定量分析两种方法。

定性分析方法侧重考虑成功抓住市场机会所必须具备的条件；分析本企业在该市场机会上所拥有的优势，这些优势与本企业的发展方向和目标是否一致。

定量分析方法主要是进行商业分析中的经济效益分析，其任务是在初步拟定营销规划的基础上，从财务上进一步判断选定机会是否符合创业目标，一般是通过量、本、利分析法进行。

第二节 创业风险

【案例导入】三鹿集团败于风险管理失控

2008 年 6 月 28 日，兰州市解放军第一医院收治了首例患"肾结石"的婴幼儿。据家长反映，这个孩子从出生就一直食用河北石家庄三鹿集团所生产的三鹿牌婴幼儿奶粉。7 月，甘肃省卫生厅报告卫生部，随后两个月，该医院收治的患婴人数达到 14 名。2008 年 9 月 11 日晚，石家庄三鹿集团股份有限公司发布产品召回声明，称经公司自检，2008 年 8 月 6 日前出厂的部分批次三鹿牌婴幼儿奶粉受到三聚氰胺的污染，市场上大约有 700 吨。为对消费者负责，该公司决定立即对这些批次的奶粉实施召回。2008 年 9 月 12 日，三鹿集团全面停产。2009 年 2 月 12 日，法院宣布三鹿集团破产。

创业的过程是一个充满风险、艰辛与坎坷的过程，也是一个充满激情与喜悦的过程。有价值的创业机会也是有风险的。了解创业面临的风险有哪些，创业者该如何识别创业风险，怎样才能尽量规避与防范可能出现的风险，使创业过程能够顺利一些，等等，这些是每一个创业者十分关注的问题。

一、创业风险的来源

风险是指一定环境、一定时间内，影响决策目标实现的不确定性，或是某种损失发生的可能性。发生损失的可能性越大，风险就越高。创业风险是指在创业的过程中，创业环境的不确定性，创业机会与创业企业的复杂性，创业者、创业团队与创业投资者的能力与实力的有限性,而导致创业活动偏离预期目标的可能性及其后果。

研究表明,创业往往是将某一构想或技术转化为具体的产品或服务,在这一过程中,存在着几个基本的、相互联系的缺口,它们是上述不确定性、复杂性和有限性的主要来源,也就是说,在给定的宏观条件下,创业风险往往就直接来源于这些缺口。

(一)融资缺口

融资缺口存在于学术支持和商业支持之间,是研究基金和投资基金之间存在的断层。创业者可以证明其构想的可行性,但往往没有足够的资金将其变为创业现实,或在创业过程中因现金流断裂而影响企业运行,从而给创业带来一定的风险。通常,只有极少数基金愿意鼓励创业者跨越这个缺口,如富有的个人设立基金专门进行早期项目的风险投资,以及政府资助计划等。

(二)研究缺口

研究缺口主要是指创业者仅凭个人兴趣去研究和判断市场的潜力,当一个创业者认为某项技术突破可能产生某种创业机会时,他仅仅停留在自己满意的论证程度上。然而,在将创业预想真正转化为创业行为时,产品成本与预期收益的落差、实际消费和市场预期容量的落差等不确定性因素导致这种程度的论证不可行,这种认证的缺失导致了创业风险的产生。

(三)信息和信任缺口

信息和信任缺口存在于技术专家和管理者(投资者)之间。也就是说,创业中存在两种不同类型的人:一是技术专家,二是管理者(投资者)。这两种人接受不同的教育,对创业有不同的预期、信息来源和表达方式。技术专家知道哪些内容在科学上是有趣的,哪些内容在技术层上是可行的,哪些内容根本就是无法实现的。在失败类案例中,技术专家要承担的风险一般表现在学术上、声誉上受到影响,以及没有金钱上的回报。管理者(投资者)通常比较了解将新产品引进市场的程序,但当涉及具体项目的技术部分时,他们不得不相信技术专家,可以说管理者(投资者)是在冒险。如果技术专家和管理者(投资者)不能充分信任对方,或者不能够进行有效的交流,那么这一缺口将会变大,带来更大的风险。

(四)资源缺口

资源与创业者之间的关系就如颜料和画笔与艺术家之间的关系。没有了颜料和画笔,艺术家即使有了构思也无从实现。创业也是如此。没有所需的资源,创业者将一筹莫展,创业也就无从谈起。在大多数情况下,创业者不一定也不可能拥有所需的全部资源,这就形成了资源缺口。如果创业者没有能力弥补相应的资源缺口,那么他要么创业无法起步,要么在创业中受制于人。

(五)管理缺口

管理缺口是指创业者并不一定是出色的企业家,不一定具备出色的管理才能。创业活动主要有两种:一是创业者利用某一新技术进行创业,他可能是技术方面的专业人才，却不一定具备专业的管理才能，从而形成管理缺口；二是创业者往往有某种"奇思妙想"，可能是新的商业点子，但在整体规划上不具备相应的才能，或不擅长管理具体的事务，从而形成管理缺口。

二、创业风险的特点

(一)风险的客观性

风险的客观性表现为风险不以人的意志为转移，是由客观存在的自然现象和社会现象引起的。

(二)风险的不确定性

风险的不确定性指的是风险发生的条件、风险的程度和种类都是不确定的，有时候就是防不胜防。

(三)风险的相对性

风险的相对性指的是风险因为面临对象的不同，基于时间和空间的差异，不同的对象面临的风险大小不完全相同。

(四)风险的可测量性

随着科技的进步和人们对风险认识的加深，企业可以通过定性或定量的方法对风险进行评估和测量，为风险管理提供可靠依据。

【材料阅读】大学生创业有七大风险

上海向阳生涯管理咨询有限公司首席职业规划师洪向阳先生认为，大学生创业的风险主要有以下七个方面。

1. 管理风险

创业失败，基本上都是管理方面出了问题，其中包括决策随意、信息不通、理念不清、患得患失、用人不当、忽视创新、急功近利、盲目跟风、意志薄弱等。特别是大学生经验不足，资金实力和心理素质明显不足，更会增加管理上的风险。

2. 资金风险

资金风险在创业初期会一直伴随在创业者的左右。是否有足够的资金来创办企业是创业者遇到的第一个问题。企业创办起来后，就必须考虑是否有足够的资金支持企业的日常运作。对于初创企业来说，如果连续几个月入不敷出或者因为其他原因导致企业的现金流中断，都会给企业带来极大的威胁。相当多的企业会在创办初期因资金紧缺而严重影响业务的拓展，甚至错失商机而不得不关门大吉。

3. 竞争风险

寻找蓝海是创业的良好开端，但并非所有的新创企业都能找到蓝海。更何况，蓝海也只是暂时的，所以，竞争是必然的。如何面对竞争是每个企业随时要考虑的事，而对新创企业更是如此。如果创业者选择的行业是一个竞争非常激烈的领域，那么在创业之初极有可能受到同行的强烈排挤。一些大企业为了把小企业吞并或挤垮，常会采用低价销售的手段。对于大企业来说，由于规模效益或实力雄厚，短时间的降价并不会对它造成致命的伤害，而对初创企业则可能意味着彻底毁灭。因此，考虑好如何应对来自同行的残酷竞争是创业企业生存的必要准备。

4.团队分歧的风险

现代企业越来越重视团队的力量。创业企业在诞生或成长过程中最主要的力量来源一般都是创业团队，一个优秀的创业团队能使创业企业迅速地发展起来。但与此同时，风险也就蕴含在其中，团队的力量越大，产生的风险也就越大。一旦创业团队的核心成员在某些问题上产生分歧不能达到统一时，极有可能会对企业造成强烈的冲击。事实上，做好团队的协作并非易事。特别是与股权、利益相关联时，很多初创时很好的伙伴都会闹得不欢而散。

5.核心竞争力缺乏的风险

对于具有长远发展目标的创业者来说，他们的目标是不断地发展壮大企业，因此，企业是否具有自己的核心竞争力就是最主要的风险。一个依赖别人的产品或市场来打天下的企业是永远不会成长为优秀企业的。核心竞争力在创业之初可能不是最重要的问题，但要谋求长远的发展，就是最不可忽视的问题。没有核心竞争力的企业终究会被淘汰出局。

6.人力资源流失风险

一些研发、生产或经营性企业需要面向市场，大量的高素质专业人才或业务队伍是这类企业成长的重要基础。防止专业人才及业务骨干流失应当是创业者时刻注意的问题，在那些依靠某种技术或专利创业的企业中，拥有或掌握这一关键技术的业务骨干的流失是创业失败的最主要风险源。

7.意识上的风险

意识上的风险是创业团队最内在的风险。这种风险来自于无形，却有强大的毁灭力。风险性较大的意识有投机的心态、侥幸心理、试试看的心态、过分依赖他人、回本的心理等。

洪向阳最后提醒道，大学生在创业过程中所遇到的阻碍并不仅此七点，企业在发展过程中随时都可能有灭顶之灾的风险。保持积极的心态，多学习，多汲取优秀经验，结合大学生既有的特长优势，我们相信，大学生创业的步伐会越走越远，越走越稳。

三、创业风险的分类

(一)按风险来源的主客观性划分

按风险来源的主客观性划分，风险可分为主观创业风险和客观创业风险。主观创业风险是指在创业阶段，由于创业者的身体与心理素质等主观方面的因素导致创业失败的可能性。客观创业风险，是指在创业阶段，由于客观因素导致创业失败的可能性，如市场的变动、政策的变化、竞争对手的出现、创业资金缺乏等。

（二）按影响程度划分

按影响程度划分，风险可分为系统创业风险和非系统创业风险。系统性风险是源于创业者或创业企业之外的，由创业环境变化带来的风险，如产品市场风险、资本市场风险等，创业者或创业企业无法对其进行控制或施加影响。非系统性创业风险是指源于创业者或创业企业本身的商业活动或财务活动而引发的风险，如团队风险、技术风险、财务风险等，创业者或创业企业可以通过一定的手段进行预测和分散。

（三）按创业风险的内容划分

按创业风险的内容划分，风险可分为技术风险、市场风险、政治风险、管理风险、生产风险和经济风险。技术风险是指由于技术方面的因素及其变化的不确定性而导致创业失败的可能性。市场风险是指由于市场情况的不确定性导致创业者或创业企业损失的可能性。政治风险是指由于战争、国际关系变化或有关国家政权更迭、政策改变而导致创业者或企业蒙受损失的可能性。管理风险是指因创业企业管理不善产生的风险。生产风险是指创业企业提供的产品或服务从小批试制到大批生产产生的风险。经济风险是指由于宏观经济环境发生大幅度波动或调整而使创业者或创业投资者蒙受损失的风险。

（四）按风险对所投入资金即创业投资的影响程度划分

按风险对所投入资金即创业投资的影响程度划分，风险可分为安全性风险、收益性风险和流动性风险。安全性风险是指从创业投资的安全性角度来看，不仅预期实际收益有损失的可能，而且专业投资者与创业者自身投入的其他财产也可能蒙受损失，即投资方财产的安全存在危险。收益性风险是指创业投资的投资方的资本和其他财产不会蒙受损失，但预期实际收益有损失的可能性。流动性风险是指投资方的资本、其他财产以及预期实际收益不会蒙受损失，但资金有可能不能按期转移或支付，造成资金运营的停滞，使投资方蒙受损失的可能性。

（五）按创业过程划分

按创业过程划分，风险可分为机会的识别与评估风险、准备与撰写创业计划风险、确定并获取创业资源风险和新创企业管理风险。机会的识别与评估风险指在机会的识别与评估过程中，各种主客观因素，如信息获取量不足，把握不准确或推理偏误等使创业一开始就面临方向错误的风险。准备与撰写创业计划风险指创业计划制定过程中各种不确定性因素与制定者自身能力的限制，给创业活动带来风险。确定并获取创业资源风险指由于存在资源缺口，无法获得所需的关键资源，或即使可获得，但获得的成本较高，从而给创业活动带来一定风险。新创企业管理风险主要包括管理方式、企业文化的选取与创建、发展战略的制定以及组织、技术、营销等各方面的管理中存在的风险。

（六）按创业与市场和技术的关系划分

按创业与市场和技术的关系划分，风险可分为改良型风险、杠杆型风险、跨越型风险和激进型风险。改良型风险是指利用现有的市场、现有的技术进行创业所存在的风险。杠杆型风险是指利用新的市场、现有的技术进行创业而存在的风险。跨越型风险是指利用现有市场、新的技术进行创业存在的风险。激进型风险是指利用新的市场、新的技术进行创业存在的风险。

四、创业风险管理与控制

在市场经济条件下,任何企业的任何经济行为无疑都存在着各种各样的风险,因此聪明而又稳健的企业家无不十分重视企业的风险管理。对于一个即将走入社会的大学生而言,其进行的创业活动所面临的风险则更容易发生。原因主要是在行业经验、管理技能等方面大学生自身存在的短板比较多。因此,创业的大学生要树立风险意识,在经营活动中尽可能预防风险、降低风险、规避风险。

(一)一般企业的风险管理

风险管理是指人们对各种风险的认识、控制和处理的行为,它要求人们研究风险发生和变化的规律,估算风险对社会经济生活可能造成损害的程度,并选择有效的手段,有计划、有目的地处理风险,以期用最小的成本代价,获得最大的安全保障。这是一个对纯粹风险暴露的系统识别与管理的过程。成熟企业都有一个专门部门和高层经理主管企业所面临的风险,以使风险损失对实现企业目标的负面影响最小化。风险管理的程序一般包括以下几个环节:风险识别、风险评估、风险管理方法的选择、风险管理的实施和效果评价。

1.风险识别

风险识别是管理这些风险的第一步,它是指对企业面临的现实以及潜在的风险加以判断、归类并鉴定风险性质的过程。存在于企业周围的风险多种多样,这些风险在一定时期和某一特定条件下是否客观存在,存在的条件是什么,以及损害发生的可能性等都是风险识别阶段应该回答的问题。风险识别主要包括感知风险和分析风险两个方面。风险的识别对传统的经营管理有至关重要的意义,识别如经营活动、财务活动、战略活动等风险暴露来源为主的企业风险,有助于企业目标的实现,也有助于创业企业的健康发展。

2.风险评估

风险评估是指在风险识别的基础上,对所收集的大量详细损失资料加以分析。这一阶段可按照相关损失发生的概率对风险进行分类,进行损失概率的评估,同时对损失的规模与幅度进行分析,从而使风险分析定量化。把风险发生的概率、损失的程度与其他综合因素结合起来考虑,确定系统发生风险的可能性及其危害程度,通过比较管理风险所支付的费用,决定是否需要采取风险控制措施,以及控制措施采取到什么程度,从而为管理者进行风险决策、选择最佳风险管理技术提供可靠的科学依据。

3.风险管理方法的选择

在风险评估的基础上,为实现风险管理的目标,选择最佳的风险管理技术是风险管理的实质性内容。风险管理技术分为控制型与财务型两大类。前者的目标是降低损失发生的频率,减少损失的幅度,重点在于改变引起意外事故和扩大损失的各种条件。后者的目标是以提供基金的方式,消化发生损失的成本,即对无法控制的风险进行财务安排。对于有些情况,最好的计划是什么也不做,但在大多数情况下,可能要安排复杂的方法为潜在的损失融资。

4.风险管理的实施和效果评价

在做出风险管理方法选择的决策后,个人或企业必须实施其所选择的方法。风险管理应该是一个持续的过程,对实施的效果进行评价是必需的。有时新出现的风险暴露或预期的损失概率(或损失幅度)发生了显著的变化,需要对原有决策进行重新评价。风险管理的效果评价是指对风险管理技术的适用性及其收益情况进行的分析、检查、修正和评估,这是由风险的动态性所决定的。对效果的评价可以保证具体管理方法与风险管理目标相一致,并使具体的方案具有可操作性和有效性。

(二)创业企业风险的控制与规避

1.学会分析风险

创业者对每一个经营环节要学会分析风险,做什么都不能满打满算,要留有余地,对可能出现的风险要有明确的认识和应对预案。首先要从技术风险、市场风险、财务风险、政策及法律风险、团队风险等方面,预测特定创业机会及创业活动可能遇到的风险因素。其次要从系统风险、非系统风险两个方面,预测特定创业机会、创业活动可能遇到的风险因素,并进行深入分析,提出需要采用的"层次分析法",层层细化,逐级分析,以求深入准确揭示可能遇到的风险因素。

2.善于评估风险

创业者必须对创业风险进行评估。分析和判断创业风险的具体来源、发生概率,测算风险损失,预计主要风险因素,测算冒险创业的"风险收益",估计自己的风险承受能力,进而进行风险决策,提前准备相应的风险管理预案。例如,投资一旦失误,可能造成多大损失;投资款万一到期无法挽回,可能造成多大经济损失;贷款一旦无法收回,会产生多少影响;资金周转出现不良,对正常经营会造成哪些影响,等等。通过分析,预测风险会带来的负面影响。

3.积极预防风险

如对投资方案进行评估,对市场进行周密调查,制定科学的资金使用政策等,一旦某个环节出了问题,要有采取补救措施的预案,尽可能减少负面影响。同时,还要加强管理,建立健全企业各种规章制度,特别是合同管理、财务管理、知识产权保护等;在平时的业务交往中要认真签订、审查各类合同,加强对合同履行过程的监督。

4.设法转嫁风险

风险不可避免,但可以转嫁。例如财产投保,就是转嫁投资意外事故风险;购买商品是转嫁筹资风险;以租赁代替购买设备是转嫁投资风险。创业也是如此,个人独资承担无限责任,但几个人共同投资,就是有限责任,就能分散风险。

【经典案例】仓促创业的李女士

李女士对创业一直有相当的热情。大学毕业不久,她就决定摆脱打工者的身份自已当老板。不过,由于找不到好的投资项目,一直没有开始自己创业。

一天,一位亲戚告诉她,当前生产塑料粒子非常赚钱。那位亲戚本人经营塑料生意,而且赚了很多钱。由于亲戚指点,再加上看到在塑料行业赚钱的人很多,她抛开了创业应有的谨慎。没有做任何市场调查和前期准备,便投入了4万元资金办起了一家小型的塑料编织袋加工厂。由于没有充分了解该行业,在创业初期李女士就犯了一个低级错误。经营塑料制品,需要有场地堆放材料。可是,李女士却选择了一个很小的场地。由于材料堆放的原因,厂里的生产经常要停工。当发现这个问题时,她已经在小场地上投入了不少资金,且没有足够的资金再去寻找其他场地了。

创业的仓促与盲目,使得困难不断找上门来,除了场地问题,销路问题也让她烦恼不已。李女士选择的是塑料编织袋生意,和亲戚的塑料粒子加工不一样。本来以为都是塑料加工企业,亲戚能在销售上帮忙,可事实上却帮不上忙。在创业初期片面倚重亲戚,当发现亲戚不能提供帮助时,她才发现凭自己的能力,并不能顺利销售产品。李女士的创业很快走进了死胡同,这让根本不懂塑料行业的李女士对创办塑料厂失去了信心。她觉得,自己不适合从事这个行业。

第三节　大学生创业机会与风险

【案例导入】大三学生张天身处特殊领域而具有特别敏感性

张天,23岁,北京蔚蓝国际文化发展有限公司总经理,北京大学国际政治专业2005届本科毕业生,大学三年级时便产生跨专业创业的念头。在大学三年级的时候,张天作为北大的交流学生被派到哈佛大学进行短期交流,这一次交流使得他萌生了创业念头。20个学生奔赴美国是一笔不小的花销,而将大家需要的服务整合出来,可以获得比个人开销更低的成本。出国机会本身也具备了商业价值,而且整个流程有很多可以发掘的环节,每一个环节都可以延伸出一笔不错的收益,比如签证代理、机票代理、保险代理等都可以产生"隐性"收入。看到这些,张天走出了创业的第一步。由此可见,正是由于张天亲身经历了到国外交流,知晓所花费不小,才较他人对该领域更具敏感性,才更容易地发现了其中的商机。

一、大学生创业的优劣势

大学生属于高级知识人群,受过多年的教育,其创业背负了社会和家庭的种种期望,也受到社会各界的密切关注。

(一)大学生创业优势

1.知识活力优势

大学生具有较高层次的知识,是一个知识、智力都相对密集的群体,他们拥有专业领域的知识,具有较强的专业能力。因此,知识资源成了大学生创业的最大优势。刚进入社会的大学生年轻有活力,勇于拼搏,无太重负担,具有较强的社会适应能力;自信心较强,对自己认准的事物会有激情去体验。

2.创新创意优势

大学生有较强的领悟力,自主学习知识的能力强,善于接受新事物;思路活跃,创意新颖,能将所学的知识很快内化为能力,外化为创造。具有创意就意味着创新,创新能力来源于创造性思维,一个成功的创业者一定具有独立性、求异性、敏锐性等人格特质。创新创意能力影响着创业实践的特质,是促使创业实践活动顺利进行的首要条件。

3.政府优惠政策

为了促进大学生创业,各级政府相继出台了注册、贷款、税费、培训等方面的优惠政策。为确保大学生能迅速地进入创业状态,各级政府简化了大学生创业的注册程序,工商部门为规范创业市场还推出专门针对大学生创业的特殊注册方式等。提供培训、信息服务方面的优惠,以及金融贷款优惠,简化贷款手续。对创业贷款给予一定的优惠利率扶持,视贷款风险度不同,在法定贷款利率基础上可适当下浮。

4.学校资源优势

高等学校的创业教育对大学生创业起着重要作用。首先,学校拥有雄厚的智力知识资源,拥有很多创业优势项目,特别是在高科技方面。我国普通高校中分布着一大批高水平的科学家、学科带头人,拥有学科综合、交叉和渗透的优势,是科学知识创新的源头,能够提供对社会经济发展有深远影响的科技创新性成果,并且每年高校获得的研发经费不少,这些宝贵的科技人力资源和研究项目及成果,是高校科技自主创新的最大优势。其次,高校除了鼓励大学毕业生开展自主创业之外,还会对他们的自主创业进行必要的实践指导,帮助他们克服市场经验不足的问题,使他们成为工作岗位的创造者。

5.家庭方面优势

经济状况好的家庭中的孩子毕业后不着急能否就业,这类家庭孩子的就业往往有一定的缓冲期,因此,如果此类家庭的孩子自主创业,负担较小,如资金负担。

【材料阅读】众人眼里大学生创业的最大优势

根据前程无忧(51job.com)公司进行的大学生创业调查,在三个大学生创业最明显的优势"年龄""知识""政策鼓励"中,"年龄"优势被众人推为大学生在创业道路上最强有力的基石。有句广告语叫"年轻无极限",就很好地诠释了众人的观点。"知识"优势的比例占到了25.4%,这一选项的比例并不非常高,也折射出了人们对如今大学教育质量的一丝怀疑。同时有11.4%的受访者表示,"政策"优势是大学生创业的最大优势,政策的倾斜与支持,比如贷款优惠、减免税收、法律保护等,成为大学生顺利创业的保障。

(二)大学生创业劣势

制约大学生创业的因素很多,除了自身因素外,还有很多的外在因素。

1. 社会经验问题

大学生社会经验不足,常常盲目乐观,把创业仅仅停留在美好的设想中。虽然他们掌握了一些经管方面的知识,但整体和全局意识差,不能统筹应用,对于市场和投资风险分析不足。也有不少同学通过兼职来锻炼自己,但兼职经验和市场上要求的创业经验存在着经验上的缺口,适应不了市场要求。缺乏经验是阻碍创业的首要原因。

2. 知识系统化问题

创业需要复合型人才。知识系统结构非常重要,主要包括财务知识、管理知识、法律知识、沟通知识、心理知识等,大学生对各种知识都要有所掌握。有些学生在创业过程中连如何签协议、如何签项目合同及国家的基本优惠政策都不了解;有些学生写的商业计划书虽然想法具有新颖性,但目的不明确,有的目的很明确却又不会写商业计划书,文字表达能力欠缺。

3. 心理准备问题

就业难,创业更难,创业所涉及的维度更复杂,范围更广,要求学生必须具备良好的心理素质,再好的项目也要做好打持久战的准备。大学生创业难免会遇到挫折和失败,绝大多数的创业过程不是一帆风顺的。大学生创业者一般都心高气傲,有着强烈的自尊。很多大学生创业失败就是败在心理上,承受不了挫折,一遇到挫折就想放弃。正如马云说的,成功既不在今天也不在明天,就在后天,而很多人就是死在了昨天晚上。

4. 政府政策落实问题

当前,国家出台了一系列鼓励大学生自主创业的优惠政策,但现实中有些政策很难操作,有些在执行过程中变了样。尤其是在经营领域、融资渠道和税收优惠等关键问题上,创业的大学生们并没有享受到真正的扶持。很多基层行政单位只知道国家对大学生创业出台了相关优惠政策,并不知道如何来执行这些政策,没有具体的实施方案可以参考,没有具体的实例可以借鉴,影响了优惠政策的执行效果。

5. 资金问题

大学生创业过程中普通面临着资金问题。刚刚创业的大学生虽然想法新奇,但是资金不足,又没有雄厚的企业背景和成熟的市场,因此运转起来举步维艰。

6. 产品推广困难

在缺少资金的前提下来推广产品是一件很困难的事。对于大学生来说,虽然点子新奇,但是能为人所知是不易的。一方面需要很广的人脉圈子,但刚毕业的大学生这方面显然普遍缺乏。另一方面,大学生需要用合理有效的途径来宣传。但是,网络、电视和传单宣传,前两者花费较大,后者范围小,不能较好地宣传。产品推广困难也成为大学生创业困难的主要原因之一。

纵观过去几年的大学生创业项目,成活率不高。据不完全统计,大学生创业一年存活率只有约 4.6%,成功率则更低。创业本就相当艰难,而决定创业成败的经验、资金等要素大学生都较为匮乏,大学生创业承受的失败风险更大。

二、适合大学生的创业机会

(一)满足大学生学习和生活需求的产品和服务

大学生创业者对于学生的需求是最为了解的,这是多数大学生开始创业时首先考虑的方向。创业者可以通过回忆自己在大学生活中遇到的问题,也可以通过对在校大学生进行问卷调查,从而了解大学生的各种需求,然后从中挑选出最适合自身资源的创业机会。做校园代理是大学生常见的创业方式,如考研、考证、旅游等,这些业务的成本和风险都比较低。

(二)特色零售店或服务项目

零售和服务行业的进入门槛不高,对资金、技术和团队的要求较低,服务的对象又非常广泛。随着消费者需求的持续变化,创业机会层出不穷,每年都会有新的模式和新的企业迅速崛起,这一行业适合大学生创业。零售和服务行业最需要的就是商业模式和服务的创新,创业者把自己的独特创意融入其中,就有可能开创出新的零售模式或特色服务项目。

(三)网上开店或网络服务

"80后""90后""00后"的大学生对互联网非常熟悉,互联网上的创业机会也异常丰富。最普通的网上创业就是开网店,在网上注册账户卖自有产品或代销。网上开店的秘诀在于透彻理解网上购物行为,通过合理规划产品的品类、高水平地展出产品、积极管理客户评价等来提高网店的利润。此外,大学生还可以创造出特色的网络服务,以低成本实现客户价值。例如,财客在线就是通过满足年轻人记账的需要而成功的,通过会员付费和广告收入来赢利。

(四)处于同质商品阶段的小产品的品牌化经营

成熟行业留给大学生的创业机会比较少,毕竟行业格局已经形成,只有一些零散型的产业才有创业的机会,如那些处于商品化阶段的日常用品或农产品。这些小产品的行业内竞争层次很低,同质化的产品以趋同的价格很难做大企业和打造品牌,企业的利润很微薄。因此,创业者需要转换经营思路,进行品牌化运作,提升产品的档次,甚至加入一些创意。例如,可以从杯子、镜子、梳子、玩具等日常用品或农产品中选择创业项目,将小产品打造成特色品牌。

(五)开发具有技术含量的新产品

大学生创业者(尤其是理工科学生)可以开发出新产品,以创新技术作为创业的关键资源,组建公司来生产和销售新产品(或提供技术服务)。新产品的开发单靠某个人是很难成功的,它需要一个团队来协作开发,一般以导师为核心的研究团队有可能开发出更高技术含量的新产品。

创业者如果自身无法开发新产品,就可寻找可以合作创业的新产品开发者,这需要创业者与研发人员的能力互补。这种创业可以获得政府相关机构的大力支持,尤其是与政府政策相关的战略性新兴产业和其他重点产业，更是有可能成为政府关注与扶持的典型创业项目。

（六）国外最新成功模式的移植

发达国家的经济与技术走在我们的前面，它们曾经历过的创业机会很可能在今天的中国出现。这需要用历史的眼光来看待经济和技术的发展，找出不同经济阶段的典型商业形态，从而借鉴发达国家成功把握这些机会的经验。

携程网创始人之一季琦说过："中国式的创新更多是继承式的创新，在借鉴欧美发达国家商业模式的情况下，结合中国具体情况，进行改造式创新和应用。因为人类的物质、精神需求和享受，总是从低级到高级，从简单到复杂。欧美的服务业已经领先于我们，已经经过了客户的需求选择，中国的服务业也大体会遵循他们的发展轨迹。因此，在服务行业，继承欧美的成熟商业模型特别有价值；研究他们成长的轨迹和成败的原因，对于我们这些后来者也非常有益。"在高科技领域（尤其是互联网），美国等发达国家最先开发出新技术和新商业模式，国内创业者迅速跟进，在模仿中进行再创新。目前国内著名的互联网公司大多是从美国借鉴或模仿过来的，如当当网是从亚马逊网站得到启发的，腾讯是直接模仿 MSN 发家的，淘宝网则是从 e-Bay 借鉴而来的。

三、大学生创业必须规避的风险

（一）项目选择盲目

目前，大学生创业的项目选择多集中在高科技领域和智力服务领域，如软件开发、网络服务等。此外，快餐、零售等连锁加盟店也是大学生青睐的创业项目。但是，大学生并不了解市场，如果缺乏前期的市场调研和论证，只是凭自己的兴趣和想象来决定投资方向，甚至仅凭一时心血来潮就决定干哪一行，一定会碰得头破血流。

建议：大学生创业者在创业初期一定要做好市场调研，也可委托专业机构进行可行性研究，在了解市场的基础上创业。一般来说，大学生创业者资金实力较弱，选择启动资金不多、人手配备要求不高的项目，从小本经营做起比较适宜。

（二）缺乏创业技能

很多大学生创业者眼高手低，既不了解创业的相关政策法规，也没有在相关企业的工作、实践经历，缺乏能力和经验，却对创业的期望非常高。当创业计划转变为实际操作时，才发现自己根本不具备解决问题的能力，这样的创业无异于纸上谈兵。

建议：市场瞬息万变，时刻都有风险，但不会有人及时提醒你风险在哪里，防范风险只能靠自己增加本领。一方面，去企业打工或实习，积累相关的管理和营销经验；另一方面，积极参加创业培训，积累创业知识，接受专业指导，提高创业成功率。

（三）融资渠道单一

资金难筹几乎是每一个大学生创业者都会遇到的难题。银行贷款申请难，手续复杂，如果没有更广阔的融资渠道，创业计划只能是一纸空谈。

建议：广开渠道，除了银行贷款、自筹资金、民间借贷等传统方式外，还可以充分利用风险投资、天使投资、创业基金等融资渠道。

（四）社会资源贫乏

由于长期身处校园，大学生掌握的社会资源非常有限，而企业创建、市场开拓、产品推介等工作都需要调动社会资源，大学生在这方面感到非常吃力。

建议：平时多参加各种社会实践活动，扩大自己人际交往的范围。创业前，可以先到相关行业工作一段时间，通过这个平台，为自己日后的创业积累人脉。

（五）管理过于随意

由于长期接受应试教育，不熟悉经营的"游戏规则"，一些大学生创业者虽然在技术上出类拔萃，但理财、营销、沟通、管理方面的能力普遍不足。此外，一些人存在一定的性格缺陷，如自以为是、刚愎自用等，这些都会影响创业的成功率。

建议：保持积极的心态，多学习，多汲取优秀经验，结合自身既有的特长优势。我们相信，大学生创业的步伐会越走越远，越走越稳。

思考题：

1.创业机会的特点和类型是什么？
2.在校大学生如何寻找合适的创业机会？
3.什么是创业风险？如何管理与控制创业风险？
4.大学生创业必须规避哪些风险？

第六章　创业资源与新创企业管理

创业者能否成功地创造机会,进而推动创业活动向前发展,通常取决于他们掌握和能整合到的资源数量以及对资源的利用能力。优秀的创业者在创业过程中所体现出的卓越创业技能就是创造性地整合和运用资源,尤其是那种能够创造竞争优势,并带来持续竞争优势的战略资源。企业管理是一个企业发展的内在需求,能提高企业的运作效率,明确企业的发展方向。良好的企业管理能提高员工的积极性和主动性,实现企业对人才的需求。企业管理的优劣,也关系到企业是否能树立良好的形象、提高社会效益和经济效益。

第一节　创业资源概述

【案例导入】"90后"大学生推出校园APP获百万融资

大学生创业,校园是最好的开始,而现在最热的项目莫过于手机APP。暨南大学学生创业团体"柠檬时代"就瞄准了这个商机,推出了50多款校园APP,不仅突破了30万用户大关,而且还获得了百万元级天使投资。

"柠檬时代"联合创始人之一梁宇燊是暨南大学2012级行政管理的学生,他们的产品旨在给高校学生提供社交、校园信息分类等生活服务。当时,校园里活动传单琳琅满目,同学们为参加哪个活动而纠结。梁宇燊为此琢磨着如何"破坏"它。"发传单不仅效率低下,而且造成资源浪费,学生一般浏览一次就扔掉了。"于是梁宇燊萌生了一个想法,"做一个线上的校园信息分类平台"。在网站上,梁宇燊找到一群正在计划做校园APP的毕业生,联系到负责人路飞之后,两人想法一拍即合,梁宇燊马上加入路飞的团队,并起名叫"柠檬时代"。2014年4月25日,"柠檬时代"在广州的第一个APP上线。2015年3月,柠檬时代科技有限公司成立,他们在广州已做了9款APP,包括中大南方、华工Life和广金百事通等。

随着互联网和移动终端设备的普及,超级课程表等校园APP的用户数量十分惊人,但是集社交、校园信息分类和二手市场等生活服务于一体且只针对一个高校或一个小区域的 APP 却很少。而每个校园的文化都是独具一格的,校园 APP 上的内容必须由本校学生自己运营,因此他们的每个 APP 都由各自学校的学生在运营,效果不好。梁宇燊打破传统运营模式,因"校"制宜,提供技术平台,开展技术培训,制作了一个类似的 APP。2014 年 11 月,"柠檬时代"已获得百万元级天使投资。

对于创业者来说,他们需要的不仅是拥有资源,更重要的是控制与整合资源。趁着手机 APP 迅速发展的热潮,梁宇燊选择了在校兼职创业。在此过程中,他通过整合各种创业资源,推出了多款校园 APP,从而获得了百万元级天使投资。

一、创业资源的内涵

创业资源是指企业创立及成长过程中所需要的各种生产要素和支撑条件,是创业企业在创造价值过程中所需要的特定资产。对于创业者来说,只要是对其创业项目和创业企业的发展有所帮助的要素,都可以归入创业资源的范畴。创业者既要积累个人资源,也要善于创造性地整合社会资源,以创造有利于创业的良好条件。

【材料阅读】创业资源与一般商业资源的比较

创业资源与一般商业资源既有相同点,也有一定的区别。创业资源是商业资源,但不是所有的商业资源都是创业资源,因为只有创业者可利用的资源才是创业资源。例如,一座无人开采的价值巨大的矿山是一种商业资源,但矿山不一定是创业资源,因为创业活动多数具有轻资产、小团队的特征,创业者一般没有能力通过开发一座价值连城的矿山来开始创业。

创业资源更多表现为无形资源,一般商业资源则更多表现为有形资源。创业资源的独特性更强,创业者的个人能力和社会网络资源是其中最为关键的因素;一般商业资源中,规范的管理和制度则是企业取得成功的基础资源。

二、创业资源的基本类型

(一)人力资源

人力资源不仅包括创业者及创业团队的知识、训练和经验等,也包括团队成员的专业智慧、判断力、视野和愿景,还包括创业者本身的人际关系网络。创业者是新创企业最重要的人力资源,其价值观念和信念是新创企业的基石,其所拥有的人际和社会关系网络使其能够接触到大量的外部资源,降低潜在的创业风险。

(二)财务资源

财务资源主要是指货币资源,通常是新创企业通过债权人、权益投资者内部积累筹集的负债资金、权益资金和留存资金。一般来说,创业初期以不高于市场平均水平的资本成本及时筹集到足额的财务资源,是新创企业成功创办和顺利经营的前提条件。

(三)物质资源

物质资源是创业和企业经营所需要的有形资源,如建筑物、设施、机器和原材料等。一些自然资源如矿山、森林等有时也会成为新创业企业的物质资源。

(四)技术资源

技术资源包括关键技术、制造流程、作业系统、专用生产设备等。通常,技术资源包括三个层次:一是根据自然科学和生产实践经验而发展成的各种工艺流程、加工方法、劳动技能和诀窍等;二是将这些流程、方法、技能和诀窍等付诸实施的相应的生产工具和其他物资设备;三是适应现代劳动分工和生产规模等要求的对生产系统中所有资源进行有效组织和管理的知识、经验和方法。技术资源大多与物质资源相结合,可以通过法律手段予以保护,部分技术资源会形成组织的无形资源。

(五)组织资源

组织资源一般指企业的正式管理系统,包括企业的组织结构、作业流程、工作规范、信息沟通、决策体系、质量系统以及正式或非正式的计划活动等,有时候组织资源也可以表现为个人的技能或能力。其中,组织结构是一种能够使组织区别于竞争对手的无形资源。那些能将创新从生产功能中分离出来的组织结构会加剧创新,能将营销从生产功能中分离出来的组织结构能更好地促进营销。

三、创业的必备资源

(一)资金

资金是创业的血脉,是创业者亟待获得的启动资源,有调查显示,近四成创业者认为资金是创业的最大困难。的确,巧妇难为无米之炊,没有资金,再好的创意也难以转化为现实的生产力。资金是创业要翻越的一座山,是否有足够的资金是创业者遇到的第一个问题。创办企业后,如果连续几个月入不敷出或者因其他原因导致现金流中断,都会给企业带来极大的危险。相当多的企业在创业初期因为资金紧张而严重影响业务的拓展,甚至错失商机不得不关门大吉。

(二)人才

在现代社会,可以说人才是最重要的,创业者理应更加重视人才。在电影《天下无贼》里,黎叔有一句经典对白:21世纪什么最贵?——人才!如果修长城,人才是基石;如果修大厦,人才就是栋梁;如果搞企业,人才就是通向成功的保证。古今中外,治国也罢,治理企业也罢,得人心者得天下,失人心者失天下,这是不可否认的真理。华为的成功,在很大程度上归因于成功实施人才战略。在华为的管理理念中,什么都可以缺,人才不能缺;什么都可以少,人才不能少。华为把人才视为最宝贵的财富,在对人才的争夺上毫不含糊。人才,是企业和社会发展最核心的要素。企业的职能是"整合资源,创新价值,创造财富",唯有人才,才能创造。

(三)人际关系

对于创业者,能否编织自己的高效的人际关系网络决定着创业的成败。俗话说:

"一个篱笆三个桩,一个好汉三个帮。"有调查表明,一个人的成功等于20%的能力加80%的人际关系。这个世界上有人力的人很多,然而取得成功的人却很少,更多的人抱怨自己没有机遇。为什么?一个重要的原因就是他们在人际关系方面的欠缺。如果一个创业者在创业之初就拥有一个强大的人际关系网络,那就拥有了先天的资源优势。

在人际关系中,有同事、同行、上下级、主顾等业缘关系,有同学、师生、师徒等学缘关系,有邻居、同乡等地缘关系,有人生道路上偶然接触而相识、建立友谊的机缘关系。在这众多的关系中,同学关系、战友关系、同乡关系、职业关系等非常重要。如果你会读人、懂得读人,那你将拥有良好的人际关系,这有助于你创业成功。

(四)知识

新经济时代的主流是用知识资本创造财富。知识资本指以知识为主体参与企业经营活动,并为企业创造价值的资本形态,与有形的物质资本不同,知识资本是一种无形资本。资本形态经过商业资本、工业资本、金融资本后,进入知识资本时代,谁拥有更多的知识,谁就拥有更多的主宰权。目前我们正在脱离工业文明时代,进入知识经济文明时代。知识替代资本、物质成为决定生产力的第一要素。知识在理论上是取之不尽的最终替代品,已成为产业的最终资源。新时代推动社会发展的主导力量已经不是简单的劳动者的力量,也不是资本的力量,而是知识资本的力量。

(五)时间

许多人都知道"时间就是金钱"这句名言,却没有多少人能理解"时间就是财富"。"时间就是财富"不仅是一般的理论描述,而且是现实生活的反映。在现代社会经济生活中,时间的确是财富,你抓住了时间,就得到了财富,你放纵了时间,财富就从你手中溜掉了。生命就是时间,时间就是财富。对时间的计算就是对生命的计算、对财富的计算。把握时间吧,把握时间就是把握生命,就是把握财富!

(六)健康

创造财富可以说是人生中最大的快乐之一,但如果你真的把清醒的每一分钟都用来赚钱,而忽略了自己的健康,那将得不偿失。因为,人不是只会干活不需要吃饭睡觉的永动机。健康就是财富,创业者千万不要为了追求身外的财富而忽略了自己最大的财富——健康。

(七)智慧

人都向往财富,人人都在不断地追求财富。想要富有,就要用好自己的大脑。能够成功的人都懂得为自己开辟一条道路,用独特的眼光去发现、创造商机。有智慧的人会慢慢积累更多的经验与阅历。一些小智慧会给人们带来财富。很多成功的商人,就是由小智慧发家致富。在精明能干的商人眼中,智慧是任何东西都不能代替的。智慧是每个人的无价之宝,也是我们一生的财富源泉。

第二节　创业资源的整合

【案例导入】陈天桥的"盛大"传奇

1999年11月,从复旦毕业没几年的陈天桥自筹50万元资金,成立了上海盛大网络发展有限公司。公司创立伊始,陈天桥凭借着在证券公司和政府机构工作时的人脉资源,很快获得了中华网300万美元的股权投资。但双方很快因经营观念分歧,终止合作,陈天桥拿回全部股份,只获得了30万美元的宝贵资金。

2001年7月14日,陈天桥以此30万美元买到了韩国著名网络游戏《传奇》的中国运营权。但盛大已无资金再支付运营游戏所需的服务器、宽带网、销售渠道等相关软硬件设施的开销。自信的陈天桥拿着与韩国公司签订的代理《传奇》的合同,拜访了当时国内两大著名服务器提供商戴尔和浪潮,陈天桥以出众的口才说服了对方,得到了免费试用两家服务器两个月的权限。解决了硬件问题,陈天桥拿着手中的两份免费试用合同,又找到了中国电信,中国电信也答应为《传奇》提供两个月的免费宽带支持。

最后,关于销售渠道,陈天桥没有这方面的经验,经过多番考察,全球连锁的大型网络游戏公司——育碧走进了陈天桥的视野。而上海育碧分公司刚刚成立,正求贤若渴,迫切想找一家运营网络游戏的公司合作。盛大和育碧2001年8月签下合作合同,育碧公司负责《传奇》的市场推广、客户端光盘和充值卡的销售,并从中分成。万事俱备,《传奇》游戏一上市便供不应求。

陈天桥后来回忆解释说:"游戏、设备、销售都不是盛大的,盛大只不过是将各方资源整合到一起,形成一种应用,然后卖给玩家。"

陈天桥盛大创业的故事极好地演绎了创业企业获取、开发与整合创业资源的真谛。年轻的陈天桥创业之初只有自筹的50万元资金,堪称资源匮乏,但通过创新地运用各种资源,他整合调动了大量的资源为他所用,实现了盛大的成功,也创造了另一个"传奇"。

一、创业资源整合的内涵

整合就是要优化资源配置,就是要有进有退、有取有舍,就是要获得整体的组合。创业资源整合是指创业者对不同来源、不同层次、不同结构、不同内容的资源进行识别、选择、配置、激活和有机融合,使其具有较强的柔性、条理性、系统性和价值性,并创造出新的资源的一个复杂的动态过程。

创业资源整合能力的强弱,是衡量创业者能力的指标,关系着企业的成长发展。并不是所有的人都具备资源整合能力,这种能力也并非一日之工就能修得。创业资源中也存在假象,即不适合企业发展的方面,这就要求创业者能够辨别真伪。对资源也不能来者不拒,很多企业经理人为一些人脉资源所累,就是资源泛滥的结果。因此,懂得资源整合的方式和手段,才能合理利用资源,发挥资源的最大优势,为自己在创业的道路上助力。总之,创业者整合资源能力的大小基本上决定了创业的成败。

二、创业资源整合的过程

创业资源的整合是一个复杂的过程,是创业企业对不同来源、不同层次、不同结构、不同内容的资源进行选择、配置、激活和有机融合的过程,以使之具有更强的柔性、条理性、系统性和价值性,并对原有的资源体系进行重构,摒弃无价值的资源,以形成新的核心资源体系。创业资源的整合过程可以分为资源扫描、资源控制、资源利用、资源拓展四个步骤。

(一)资源扫描

创业者要明白自己的资源整合能力以及企业拥有的最初资源。与此同时,要认清哪些是战略性资源,哪些是一般性资源。之后,要分析资源的数量、质量、可利用程度。做到这些,创业者通常要具有一定的行业知识和社会关系。

资源扫描方式分为两种:自下而上和自上而下。自下而上是指具有基本的商业计划,计划内容具体而详备。据此,创业者进行资源扫描,以便把资源整合在一起创造价值。自上而下是指创业者首先勾勒出组织愿景以及这一愿景如何实现,而后向下扫描自身已有资源和环境提供的所需资源。

(二)资源控制

资源控制的范围包括创业者自身拥有的资源、通过交易等形式可获得的资源,以及通过社会网络等形式可以控制的资源。在许多情况下,创业者自身拥有的资源(如教育、经验、声誉、行业知识、资金和社会网络等)存在于创业团队中。在特定的行业,创业团队中成员的社会网络资源和技术对于企业的成功至关重要。在获取资源的过程中,需要判断这种资源对实现企业的目标是否关键,并且创造性地设计出双赢的合作方案,形成长期互利关系。

(三)资源利用

在完成了对资源的获取和控制后,对资源的利用就开始了。首先是资源配置。资源在未整合之前大多是零碎的、散乱的,要发挥其最大的使用价值、使其产生最佳效益,就必须运用科学方法对各种类型的资源进行细化、配置和激活,将有价值的资源有机融合起来,使之具有较强的系统性和价值性。配置各类资源使它们相互匹配、相互增强、相互补充,从而提高创业绩效。其次是利用资源优势来赢得市场。资源在经过整合并转化为企业内部的独特优势后,创业者需要协调各种资源之间的关系,匹配有用的资源,剥离无用的资源。

(四)资源拓展

资源拓展即将以前没有建立起联系的资源建立联系,将新获取的资源与已有的资源进行联结融合,进一步开发潜在的资源为企业所用,这也是企业持续竞争优势的根本来源。开拓创造过程能为创业企业带来新的能力,使其更充分地发现和掌握创业机会。

在资源配置的过程当中,一个必须注意的问题是要避免资源沉淀。进行资源配置时,要按需分配,即将资源放到企业最需要的位置上。如企业最需要购置新机器扩大生产,若将资金投入办公场所的扩建上则是资源的浪费。

三、创业资源整合的方法

(一)人脉资源整合

人脉资源的整合原则是双赢,让他人快乐的同时也让自己获益。所以一定要整合健康的人脉资源,要以自身的人格魅力来积聚。平时要多花精力和时间,注重积累才能积攒更多的资源,为将来可能的人脉需求做好准备。要通过合作、交流、关心、帮助等进行维护和拓展,在维护中可以不断地发展新的人脉关系。要参与社团活动,扩张人脉链条;参加培训,搭建人脉平台;了解人脉,满足需求;日积月累,细心呵护。还要有知人善任的洞察力,防止人情泛滥成灾。

(二)人才资源整合

人才资源整合的一条途径是人才培养。可以建立完善的激励体系,充分发挥员工的潜能;定期培训员工,提升员工技能和素养;尊重员工,善待员工,以产生将心比心的效果。人才资源整合的另一条途径是充分利用"外脑",如科研院所、大专院校等。

(三)信息资源整合

在信息爆炸时代,信息资源尤为重要。对于不少初期创业者来说,信息资源是成功创业的机遇。如何在最有效的时间内获得最有效的信息,抓住成功创业的机遇是一个难题。首先要了解、分析,了解、分析竞争对手、政府、行业、合作伙伴、客户等周边环境的变化信息,才能做到"知己知彼,百战不殆"。其次要搞好信息资源规划,根据需求分析建立集成化信息系统的功能模型、数据模型和系统体系结构模型。最后实施系统化的企业信息化解决方案,使企业高质量、高效率地建立高水平的现代信息网络,实现信息化建设的跨越。

(四)技术资源整合

对许多新创企业来说,创业的核心竞争力是技术。技术在很大程度上决定了所需创业资本的大小、创业产品的市场竞争力和获利能力。技术资源的主要来源是人才资源,重视技术资源的整合也就是注重人才资源的整合。

(五)行业资源整合

要了解掌握某个行业的各种关系网,比如业内竞争对手、供货商、经销商、客户、行业管理部门。创业的一个成功类型,就是做自己熟悉的行业,熟悉本行业企业运营,熟悉竞争对手。

(六)政府资源整合

掌握并充分整合创业所需的政府资源,努力享受政府的扶持政策,可以使创业少走许多弯路,达到事半功倍之效。政府的各种创业扶持政策主要包括财政扶持政策、税收减免政策、人才政策、融资政策、科技政策、产业政策、中介服务政策、创业扶持政策、政府采购政策、非正规就业孵化器政策等。

第三节　新创企业的管理

【案例导入】小李创业失败分析

　　小李是个大学毕业三年的年轻人,现在一家公司里当司机。小李之前开店不容易,因为来自农村,父母都是农民,在经济上有很大压力。在权衡许久之后,小李选了一个投资回报快的项目——风味灌汤包。虽说店面不大,但投资也不少,房租、设备、原料、员工开销,还有学习技术的费用,林林总总加起来也花去三四万。为了开店,除了把自己的储蓄拿出来,小李还向朋友借了两万多的外债。但不管怎么样,小李总算把自己的店开起来了。开张的一个多月里,小李的生意好得不得了,可能是因为风味小吃的诱惑,小李的店每天都顾客盈门,可是就在这一个多月内,风味灌汤包小吃店如雨后春笋般出现在太原的大街小巷,没过几个月,小李小店里的顾客数量明显减少,小李在朋友的建议下,在小店里也开始卖其他风味小吃,但生意还是没有多大的起色。

　　在连续亏了两个月后,小李的店就关门大吉了。小李说他还了外债之后,赔了一万多元,对一个刚走出大学校门不久的年轻人,这并不是个小数目。小李失败后,没有再选择创业,而是选择给别人打工,小李说,给别人打工虽说赚得少些,但心里踏实。

　　小李失败的原因显而易见——没有做好市场调查和市场预测。选择创业项目一定要有自己的特色,小李的失败是在项目选择上,他选择的项目没有很大的市场潜力,同时该项目也已经市场饱和,缺乏发展潜力。过来者说:小李很清楚自己失败的原因,他劝那些想创业的人,在准备创业的时候,一定要学会一些必要的技能,如市场营销、市场调查等。小李说他最大的失败是没有认识到自己应该学习之后再去创业,以至于盲目跟风,导致创业失败。

一、新创企业日常管理

　　企业日常管理是对企业的生产经营活动进行组织、计划、指挥、监督和调节等一系列活动的总称,主要指运用各类策略与方法,对企业中的人、机器、原材料、资产、信息、品牌、销售渠道等进行科学管理,从而实现组织目标的活动,由此对应衍生为各个管理分支,即人力资源管理、行政管理、财务管理、研发管理、生产管理、采购管理、营销管理等。通常公司会按照这些专门的业务分支设置职能部门,采取科学有效的管理方法,提升企业管理层次及管理水平,促进企业竞争力的提升,实现企业的可持续发展。

(一)抽屉式管理

抽屉式管理又称职务分析。当今一些经济发达国家的大中型企业都非常重视抽屉式管理和职位分类,并且都在抽屉式管理的基础上,不同程度地建立了职位分类制度。抽屉式管理是指每个管理人员办公桌的抽屉里都有一份明确的职务工作规范,在管理工作中,既不能有职无权,也不能有责无权,更不能有权无责,必须职、责、权、利相互结合。

企业进行抽屉式管理有五个步骤:一是建立一个由企业各个部门组成的职务分析小组;二是正确处理企业内部集权与分权的关系;三是围绕企业的总体目标,层层分解,逐级落实职责权限范围;四是编写"职务说明""职务规格",制定出对每个职务工作的要求准则;五是必须考虑考核制度与奖惩制度相结合。

(二)危机式管理

随着全球经济竞争日趋激烈,有相当一部分世界著名大企业进入维持和衰退阶段,为改变状况,美国企业较为重视推行危机式生产管理,掀起了一股"末日管理"的浪潮。美国企业界认为,如果一位经营者不能很好地与员工沟通,不能向他的员工表明危机确实存在,那么,他很快就会失去信誉,因而也会失去效率和效益。美国技术公司总裁威廉·伟思看到,全世界已变成一个竞争的战场。因此,他起用两名大胆改革的高级管理人员为副董事长,免去5名倾向于循序渐进改革的高级人员职务,在职工中广泛灌输企业忽视产品质量、成本上升导致失去用户的危机理念。他要全体员工知道,如果技术公司不把产品质量、生产成本及用户时刻放在突出位置,公司的末日就会来临。

(三)一分钟管理

一分钟管理包括一分钟目标、一分钟赞美及一分钟惩罚。一分钟目标,即企业中的每个人都将自己的主要目标和职责明确地记在一张纸上。每个目标及其检验标准应该在250个字内表达清楚,在一分钟内就能读完,这样便于每个人明确认识自己为何而干、怎样去干,并且据此定期检查自己的工作。一分钟赞美,就是人力资源激励。具体做法是企业的经理经常花费不长的时间,在职员所做的事情中挑出正确的部分加以赞美。这样可以促使每位职员明确自己所做的事情,更加努力地工作,并不断向完美的方向发展。一分钟惩罚,是指某件事本该做好却没有做好,对有关人员首先进行及时批评,指出其错误,然后用合理的方式表达,如"你是如何器重他,不满的是他此时此地的工作"等。这样,可以使做错事的人乐于接受批评,并注意避免以后同样错误的发生。一分钟管理大大缩短了管理过程,有立竿见影之效。一分钟目标便于每个员工明确自己的工作职责,努力实现自己的工作目标;一分钟赞美可使每个职员更加努力地工作;一分钟惩罚可使做错事的人乐意接受批评,今后工作更加认真。

(四)破格式管理

企业的诸多管理最终都是通过对人事的管理达到变革创新的目的。因此,世界发达企业都根据企业内部竞争形势的变化积极实行人事管理制度变革,以激发员工的创造性。日本和韩国的企业过去一直采用以工作年限作为晋升职员级别和提高工资标准的"年功制度"。这种制度适应了企业快速膨胀时期对用工用人的要求,提供了劳动力就业与发展的机会。20世纪90年代初,日本、韩国的发达企业着手改革人事制度,大力推行根据工作能力和成果决定升降员工职务的"破格式"的新人事制度,收到了明显成效。大企业人事制度的变革,集中反映出对人潜力的充分挖掘,以搞活人事制度来搞活企业组织结构,注意培养和形成企业内部的"强人"机制,形成竞争、奋发、进取、开拓的新气象。

(五)走动式管理

主要是指企业主管体察民意、了解实情,与下属打成一片,共创业绩。这种管理风格已显示出其优越性:一是主管动部属也跟着动。日本经济团体联合会名誉会长士光敏夫采用"身先士卒"的做法,在他接管日本东芝电器公司前,东芝已不再享有"电器业摇篮"的美称,生产每况愈下。士光敏夫上任后,每天巡视工厂,遍访了东芝设在日本的工厂和企业,与员工一起吃饭,闲话家常。清晨,他总比别人早到半个钟头,站在厂门口,向工人问好,率先示范。员工受此气氛的感染,促进了相互间的沟通,士气大振。不久,东芝的生产恢复正常,并有很大发展。二是投资小,收益大。走动管理并不需要太多的资金和技术,就能提高企业的生产力。三是看得见的管理。也就是说最高主管能够到达生产第一线,与工人见面、交谈,希望员工能够对他提意见,能够认识他,甚至与他争辩是非。四是现场管理。日本为何有世界上第一流的生产力呢?有人认为是建立在追根究底的现场管理上。主管每天马不停蹄地到现场走动,部属也只好舍命陪君子了。

二、新创企业人力资源管理

在一个企业中,人力资源是最活跃、最重要的创业资源。为了保障企业按照既定的战略和组织体系有序运行,必须有效管理企业的人力资源。

(一)制作岗位说明书

人力资源的常规工作就是把岗位的工作职责制成岗位说明书。岗位说明书既可以使员工明确了解企业需要他们做什么工作,也可以用来评价员工的工作绩效。岗位说明书的基本内容包括岗位的名称、岗位的工作说明(这个岗位所从事的具体工作)、岗位的上下级关系,以及岗位员工所应具备的素质和技能等。

(二)招聘合适的员工

新企业招聘员工时,需要考虑哪些岗位需要招聘员工、这些需要招聘的员工应具备哪些技能和其他要求、各个岗位需要招聘的具体人数、要向这些招聘的员工支付多少工资等问题。企业需要参照岗位职责的要求来招聘人员,不但需要考虑到员工的专业技能,还要把握员工的素质与品行。一般要进行面试甚至笔试,不能仅凭个人简历就做出招聘决定。此外,还可以利用专业的职业测评技术,评价应聘人员的各种素质和应聘岗位的匹配程度,这能帮助企业更加科学地判断应聘者是否适合岗位的需要,是否有良好的意愿来本企业工作。

(三)管理员工

良好的员工管理可以提升企业的效益,新企业的员工管理可从以下六个方面进行。一是向企业的每一名员工说明企业的详细情况,明确他们的工作任务;二是给员工提供与其工作相应的工资和奖金;三是尽可能让员工的工作稳定,并给他们提供良好的工作条件;四是让员工融入企业的团队之中,让他们对企业和团队有归属感;五是对员工进行必要的绩效考评,并根据考评结果实施奖惩;六是尽可能为员工提供培训和学习的机会,为他们在企业中升职和发展提供机会。

同时,还要正确面对问题员工,积极应对各种问题,切忌简单草率。每一个创业者都需要明白,员工出现问题并影响到工作是管理中常见的现象,要发现问题、共同解决问题,帮助他们成为合格的员工,这样将降低企业用人成本。此外,要调动员工工作的积极性,如举办培训、定期体检、开展员工活动等都有积极的意义。在新企业中,管理员工需要制度保障,但创业带头人的个人魅力对员工的影响更加直接和有效。

(四)寻找企业顾问

大学生创业,有很多外部资源可以挖掘和利用。创业者可以考虑从一些公益组织、中介和教育机构乃至政府部门那里寻找企业顾问,以便获取信息、咨询意见和培训。为谨慎起见,在企业聘请顾问之前,一定要注意了解顾问的资历背景,以免上当受骗。

【经典案例】亚实公司聪明对待离职员工

"终生交往"让人才流而不失。对于离职的员工,亚实科技有限责任公司采取的态度是"人走茶不凉",与员工保持"终生交往",使离职员工"流而不失"。离职员工被看作公司的人力资源,公司会对这部分特殊的人力资源实施高效管理。这种管理制度不仅使离职员工向公司传递市场信息,提供合作机会,介绍现供职机构的经验,帮助公司改进工作,而且他们在新岗位上的出色表现折射出公司企业文化的光彩。

为了和离职员工保持密切的联系,确保其"流而不失",有效的人力资源管理从员工决定离职的那一刻起就开始了。在该公司,不管是工作多年的老员工,还是那些发现不适应提出要走的新员工,在他们提出离开时,一般都会得到公司挽留,但同时他们的选择也会得到尊重。公司规定每个员工在离职前必须与领导做一次面谈,提出自己对公司的看法和离职的原因,如果是公司管理方面的问题,公司会充分重视,并努力去改善。

值得一提的是,公司还十分关心他们今后的发展和去向,甚至会帮助他们寻找一些更适合的单位。从另一个角度讲,离开公司的员工有很多是非常优秀、有能力的人,和这些员工保持交往,会为公司带来新的资源。

公司的人力资源部就有这样的一个新职位叫"旧雇员关系主管"。这个主管的工作,就是管理特殊的人事档案,跟踪离职员工的职业生涯变化情况,甚至包括结婚生子之类的细节。一旦发生变化,公司会在24小时内对档案做出更改。只要是曾在公司效力的雇员,都会定期收到内部通信录,并被邀请参加公司的聚会活动。公司还摒弃了"好马不吃回头草"的陈腐观念,欢迎跳槽的优秀人才重返公司效力。"有的人认为如果让那些所谓的叛徒回来,或者还与他们保持长期的交往,无法面对留下来的那些人。而经验告诉我,事实恰恰相反,这么做是对现有人员最大的尊重,让他们感觉到温暖和信任,而且对于企业文化的建立和企业品牌的树立有着深刻的影响。"公司人力资源部部长强调了这一观点,同时指出,聘用"回头好马"既可以降低公司成本,又有利于提高员工忠诚度。

对备受人才流失困扰的企业来说,管理者往往殚精竭虑甚至不择手段以求留住优秀的员工。而亚实公司面对日益激烈的商业竞争,摒弃了"终生员工"的概念,更愿意和员工保持"终生交往",以崭新的态度来看待人才流失和留住的问题,他们不但不竭力阻止优秀人才走出公司的大门,甚至还"鼓励"人才离开。

鼓励人才流动的机制非但没有造成大量人才流失,公司人才反而越留越多。其中的奥妙,公司刘总一语道破:"公司培养出去的科技人员对企业有一种感情,这种感情会使他们留下终生不褪的心理烙印,他们会以各种方式报效公司。"

三、新创企业营销管理

企业营销活动的实质是一个利用内部可控因素适应外部环境的过程,即通过对产品、价格、分销渠道、促销的计划和实施,对外部不可控因素做出积极动态的反应,从而促成交易的实现,并实现个人与组织的目标。

(一)确定目标市场

消费者有不同的消费欲望和需求,这些不同的欲望和需求会形成不同的消费理念和层次。不同的消费理念和层次形成的不同的消费群体就是目标市场。确定目标市场有助于企业进一步发掘市场机会,以充分利用资源取得竞争优势。企业在选择目标市场时应该考虑目标市场是否与企业的形象相吻合、是否与企业所拥有的资源相匹配、是否有潜在的效益等多种因素。当这些问题得到肯定之后,才能完成市场定位,以展现产品特色,形成竞争优势。

(二)注重品牌建设

企业品牌传达的是企业的经营理念、企业文化、企业价值观念及对消费者的态度等,能有效突破地域之间的壁垒,进行跨地区的经营活动。因此,一要加强品牌元素的设计。即将产品推向市场时,有必要对其所有品牌元素进行整体设计,以建立一致的品牌形象,方便传播。品牌元素包括品牌名称、标识、图标、包装、广告语、网址等。二要充分利用品牌杠杆。新创企业的品牌还只是个"牌"子,尚未建立"品"。形象地说,三"口"为品,众口相传才是"品",也就是代表好口碑。企业的产品与服务必须做到让客户高度认可乃至感动,才会形成真正的品牌。整体的品质乃是品牌的根本。可聘请名人做广告代言,赞助各种有影响力的体育赛事和公益活动,利用行业杂志、独立的研究机构、权威部门等具有公信力的第三方资源,提升自己品牌的知名度,塑造品牌。

(三)制定合理价格

价格影响交易成败,定价策略是市场营销组合中一个十分关键的组成部分。定价是为了促进销售、获取利润,但定价并非易事,要考虑诸多因素,如设备、器材和工资等固定成本,原材料、小时工工资和销售佣金等可变成本。产品或服务的价格必须高于固定成本和可变成本之和才能保证不亏损。实际上,定价过高形不成竞争优势,过低会影响收益。常见的定价方法有:成本导向定价法,即产品单位成本加上预期利润就为产品的销售价格;需求导向定价法,即根据顾客对产品价值的理解来制定产品价格;竞争导向定价法,即企业在研究竞争对手的生产条件、服务状况、产品性能、价格水平等因素的基础上,参照成本和供求来确定产品价格。

(四)整合促销手段

促销的目的是使消费者了解和注意企业的产品,激发其购买欲望,并促使其实现最终的购买行为。促销因其主动性、冲击力、灵活性、抗争性而具备强大的宣传效果,通过促销可以传递产品信息,突出产品特色,扩大销路,提升销量,巩固企业的市场地位,从而提高企业营销的经济效益。促销方式有广告促销、专业咨询、人员推销、直销等。

【材料阅读】初创公司营销过程中易犯的七个致命错误

1.不够理解你的客户

很多初创公司都会把用户的需求概况化。虽然你的产品或者服务是针对一个特定的市场,但是你需要明白的是,你的每一个客户的需求都是不同的。很多创始人在产品营销前都会进行一些调查,但是没有针对用户具体的需求和难点。他们只是滔滔不绝地夸赞自己的产品优势,有多少个好用的功能。虽说创始人对自己的创意充满激情无可厚非,但是也不可忽视对用户的了解。

2.产品卖点并不能满足目标客户的需求

大多数初创公司会很详尽地说明自己产品的各种附加功能,却不会为客户真正需要解决的问题提出解决方案。为此,作为初创公司,你必须通过询问懂得顾客的需求。要想获得一名潜在客户,你的产品至少要有两到三个让用户感到实用的功能,而不是你自己想当然地为产品添入的100个功能。

3.创始人没有和顾客"亲密接触"

大部分初创公司的创始人不会亲自去兜售自己的产品,他们并不会亲临现场和顾客接触。这种接触对初创公司来说至关重要,他们就这样白白失掉了。首先,创始人失掉了和最早期顾客直接联系继而发展长期客户关系的机会。其次,他们失去了从客户直接获得回馈的机会,而这些回馈一般能够为公司产品和服务的改善提供最佳建议。

4.没有保持持续不断的跟进

很多初创公司营销活动一完就不再跟进了,或者跟进过一两次就不管了。初创公司创始人可能怕占用客户太多时间让对方反感。并不是要你频繁地打电话联系客户,直到烦得他们扯掉电话线;但是,你应该持续跟进潜在客户,直到他们给你明确的答案。

5.初创公司大都会对用户界面/用户体验进行优化,但是忽视了销售漏斗

大多数公司甚至都不会对销售漏斗进行优化。如今,初创公司都可以获得海量的数据,但是不会追踪销售漏斗的基本指标,比如有效的联系、潜在客户、达成的交易/交

易价值和达成交易的时间点。

6. 价格定位不合理

创始人通常会认为,服务价格越低越好。当然,低价标签会降低顾客的进入壁垒,但是同样会稀释产品的价值。如果你的电子邮件或者网站插件能够为你的顾客提供大量的价值,那么你也可以像 Netflix 一样按月收取订阅费。当你的产品通过病毒式扩散收获了很多用户的吸引力,那么你需要考虑自己的价格定位,以维持你的业务发展。你的产品为客户提供了价值,他们需要为之付费。你需要出售的是产品的价值,而不是靠价格标签来吸引客户。

7. 创始人并不过问产品营销业务

有时候只需要简单过问一下营销业务,就能让整个流程按照你的方向走。在一系列电话、产品模型和后期跟进之后,某些创始人仍然不愿询问客户,害怕失掉业务。如果你花费了很长时间来培养客户关系,那么你何不直接接触客户,并和客户建立起友好的朋友关系呢?

一些企业家是出于对艺术、时尚或者科技的热爱而成立了自己的公司。一名成功的企业家同时也应是一名合格的销售人员,能够兜售自己的产品或服务,从而实现自己的创意。以上所有关于初创公司营销过程中易犯的七个致命错误都是有迹可循的。因此,初创公司的销售团队一旦意识到自己犯了以上错误,应该立即纠正,如此一来你离成功就不远了。

四、新创企业财务管理

对于初出茅庐的创业者来说,了解并掌握创业企业财务管理的有关基础知识是非常重要的和必要的。创业者需要对拟创企业计划所需资金额、资金来源和融资方案、资金用途等情况做全面考察和细致规划,并在合理预测的基础上编制一份数据准确、完善的财务计划,以保证整个创业过程企业财务管理的规范性、合理性、专业性。

(一)财务管理的含义

财务管理是指企业为实现良好的经济效益,在组织企业的财务活动、处理财务关系过程中所进行的科学预测、决策、计划、控制、协调、核算、分析和考核等一系列企业经济活动过程中管理工作的全称,其主要特点是对企业生产和再生产过程中的价值运动进行管理,是一项综合性很强的管理工作,创业财务管理则是一项具有初创期财务管理特殊性的管理活动。

在不计产品或服务水平的条件下,如果企业在财务上运转不灵,那它很难长久存活。资本既可以从外部获取(如投资者或贷款者),也可以通过公司收入内部生成。对一家创业企业而言,牢牢把握住企业财务状况至关重要。

此外,创业企业还应该意识到自己在银行有多少存款,能否满足负债要求。创业企业获得成功,并不意味着它不存在财务问题。例如,许多小企业向通用电气和家居货栈等大企业供货后并不能马上拿到货款,而必须等上一段时间,而在此期间,企业仍需要购买原料、向员工支付薪水、补偿日常开支和运输产品费用。企业如果不能很好地管理资金,将会严重影响企业正常的生产运作。

(二)财务管理的注意事项

如果创立的是很小的企业,创业者作为全面管理的经理人,财务决策当然就是由创业者个人做主。即便是创立了比较正规的企业,资金规模较大,企业设立了财务部并设有财务经理、财务主管或财务总监,创业者也必须把握企业经营运作的财务状况,必须参与有关财务管理的决策。创业者制定财务决策时,应注意以下几个方面:

(1)掌握资金运动规律。注重从公司经济、市场经济、产业经济的角度出发,对财务问题进行多方面的考虑。

(2)更新方法。不但要注重质的分析,更要注重量的分析,通过专业的财务分析与管理工具,优化理财决策。

(3)充实内容。不能只管资金的收支,还要熟悉资本市场上融通资金的业务,有价效地进行资金预算的编制、现金计划的编制,以及应收账款和存货等营运资金的管理与控制、长期投资的可行性研究、投资收益的评估等。

(4)收益与风险的权衡。要能够评价和计量经营风险和财务风险,避免企业承担超过收益限度的风险。在追加收益的同时,要努力分散风险和规避风险。

(5)研究资金成本。要注意探讨不同筹资方式下资金成本的计算方法,以及怎样以最低的代价筹集企业生产经营所必需的资金。

(6)关注理财所涉及的法律问题。有必要了解资本市场的交易规则、各类金融工具的权责关系、举债经营的法律责任等问题,要掌握税法。

(7)研究目标资本结构。要根据企业内外理财环境的变化,优化企业的资本结构,合理利用经营杠杆和财务杠杆,使企业在良好的财务状态下获得最大的收益。

(8)注意通货膨胀对企业财务的影响。在进行投资和融资决策及资产管理时,要注意分析通货膨胀对财务的影响,合理调整财务数据,以便正确地评价财务状况。

(9)学习国际理财的理论和方法,如外汇风险的规避、国际投资与融资的决策方法等。

(10)确保财务安全。要能够准确评价企业的财务状况,预防财务危机。当处于财务困境时,要有能力制定相应对策。

(三)财务管理方法与策略

其实,财务管理中存在着许多风险,如资金流动风险、货币风险、利率风险、信用风险、税务风险等。其中,资金流动方面的风险最为重要。一个企业如果没有足够的资金,不但无法取得长足的发展,还可能由于无法偿还到期的债务而宣告破产。统计表明,发达国家破产企业因现金流不足倒闭的占 80%。我国也是如此。可见,财务会计不单纯是一种计量技术,更是一种企业管理方法。财务管理的确在企业的资金运用方面发挥着重要的作用,有人甚至认为它在企业管理中处于核心地位。这恰恰道出了财务管理在企业管理中不容忽视的一面。到底该如何做好企业财务管理呢?

（1）资金和核算并重。有人认为财务管理就是管钱，结果导致重资金、轻核算。其实不然，在具体的管理中，核算是无论如何不能忽视的。做好内部核算，能够真正节约开支。

（2）与其他部门紧密合作，建立高素质的财务队伍。还有一种误区，认为财务管理就是财务部门的事，与其他管理部门没有任何关联。其实各个管理部门之间是相通的，互相割裂只能形成经营和生产"两张皮"。所以，财务部门一定要与其他管理部门密切配合。

（3）构建适应企业发展的资金管理体制。总体来说，就是对于资金要统一管理，集中调度，有偿使用，降低筹资风险，保持良好的融资信誉。具体而言，可以运用测算方法确定最佳购存点上的资金结构，加大对资金运用的调控力度，还可以加强对外投资的管理。财务部门要主动研究市场，自觉参与企业投资项目的论证，树立投资汇报观念，考虑货币时间价值和风险价值，以免盲目投资造成资金浪费，追求投资效益最大化。

（4）加强成本费用管理、控制工作。企业成本决定是企业赢利和竞争能力的关键因素。企业财务部门要运用量本利分析法测定成本最低、利润最大的产销量，减少无效或低效劳动；各个管理部门之间要齐心协力，将技术进步、成本控制和经济效益有机地结合起来，以实现对成本管理的超前控制。

五、新创企业生存管理

创业之初，企业最根本的目标就是生存，企业一切活动都应围绕生存来运作，一切危及生存的做法都应避免。"生存第一"原则要求创业者把满足顾客的需求放在第一位，要求把赢利作为公司管理绩效的唯一考核指标。

(一)新创企业管理的特殊性

1."以生存为目标"的管理方式

新创企业的首要任务是从无到有，把自己的产品或服务卖出去，掘到第一桶金，从而在市场上找到立足点，使自己生存下来。在创业阶段，生存是第一位的，一切围绕生存运作，一切危及生存的做法都应避免。最忌讳的是在创业阶段提出不切实际的扩张目标，盲目铺摊子、上规模，结果只能是"创而不立，跨而不行"。那么什么是生存的来源呢？只有赚钱。赚钱是企业生存的唯一来源，赚钱是企业管理的首要目标。在创业阶段，亏损，赚钱，又亏损，又赚钱，可能要经历多次反复，直到最终持续稳定地赚钱，才能证明新创企业探索到了可靠的商业模式，因此才有了追加投资的价值。从投资回报的角度来看，新创企业新在哪里？不是新在技术上，不是新在产品上，而是新在生意模式上，也就新在满足顾客需求、创造价值和赚钱的方式上。新创企业要超越已有的竞争对手，一定要探索到新的成功的生意模式，这是创业管理的本质所在。

2.主要依靠自有资金创造自由现金流的管理方式

现金对企业来说就像是人的血液，企业可以承受暂时的亏损，但不能承受现金流的中断。所谓企业的自由现金流就是不包括融资、资本支出，以及纳税和利息支出的经营活动净现金流。自由现金流一旦出现赤字，企业将发生偿债危机，可能导致破产。自由现金流的大小直接反映企业的赚钱能力,它不仅是初创阶段也是成长阶段管理的重点,区别在于对创业管理来说,由于融资条件苛刻,只能主要依靠自有资金运作来创造自由现金流,从而管理难度更大。创业管理要求经理人必须锱铢必较,像花自己的钱那样花企业的钱,千方百计增收节支,加速周转,控制发展节奏。

3.“所有的人做所有的事”的团队管理方式

新创企业在初创时,尽管建立了正式的部门结构,但很少有按正式组织方式运作的。典型的情况是,虽然有名义上的分工,但运作起来是哪急、哪紧、哪需要,就都往哪里去。这种看似的“混乱”,实际是一种高度有序的状态。每个人都清楚组织的目标和自己应当如何为组织目标做贡献,没有人计较得失,没有人计较越权或越级,相互之间只有角色的划分,没有职位的区别,这才叫作团队。这种运作方式培养出团队精神、奉献精神和忠诚。将来事业发展了,组织规范化了,这种精神仍在,成为企业的文化。在创业阶段,经理人必须尽力使新事业部门成为真正的团队,否则是很难成功的。这种在创业时期锻炼出来的团队领导能力,是经理人将来领导大企业高层管理班子的基础。

4.创业者亲自深入运作细节的管理方式

经历过创业初期的创业者大都有过这样的体验:曾经直接向顾客推销过产品,亲自与供应商谈判过折扣点,亲自到车间里追踪过顾客急要的订单,在库房里卸过货、装过车,跑过银行,催过账,策划过新产品方案,制定过工资计划,被经销商骗过,让顾客当面训斥过,等等。这才叫创业,要不一切怎么会从无到有?对经营全过程的细节了如指掌,才使得生意越做越精。而有些企业家和经理人在企业做大后,仍然对关键细节事必躬亲,不能有效地授权,反而成了一种缺点。

5.奉行“顾客至上,诚信为本”的管理方式

创业的第一步,就是把企业的产品或服务卖给顾客,这是一步惊险的跨越,如果不是顾客肯付钱,怎么收回成本还加上利润?企业是发自生存的需要把顾客当作衣食父母。经历过创业艰难的企业家和经理人,一生都会把顾客放在第一位,可以说是刻骨铭心。此外,谁会借钱给没听说过的企业?谁会买没听说过的企业的东西?谁会加入没听说过的企业?企业靠什么迈出这三步?靠的是诚信,也只有靠诚信。所以,一个企业的核心价值观不是后人杜撰的,是创业阶段自然形成的。创业管理是在塑造一个企业。

(二)新创企业成长管理的技巧和策略

企业成长一直是人们关心与谈论的热点话题。新古典经济学派创始人英国经济学家阿费里德·马歇尔在他的名著《经济学原理》中指出,“一个企业成长、壮大,但以后也许停滞、衰落。在其转折点,存在着生命力与衰落力之间的平衡或者均衡”。成长是一个适者生存、自然淘汰的过程,强调了纯粹竞争市场条件下的企业成长。在传统企业理论中,成长的目标在于利润最大化;边际成本等于边际收益是追求这一目标的基本原理;企业成长的市场环境由完全竞争发展到垄断竞争或不完全竞争。经理型企业理论的主要代表人物之一马里斯认为,管理的主要目标是企业规模的增长。成长期的新创企业与创立初期的新创企业相比,管理重点相应发生了变化,表现在六个方面:

(1)注重整合外部资源,追求外部成长。中小企业的人力、财力、物力资源相对匮乏,注重借助别人(既包括竞争对手也包括合作者)的力量,发展壮大自身,便显得更加重要。这也是快速成长企业特别擅长的策略。而通过上市获得短缺资源并迅速扩大规模是实现成长的捷径之一。

(2)管理好促进企业持续成长的人力资本。快速成长企业的一个共同成功要素是其强有力的人力资源管理。快速成长企业的经营者并不一定受过高等教育,但他们要雇佣一大批有能力的下属,他们通过构建规模较大的管理团队以便让更多的人参与决策。管理者需要为企业人才的发展提供良好的环境、成长机会及使员工有机会分享企业的成功。

(3)从创造资源到管好、用好资源,新创企业的成长是靠资源的积累实现的。管理上需要从注重创造资源转向管理好已经创造出来的资源,从资源"开创"到资源的"开发利用"。同时,需要采取必要的措施,管理好客户资源,管理好有形、无形资产,通过现有资源创造最大价值。

(4)形成比较固定的企业价值观和文化氛围。企业价值观是支持企业发展的灵魂,虽然是无形的,却渗透到企业发展的方方面面。大多数快速成长的企业都有比较固定的企业价值观,用以支持企业的健康发展。快速成长企业的创建者非常热爱自己所从事的事业,审时度势,制定符合社会发展的价值观念,并倾注全部心血使企业的价值观延续下去。这就是企业文化管理。

(5)注重用成长的方式解决成长过程中出现的问题,即成长问题管理。每个企业在成长过程中都会遇到各种各样的障碍,有的企业在障碍面前止步不前,甚至衰败了;有的企业则将阻碍变成动力,适时变革,积极应对,实现了新的发展。对企业实际做法的考察发现,差别在于经营者应对障碍的方式方法不同:一般中小企业经营者采取的是被动的方式,用"救火式"的方法应对发生的各种问题,结果是"按下葫芦浮起瓢",问题反而更多、更复杂;企业家则采取了另外的方法,他们注重变革和创新,用成长的方式解决成长过程中出现的问题。用成长的方式解决成长过程中出现的问题,其本质是推动并领导变革。

(6)从过分追求速度转到突出企业的价值增加,即企业价值与品牌管理。当企业过分追求速度时,往往会出现销售收入增加很快而利润没有增加,企业的价值没有得到增加的问题。因此,当企业发展到一定程度时,就需要向价值增加的方面转移,以获得最大的价值增值。突出价值增值的另一个方式是企业品牌的打造。企业品牌是企业成长管理中的一个重要问题,有的企业往往忽视了品牌的培育,或者采取错误的策略而导致失败。

思考题:

1.实地调查一家创业企业,了解其创业过程中所需要的资源种类及其获取方式和技巧。

2.如果你是伯乐,怎样发现自己的千里马?

3.如何利用和整合创业资源?

4.请谈谈怎样加强新创企业的管理。

第七章　创业政策与法规

如今,每年毕业的大学生人数呈快速上升趋势,再加上往年未就业的或者要更换工作的毕业生,大学生就业形势极其严峻。大学生创新创业为缓解就业压力带来了新的出路。但是,大学生因缺乏相关的法律知识,在创业过程中容易被侵权、自身利益没有保障,甚至造成创业失败。因此,对大学生普及创业过程中的基础法律知识,显得尤为重要。

第一节　创新过程中的法律问题

【案例导入】创业初期一段被侵权的经历

某大学"90后"理工男苏某某,在校期间创办了武汉由米定制科技有限公司,主打互联网定制服装、礼品、办公用品,年销售收入预计突破1000万元。当多数同龄人还在为工作奔走时,研二学生苏某某已带动40余名大学生就业。

然而,谈起创业初期一段被侵权的经历,他至今心有余悸。

"由米"公司运营一段时间后,他着手商标注册,却发现该商标已被校内另一个学生创业团队注册。"就比我们早一个月,当时他们认为我们团队快运营不下去了,看着这个名字挺好,就注册了。"

所幸都是校内同学,彼此熟悉,协商后,付了2000元的注册手续费,商标转到了苏某某手里。

几年的商海历练后,这位年轻的创业者越来越意识到知识产权对公司发展的重要性。"目前,我们已有十几个商标在注册中,要充分做好公司的品牌维护。"

知识和技术创新是人类经济、社会发展的重要动力源泉,并决定了一个企业、一个地区甚至一个国家的创新能力。目前,我们正处于以知识的创新、传播和应用为基础的知识经济时代,知识、科技创新型企业成为经济活动中最具活力的经济组织形式,代表了未来经济发展的方向。但是,在创新中,如何保护创新者的知识成果,并将其顺利转化为可应用的新技术和新产品,实现其市场价值,成为创新活动中不可回避的问题。

一、知识与知识成果转化

创新活动中的知识包括科技知识、管理知识以及在长期工作中形成的有关方面的经验、能力等对创新和经济发展具有意义的各种知识。知识经济时代最重要的特征是知识资本取代土地和资本等资源成为最重要的生产要素。知识作为新的资源，具有共享普惠、无限增值的本质特征，克服了传统物质资源排他性和消耗性的固有缺陷，并能引导物质资源的可持续利用。知识创新是通过科学研究，包括基础研究和应用研究，获得新的基础科学和技术科学知识的过程，其目的是追求新发现、探索新规律、创立新学说、创造新方法和积累新知识。知识创新为人类认识世界、改造世界提供了新理论和新方法，为人类文明进步和社会发展提供不竭动力。对企业而言，知识创新是技术创新的基础，是新技术和新发明的源泉。

知识创新的成果有三种表现形式：一是新知识，是通过基础研究和应用研究而取得的新发展、新学说，主要体现形式为科学论文、科学著作、原理性模型或发明专利等；二是新产品及新技术，这是应用技术性成果，即以科学原理或技术原理为基础，通过开展技术发明活动而取得的新技术、新工艺、新产品、新材料、新设备，以及生物新品种、矿产新品种和计算机软件等实验室产品；三是思想性成果，主要涉及管理方式及管理手段等的新观点、新理念和新思想，主要体现形式为研究报告等。要发挥创新成果的要素价值，实现企业赢利能力和竞争力的提升，进而推动经济发展和社会进步，创新成果的转化和商业化应用是关键。

知识成果转化是一个涉及新知识的产生、新技术的开发到新产品的生产、新产业的形成直至新价值的实现的复杂的动态过程。该过程强调将新产品、新技术及新思想经推广应用以及商业化后取得经济效益，因此可对成果的成熟度、是否具有实际应用价值、是否可实现赢利等商业潜质进行检验，是将创新成果从实验室推向市场的环节，也是知识资本转化为企业利润的关键步骤。

不同类型知识成果的转化模式和过程也存在区别。通常，论文、著作等知识性成果的转化注重知识的普及和传播，丰富和提升劳动者的知识与技能。模型和发明专利的转化需要经过试验、孵化等过程，演变成应用技术性成果，向企业转移，从而获得进入市场的机会。应用技术性成果的转化主要是新技术、新工艺、新产品、新材料、新设备等通过企业或现场测试，从而在企业内实现对现有技术、工具、原材料、产品等的改进和替代，并实现企业成本下降、利润上升等经济效益。思想性成果的转化主要强调通过新的管理理念和思想在企业内的应用，提高企业决策效率，完善企业管理制度等。论文、论著类知识性成果和思想性成果的转化一般不能直接带来经济利益，而是具有更多的社会价值。发明专利和应用技术性成果的转化往往可以直接带来经济价值，是企业技术创新的主要形式。

传统经济条件下的创新主体一般是纯粹的研究部门和科技人员，他们主宰科技创新的全过程。而在知识经济条件下，企业、大学、研究机构、中介机构和政府等都将成为创新的主体。例如，一些以大学或研究机构为主进行的基础研究成果和思想性成果的转化通常需要在研究机构、成果所有人以及企业间建立合作互惠的机制,常见的方式有基于专利发明组建产学研联合体,成立科技型公司,或直接进行成果交易等。这要求社会提供较完善的技术中介服务,建立专利信息数据库,完善技术市场交易规则,一方面保护所有人的知识产权,另一方面又使得创新成果获得商业化的机会,给企业及成果所有人带来经济回报,保证创新活动的可持续性。同时,知识创新以及技术创新主体的多元化从宏观上要求国家建立完备的知识创新体系,即建立由科研院所和高等院校组成的知识创新系统和知识传播系统,从微观上要求企业建立技术创新系统和知识应用系统。从转化的最终实现来看,企业是创新与转化的核心,脱离企业和企业行为的创新与转化不可能具有持久的生命力。

二、创新与知识产权制度

作为社会生产的重要组成因素,知识本身是有价值的,其对生产的贡献在于可以组合生产要素、形成生产方向、提升要素品质,在相同的要素投入下获得更高的效率和更大的价值产出。此外,知识的生产需要投入,需要承担风险,因此,知识要素有资格参与收益分配,而学习和利用他人的知识也理应付出成本,而不是无偿使用和任意挥霍。人们是否愿意创新与创新所获得的收益有关,这种收益的多少则取决于创新者与创新成果的产权关系,因此,界定和保护创新者的知识产权成为促进和保障创新不可或缺的基础。

(一)知识产权的概念与分类

知识产权是指人们对通过脑力劳动创造出来的智力成果和知识财产所依法享有的权利,是权利人享有的对某一特定知识的排他性使用的权利。发明人、专利权人、注册商标所有人、作家、艺术家、表演者等都是知识产权保护的主体,新的技术方案、商标标识、文字著作、音乐、美术作品、计算机软件等是相应的客体。

与一般有形财产权相比,知识产权有以下特点:知识产权的客体是智力成果,具有无形性,不具有特定的物质形态;智力成果体现在一定的物品上,可以通过一定的手段被复制和利用;智力成果需经过法定程序被国家有关机关认可后才能受到法律保护(著作权除外);知识产权具有排他性和绝对"垄断性",不经权利人许可,其他人不能使用或者利用它,也就是说"一物不能有二主";知识产权有一定的法定保护期,过了保护期就进入共有领域,人人可以无偿使用;知识产权既具有人身方面的权利,又具有财产方面的权利;在一国所获得的知识产权,只在该国范围内有效,具有地域性。

《建立世界知识产权组织公约》将知识产权的范围概括为:①关于文学、艺术和科学作品的权利;②关于表演艺术家的演出、录音和广播的权利;③关于人们在一切领域中发明的权利;④关于科学发现的权利;⑤关于工业品外观设计的权利;⑥关于商标、服务标志、厂商名称和标志的权利;⑦关于制止不正当竞争的权利;⑧在工业、科学、文学和艺术领域里一切其他来自智力活动的权利。

国际上通行的对知识产权的划分是以知识的消费方式为标准的,包括工业产权和著作权两部分。工业产权主要存在并应用于商业领域,其保护对象有专利、商标、服务标志、厂商名称、货源标志或原产地名称等。著作权主要存在并应用于文学、艺术和科学等文化领域,指作者对其创作的作品享有的人身权和财产权。人身权包括发表权、署名权、修改权和保护作品完整权;财产权包括作品的使用权和获得报酬权,即以复制、表演、播放、展览、发行,摄制电影、电视,录像或改编、翻译、注释、编辑等方式使用作品的权利以及许可他人以上述方式使用作品并由此获得报酬的权利。我国《民法通则》共规定了著作权、专利权、商标权、发现权、发明权和其他科技成果权六类知识产权。

(二)知识产权制度及其作用

知识产权制度是智力成果所有人在一定的期限内依法对其智力成果享有独占权,并受到保护的法律制度,贯穿于智力成果权的取得、利用、管理和司法保护的全过程,涉及创新激励、资源整合、知识成果转化等内容。目前,以专利、商标、著作权、商业秘密等为主要内容的知识产权制度在绝大多数国家已建立,知识产权的国内、国际保护已为知识经济的发展提供了有效的法律保障,并成为激励技术创新的根本制度。在国际上,发达国家及其跨国公司极力将其拥有的智力成果优势转化为知识产权优势,从法律上获得对创新成果的排他性使用,并由此形成国际市场的竞争优势。知识产权制度在创新活动中的作用主要体现在以下几个方面:

1.保障作用

依据经济学理论,知识的可共享性会导致外部性和搭便车现象。知识的扩散和传播有利于社会整体的利益,使得知识具有很强的正外部性,如一项科技成果的引进,一家引进,百家收益。但是,知识的创造者基于利益的要求,追求的是对创新知识利用的垄断。不付出任何成本、不向知识的创造者支付任何代价即可获取创新知识的搭便车行为,使创新者的付出不能得到回报,甚至连投资成本都难回收,这势必会抑制创造者的创新欲望和积极性,扼杀整个社会的创新能力,这就是知识共享的负外部效应。知识产权法律制度的设计,就是试图在知识共享与知识垄断之间寻求平衡,但更倾向于实现知识创造者对知识利用的控制,通过制度设计,使创新知识由可共享转化为创新者的私有权利,从而鼓励创新。

2.促进作用

保护创新、促进创新是知识产权立法的基本宗旨之一,如《专利法》《商标法》《著作权法》等,其制度设计的出发点和最终目的都是保护和鼓励创新。主要体现在:第一,知识产权法赋予权利人的独占权,实质是一定时期、一定范围的市场垄断,其潜在的垄断利益会刺激创新者的积极性,加大创新力度。第二,知识产权法赋予权利人的潜在垄断利益必须通过实施才能变为现实,这一制度本身对知识产权的实施具有推动作用。第三,知识产权制度在赋予权利人独占地位的同时,还辅以必要的配套措施,以化解垄断所带来的弊端。以《专利法》为例,包括专利的公开制度、专利权期限制度、专利的强制许可制度、专利侵权的特殊豁免制度等。第四,知识产权制度对创新的促进还具有效率性。专利制度将知识产权所能带来的潜在利益交给市场,权利人通过交换行为在市场上获取利益,这一机制有利于减少政府对市场的直接干预,促使市场机制发挥作用。

3.资源配置作用

知识创新成果与一般产品不同,重复的创造活动不仅不会增加社会创新知识的总量,还会造成一定程度的社会资源浪费。如一个人完成某一发明创造和十个人均各自独立完成同样的发明创造,对社会知识财富积累的贡献是等同的,但后一种情况无疑导致了社会资源的浪费。因此,在知识创新活动中,市场机制容易失灵,这就需要依靠知识产权制度发挥其对创新的资源配置作用。

首先,在知识的创造活动中,知识产权制度规定的权利人对权利的独占会在一定程度上使重复的创造活动失去价值。与权利独占制度相配套的权利登记、技术公开等制度实现了权利的固定化和创新信息的公开化,为避免创新资源的重复投入或无效投入提供了制度保障和信息来源保障。同时,由此得以公开的大量与创新有关的信息为整个社会的创新活动提供了丰富的、可供利用的基础资源,为后续创新提供了便利。以专利制度为例,世界知识产权组织的统计表明,世界上 90％的创新成果可以在专利文献中查到,利用这些公开的专利信息,可以节约 60％以上的研发时间和 40％以上的研发经费。

其次,知识产权制度的设立可以明确创新知识的权利类型和界限,制止未经权利人许可的共享行为,使创新知识私有化成为现实。创新知识之所以具有交换价值,成为私权的客体,成为当今市场中最为活跃的交易对象,主要是依赖于越来越健全的知识产权法制。

最后,知识产权制度中的交易登记制度,以及针对知识产权的转让和许可的其他更加具体的规范和制度,为创新知识在市场主体间的流动提供了可能性和制度保障,避免了创新知识一物多卖,致使受让方的实际权利受损的情况。同时,针对创新知识的特殊性所设计的关于知识产权的入股、质押、证券化等法律制度,为知识产权、创新资源的合理流动提供了广泛的空间和法律保障。

4.平衡和规制作用

知识产权禁止或不认可违反法律、损害公共利益的创新行为,对以不正当手段或侵权方式利用他人成果的行为进行制止,对符合社会利益和能够促进社会进步的重要创新行为予以重点激励,指引着创新的方向。此外,知识产权制度作为一种具有垄断性质的权利,具有被滥用的可能,从而给社会公众利益造成损害,因此,知识产权制度一方面要充分肯定和保护创新者的权利,另一方面还要对其权利进行限制,以防止私权膨胀损害社会公益。因此,只有在充分发挥知识产权法激励创新作用的前提下,高度重视知识产权创造、利用过程中的行为规制,才能营造出一种健康有益的创新环境。

第二节　创业过程中的法律问题

【案例导入】关于企业承担债务责任的认定

应届毕业生李强与王芳各出资 5 万元,一起设立了一家外贸代理有限公司,利用网络向国外销售服装,经过几年的奋斗后公司净资产100万元。李强用分得的20万元创办了个人独资企业——一个服装厂,该厂受金融危机影响,累计亏损85万元。王芳用分得的红利20万元也创办了一人有限责任公司——一个包装公司,该公司发生火灾,损失近100万元。

李强的服装厂资不抵债,债权人要求李强以其他财产偿还,并认为外贸公司一半财产属于李强,要求外贸公司拿出一半财产偿还李强服装厂的债务。

王芳的包装公司也资不抵债,债权人也提出同样要求。

评析:服装厂是李强的个人独资企业,企业主李强对服装厂的债务承担无限责任,应以其个人全部财产清偿。李强在外贸公司虽然有50%股份,但公司财产独立于股东,股东个人债务与外贸公司无关。但股权属于李强个人财产,债权人可以请求拍卖李强的股权以偿还其债务。而王芳的包装公司是有限责任公司,王芳已经履行出资义务,其个人债务与公司资产无关。

个体工商户、个人独资企业和合伙企业是无限责任,有限公司和股份公司是有限责任。

创业者创业离不开法律的规范、保障和政策的引导,创业者了解与创业有关的法律、法规和各项政策对于投融资、规范经营和管理有很大帮助。相反,创业者如果不重视了解相关法律、法规和政策,将在创业的道路上走许多弯路,轻者会使自身权益受损,严重者可能官司缠身,甚至受到行政处罚、刑事追责。所以,创业者在创业意识形成阶段,就应当增强法律意识,学好用好法律,读懂用透政策,在创业路上少走弯路。

一、创业主体法律形式

创业必须创建一个合法的主体,并以这个主体的名义进行经营性活动。作为进行经营性活动的主体,依法享有法律规定的权利,同时也必须承担法律义务。我国法律承认多种形式的主体参与市场活动,如个体工商户、合伙企业、个人独资企业、公司(包括有限责任公司和股份有限公司)等。创业者应当根据自身的实际情况,选择适合的企业法定形态,为创业成功和企业发展打下坚实基础。

(一)创业主体分类

1.个体工商户

《民法通则》第二十六条规定:公民在法律允许的范围内,依法经核准登记,从事工商业经营的,为个体工商户。

个体工商户可以起字号,投资主体可以是一个自然人或一个家庭,投资者同时又是经营者和劳动者。在债务承担方面,个人投资经营的,以个人全部财产承担无限责任;家庭投资经营,或个人投资所得收益主要供家庭成员享用的,以家庭全部财产承担无限责任。

2.合伙企业

《合伙企业法》第二条规定:本法所称合伙企业,是指自然人、法人和其他组织依照本法在中国境内设立的普通合伙企业和有限合伙企业。

自然人、法人和其他组织必须遵循自愿、平等、公平、诚实守信原则订立合伙协议，以合伙组织的形式对外发生法律关系。合伙企业不具有法人资格，是非法人营利性组织，不需要缴纳企业所得税。在债务承担方面，普通合伙企业由普通合伙人组成，合伙人对合伙企业债务承担无限连带责任。有限合伙企业由普通合伙人和有限合伙人组成，普通合伙人对合伙企业债务承担无限连带责任，有限合伙人以其认缴的出资额为限对合伙企业债务承担责任。

3.个人独资企业

《个人独资企业法》第二条规定：个人独资企业，是指依照本法在中国境内设立，由一个自然人投资，财产为投资人个人所有，投资人以其个人财产对企业债务承担无限责任的经营实体。

个人独资企业是私营企业的一种形式，不具有法人资格，投资人只能是一个自然人，企业可以设立分支机构，聘用劳动者并形成劳动关系。在债务承担方面，投资人以其个人财产对企业债务承担无限责任。

4.公司

《公司法》第二条规定：公司是指依照本法在中国境内设立的有限责任公司和股份有限公司。

我国《公司法》规定，公司分为有限责任公司和股份有限公司。根据公司经营情况，公司的注册资本可多可少，规模可大可小，组织机构可繁可简。

在债务承担方面，公司是依据《公司法》设立的企业法人，有独立的法人财产，享有法人财产权，公司以其全部财产对公司债务承担责任。有限责任公司的股东以其认缴的出资额为限对公司承担责任，股份有限公司的股东以其认购的股份为限对公司承担责任。

(二)各类创业主体优缺点

1.个人创业：个体工商户与个人独资企业

对于个人创业者来说，可选择的主体法律形式有个体工商户和个人独资企业。

这两种形式的创业主体优点在于：设立门槛较低，所需资金量较小，优惠政策较多；财产关系不复杂，创业者拥有经营自主权，不受其他人制约，企业保密性好。缺点在于：业务发展受资金少，规模小，信贷、融资困难等限制，难以做大做强，同时，风险承受能力较差，创业者需一人承担所有风险，责任重大，一旦出现经营失误，可能需要承担无限责任。

2.团队创业：合伙企业与公司

对于团队创业来说，可以根据团队情况，选择设立合伙企业或公司。

合伙企业的优点在于：根据合伙协议设立企业，运行机制较为灵活，合伙人可以以现金、实物、技术或劳务等出资，解决了部分有技术或劳力但资金短缺的创业者的问题，提高了合伙人的积极性与参与度，有利于企业优化配置现有资源。缺点在于：合伙人人数多，在经营过程中容易产生分歧，影响企业运行效率；入伙或退伙需经全体合伙人一致同意；合伙人要承担较大风险，对合伙企业债务承担无限责任，降低了企业的吸引力。

有限责任公司和股份有限公司作为现代企业组织形式,优点在于:有规范的制度约束,所有权与经营权分离,可以聘请专门管理人员管理公司事务,适应性强,发展空间巨大,抗风险能力较强,企业信用等级相对较高,融资能力强。缺点在于:法律规范的要求较高,设立门槛较高,公司运营成本较高,小股东利益难以得到有效保护。

二、创业主体设立及登记条件

在我国,从事经营活动,必须到工商行政管理部门办理登记手续,领取营业执照。在企业注册登记阶段,应当了解我国的基本法律法规;申请办理营业执照时,应当了解《中华人民共和国企业名称登记管理规定》《中华人民共和国公司登记管理条例》《中华人民共和国企业法人登记管理条例》,掌握开业注册登记收费标准等;办理税务登记时,应当了解《税务登记管理办法》的相关规定。企业发生涉及企业登记事项的变更,需及时办理变更登记,以保护相关当事人的权益。进入特殊行业开展经营性活动,需了解相关规定,到政府部门或行业主管部门申领特种经营资质证明或许可证。设立特定行业的企业,还有必要了解相关产业政策,了解有关开发区、高科技园区、软件园区(基地)等方面的法规、规章及有关地方规定,有助于创业者选择创业地点,以享受税收等优惠政策。我国实行法定注册资本制,创业者如果不是以货币资金出资,而是以实物、工业产权、非专利技术、土地使用权作价出资或以股权、债权等出资,还需要了解有关出资、资产评估等有关法规规定。

(一)个体工商户

(1)根据属地原则,到经营场所所在地的县、自治县、不设区的市工商行政管理局以及市辖区的工商行政管理局进行登记。

(2)登记事项:经营者姓名和住所(户籍所在地)、组成形式(个人或家庭)、经营范围、经营场所和个体工商户名称。

(3)提交材料:投资人签署的个体工商户开业登记申请书、申请人身份证明、经营场所证明等。经营范围涉及法律、法规规定需在登记前批准的,应一并提交批准文件。

(二)合伙企业

(1)合伙人可以是自然人、法人和其他组织,有限合伙企业由 2 个以上、50 个以下合伙人设立,其中至少应有一名普通合伙人。由合伙人共同指定的代表或委托人到工商行政管理部门进行登记。

(2)登记事项:名称、合伙企业类型、合伙人姓名及住所(户籍所在地)、经营场所、执行事务合伙人、经营范围、承担责任方式和出资方式、数额、期限。

(3)提交材料:全体合伙人签署的合伙企业设立登记申请书、合伙人身份证明、合伙协议、出资确认书、经营场所证明等。经营范围涉及法律、法规规定需在登记前批准的,应一并提交批准文件。

(三)个人独资企业

(1)投资人应具有完全民事行为能力,有固定的经营场所、必要的经营条件和从业人员,到企业所在地市、县工商行政管理局以及大中城市工商行政管理分局进行登记。

(2)登记事项:投资人姓名、住所(户籍所在地)、企业名称、经营场所、出资额、出资方式和经营范围。

(3)提交材料:投资人签署的个人独资企业设立申请书、投资人身份证明、经营场所证明等。经营范围涉及法律、法规规定需在登记前批准的,应一并提交批准文件。

(四)有限责任公司

(1)设立有限责任公司,需符合《公司法》规定的股东人数,为2人以上、50人以下,出资额达到法定最低限额(3万元人民币),有股东共同制定的公司章程,有公司名称、住所和组织机构。

(2)设立登记:有限责任公司采用发起设立形式,经依法设立的验资机构验资后,需进行公司名称预先核准,后到各级国家工商行政管理局进行登记。国家工商行政管理总局负责登记由国务院国有资产监督管理机构出资的公司、外商投资的公司和依照法律、行政法规或国务院决定,应当由其登记的公司。省级工商行政管理局负责登记本辖区内由省、自治区、直辖市人民政府国有资产监督管理机构出资的公司及由该公司设立并持有50%以上股份的公司和依照法律、行政法规或国务院决定,应当由其登记的公司。设区的市工商行政管理局(区分局)、县工商行政管理局、直辖市工商行政管理分局负责登记本辖区内设立的有限责任公司。

(3)提交材料:公司法定代表人签署的设立登记申请书;公司章程;验资证明;全体股东指定代表或共同委托代理人的证明;企业名称预先核准通知书;股东主体资格证明(自然人身份证明);董事、监事、高级管理人员的姓名、住所以及委派、选举、聘用的文件证明;法定代表人任职文件、身份证明;公司住所证明。法律、法规及国务院规定设立有限责任公司必须报经批准的,一并提交有关批准文件。

(五)股份有限公司

(1)设立股份有限公司,发起人符合法定人数,发起人认购和募集的股本达到法定资本最低限额,发起人制定公司章程(募集设立的经创立大会通过),有公司名称、住所和组织机构。

(2)设立登记:股份有限公司的设立分为发起设立和募集设立。发起设立由发起人认购公司发行的全部股份,募集设立由发起人认购部分公司股份,其余部分股份向特定对象或社会公开募集。需在设立登记前明确发起人,签订发起人协议,足额缴纳认购股份,制定公司章程,进行公司名称预先审核,募集设立需召开创立大会。登记机关的管辖与有限责任公司相同。

(3)提交材料:法定代表人签署的设立登记申请书;董事会指定代表或共同委托代理人证明;企业名称预先核准通知书;公司章程;验资证明;非货币财产出资,提交财产转移手续证明;股东主体资格证明(自然人身份证明);董事、监事、高级管理人员的姓名、住所以及委派、选举、聘用的文件证明;法定代表人任职文件、身份证明;公司住所证明。法律、法规及国务院规定设立有限责任公司必须报经批准的,一并提交有关批准文件。

三、创业主体运营

创业主体运营涉及法律事务范围广泛,如缴纳税费、规范经营行为、签订履行合同、企业经营决策和劳动合同订立等。可将创业主体与国家机关、其他市场主体之间发生的法律关系称为外部法律事务,创业主体依内部规章进行经营、管理过程中发生的法律关系称为内部法律事务。

(一)内部法律事务

1.企业经营决策权

企业经营离不开决策,决策权掌握在谁手中?法律对这个问题有明确的规定。个体工商户和个人独资企业的投资人就是实际控制人,决策权掌握在投资人手中;合伙企业由合伙人共同控制,合伙人享有平等的决策权、管理权,涉及企业经营重大事项的决策须经全体合伙人一致同意,对于一般性的经营决策,合伙人可以指定一名或几名合伙人进行管理,也可聘请合伙人以外的专门管理人才对企业进行管理。

公司的决策、管理流程相对规范,但也最为复杂。《公司法》规定,公司必须建立法人治理结构,设立股东会、董事会、经理及监事会。股东会由全体股东组成,是公司的最高权力机构,决定公司发展的大政方针。董事会由股东会选举的董事组成,负责公司发展重大事项的决策,对股东会负责。经理是董事会聘任对公司进行日常经营管理工作的高级管理人员,负责执行董事会决议,对董事会负责。监事会是监督机构,负责检查公司财务,监督董事、高级管理人员的工作行为。所以,董事会及高级管理人员往往掌握公司日常事务的决策大权,虽然公司股东是投资人,但是不能对公司日常经营行为直接进行干预,只能通过股东会、监事会行使权力,进行监督。

2.劳动合同订立

《劳动法》第十六条规定:劳动合同是劳动者与用人单位确立劳动关系、明确双方权利和义务的协议。建立劳动关系应当订立劳动合同。用人单位与劳动者双方享有知情权,用人单位应当告知劳动者工作内容、条件、地点及职业危害、劳动报酬等情况,同时应当调查劳动者的身份、健康状况及与其他单位的劳动关系状况等。

根据期限的不同,劳动合同可分为固定期限劳动合同、无固定期限劳动合同和临时劳动合同。劳动合同内容应包括标准性条款和商定性条款:工作时间和休假安排、劳动待遇及条件、劳动保护等条款属于标准性条款,试用期条款、保密条款、福利条款、竞业禁止条款等属于商定性条款。

为保护劳动者合法权益,《劳动合同法》规定:用人单位与劳动者已建立劳动关系未订立劳动合同的,应当自用工之日起1个月内订立书面劳动合同,超过1个月不满1年未订立合同的,需向劳动者每月支付2倍工资;超过1年未订立书面劳动合同的,视为用人单位与劳动者已订立无固定期限劳动合同。

(二)外部法律事务

1.缴纳税费

依法纳税是企业的法定义务,创业企业应当自设立之日起 30 日内办理税务登记,应当依法设置账簿,根据合法有效凭证记账,并将财务会计制度报送税务机关备案。企业运营过程中,应当依法开具、使用、取得和保管发票,依法进行纳税申报。企业运营主要涉及流转税和所得税,包括增值税、营业税、企业所得税和个人所得税。

增值税是以商品流转过程中产生的增值额为课税对象的一种流转税。征税范围包括境内提供加工、修理修配等应税劳务的行为和货物进口行为。纳税人分为一般纳税人和小规模纳税人,工业企业年销售额在 50 万元以上的为一般纳税人,50 万元以下的为小规模纳税人;商业企业年销售额在 80 万元以上的为一般纳税人,80 万元以下的为小规模纳税人。增值税的税率分三档,销售、进口一般货物和应税劳务适用 17% 的基本税率,特定货物适用 13% 的低税率,出口货物适用零税率。

营业税是以在我国境内提供应税劳务、转让无形资产或销售不动产的营业收入为课税对象的一种流转税。征税范围包括提供加工、修理修配两种增值税应税劳务以外的其他合法劳务的行为、转让无形资产的行为和销售不动产的行为。纳税人分单位和个人两类,个人包括个体经营者和其他有经营行为的个人。交通运输业、建筑业、邮电通信业、文化体育业按 3% 税率征收,金融保险业、服务业、转让无形资产、销售不动产按 5% 税率征收,娱乐业按 5%～20% 税率征收。个人按期纳税的,根据营业额按 1000～1500 元征收,按次纳税的,按每次(日)营业额 100 元征收。

企业所得税是以企业和其他组织获取的生产经营所得为课税对象的一种所得税。按照法律规定,企业所得税的纳税人分为居民企业和非居民企业。居民企业指依法在中国境内成立,或者依照外国(地区)法律成立但实际管理机构在中国境内的企业;非居民企业指依照外国(地区)法律成立且实际管理机构不在中国境内,但在中国境内设立机构、场所的,或者在中国境内未设立机构、场所,但有来源于中国境内所得的企业。企业所得税税率为 25%,非居民企业在中国境内未设立机构、场所的,或者虽设立机构、场所,但取得的所得与其所设机构、场所没有实际联系的,应当就其来源于中国境内的所得征收,适用税率 20%。为鼓励国家重点扶持和发展的产业和项目,照顾小微企业,《企业所得税法》及其实施条例规定对符合条件的企业给予税收优惠。

个人所得税是以个人在法定期间所得为课税对象的一种税,个体工商户、个人独资企业投资人、合伙企业合伙人在生产经营过程中的所得需缴纳个人所得税。征税范围包括工资所得、个体工商户经营所得、企事业单位承包经营承租经营所得、劳动报酬所得、稿酬所得、特许权使用费所得、利息股息红利所得、财产租赁转让所得、偶然所得。工资所得适用3%～45%超额累进税率,个体工商户经营所得、企事业单位承包经营承租经营所得适用5%～35%超额累进税率,其他所得按 20%税率征收。

2.签订履行合同

合同是平等主体的自然人、法人、其他组织之间设立、变更、终止民事权利义务关系的协议。企业生产经营的过程就是不断订立、履行合同的过程。

经济活动中常见的合同有买卖合同,供电、水、气、热力合同,赠予合同,借款合同,租赁合同,融资租赁合同,承揽合同,建设工程合同,运输合同,技术合同,保管合同,仓储合同,委托合同,行纪合同和居间合同。

《合同法》规定,当事人订立合同,采取要约、承诺方式。要约是希望与他人订立合同的意思表示。承诺是受要约人的意思表示,即受要约人同意接受要约的条件从而订立合同的意思表示,承诺已经到达要约人,合同即成立。订立合同应采取书面方式,签约前要认真审查当事人的主体资格、信用情况等信息,要认真审查合同内容以免造成不必要的损失。

履行合同应遵循全面履行原则和诚实信用原则,履行过程中如发生合同不履行、不完全履行等情况,可依法行使抗辩权、代位权、撤销权和解除权,及时追究违约责任。不能协商解决的,应及时向约定、法定的机关寻求救济,最大限度维护自身权益。

3. 规范经营行为

企业在生产、经营过程中应当依照法律、法规的要求,规范自身的经营行为,生产、销售符合产品质量要求的产品,杜绝不正当竞争的行为,同时应当履行法定义务。

《产品质量法》规定,生产者、销售者应当对其生产、销售的产品质量和安全负责,必须保证产品和标识真实,不得生产国家命令淘汰的产品,不得伪造产地或冒用他人厂名厂址,不得伪造或冒用质量标志,不得生产假冒伪劣产品。违反法律规定,将承担民事责任、行政责任或刑事责任。

《反不正当竞争法》和《反垄断法》规定,市场经济主体在经营过程中,不得有商业混同行为,滥用独占低位行为,排除、限制竞争行为,滥用行政权力行为,商业贿赂行为,虚假宣传行为,侵犯商业秘密行为,倾销行为,搭售行为,违反规定的有奖销售行为,诋毁行为和通谋投标等行为。

四、创业主体解散

创业主体解散可能意味着创业的终止,也可能意味着新事业的开始。有的企业由于经营管理不善等原因,面临关闭;有的企业为进一步发展业务,因合并、分立导致现有企业解散。企业解散必须进行清算,要遵守《公司法》《合伙企业法》《民法通则》《合同法》《企业破产法》等相关法律规定,按照法定程序关闭企业,尽可能将损失降到最小,最大限度地保护消费者、员工、创业者和投资者的权益。

个人独资企业解散有以下法定情形:投资人决定解散;投资人死亡或被宣告死亡,无继承人或继承人决定放弃继承;被依法吊销营业执照。个人独资企业解散,由投资人自行清算或者由债权人申请人民法院指定的清算人进行清算。财产应当按照所欠职工工资和社保费用、所欠税款、其他债务顺序清偿,企业财产不足以清偿的,投资人应以其个人财产进行清偿。清算结束后,投资人或人民法院指定的清算人应当编制清算报告,于清算结束起 15 日内向原登记机关申请注销登记。

合伙企业解散有以下法定情形:合伙期限届满,合伙人不愿继续经营;合伙协议约定的解散事由出现;全体合伙人决定解散;合伙人人数不满足法定条件;合伙协议约定的合伙目的已经实现或无法实现;被依法吊销营业执照、责令关闭或被撤销。合伙企业解散,应当由清算人进行清算。清算人由全体合伙人担任;经全体合伙人过半数同意,可以自合伙企业解散事由出现后15日内指定一个或者数个合伙人,或者委托第三人担任清算人。财产应当按照所欠职工工资和社保费用、所欠税款、所欠债务、合伙人出资顺序清偿,如果清偿后仍有剩余,按约定或法定比例在原合伙人间分配。如果合伙企业财产不足以清偿债务,由原合伙人对债务承担无限连带责任。清算结束后,清算人应当编制清算报告,经全体合伙人签名、盖章后,于15日内向企业登记机关报送清算报告,申请办理注销登记。

公司解散有以下法定情形:公司章程规定的营业期限届满或者公司章程规定的其他解散事由出现;股东会或者股东大会决议解散;因公司合并、分立需要解散;依法被吊销营业执照、责令关闭或被撤销;公司经营管理发生严重困难,继续存续会使股东利益受到重大损失,通过其他途径不能解决的,持有公司全部股东表决权10%以上的股东,可以请求人民法院解散公司。公司应当在解散事由出现之日起15日内成立清算组,有限责任公司的清算组由股东组成,股份有限公司的清算组由董事会或股东大会确定人员组成,公司逾期不成立清算组的,债权人可以申请法院指定有关人员组成清算组。清算组在清理公司财产、编制资产负债表和财产清单后,应当指定清算方案,报股东会、股东大会或人民法院确认。公司财产在分别支付清算费用、职工工资、社保费用、法定补偿金、所欠税款、债务后的剩余财产,有限责任公司按照股东出资比例分配,股份有限公司按照股东持股比例分配。经过债务清偿和剩余财产分配后,制作清算报告,报股东会或法院确认,报登记机关申请注销登记。

第三节 大学生创新创业政策

【案例导入】大学生初次创业享有资金扶持政策

刚毕业的大学生李某很早就萌生了当老板的想法。通过市场考察,结合自身的教育学专业背景和学生时代的一些教学实践经验,他决定创办一个针对小升初学生的教育培训机构。"可是眼瞅着毕业了还没有第一笔启动资金,这让我的压力非常大,常吃不下饭,睡不着觉。"但让李某没有想到的是,在他办理了"就业失业登记证"后,社区工作人员找他了解了具体情况,聆听了他的设想后,不但建议他办理贷款,还主动帮忙,帮他获得了第一笔启动资金。

中国最早的大学生创业计划竞赛于1998年在清华大学举行。从那时开始,十几年来,从中央到地方再到高等学校,都针对大学生创新创业提供了各种优惠政策。

一、大学生创业政策相关文件概述

我国的大学生创业支持政策,经历了一个从无到有、从笼统到逐步细化的过程,主要分为两个阶段:

第一阶段:从 1998 年到 2002 年。此阶段,创业政策主要集中在对创业的鼓励上。1998 年 5 月,我国首届创业计划竞赛由清华大学的一个学生社团——清华大学学生科技创业者协会发起并举办。此次大赛的开展在全国范围内掀起了大学生创业的热潮。此后,教育部先后出台相关文件,要求各高等学校全面加强创业教育,如 2002 年 3 月国务院办公厅转发教育部等部门的《关于进一步深化普通高等学校毕业生就业制度改革有关问题的意见》就明确指出要"鼓励和支持高校毕业生自主创业,工商和税收部门要简化审批手续,积极给予支持"。

第二阶段:2002 年至今。自 1999 年高校扩招以来,我国毕业生数量逐年增加,大学生就业形势日趋严峻。在这种情况下,促进大学生自主创业可以极大缓解就业压力,因此我国针对大学生创业的相关法律和政策不断丰富和完善。

2003 年,《国务院办公厅关于做好 2003 年普通高等学校毕业生就业工作的通知》(国办发〔2003〕49 号)指出:"鼓励高校毕业生自主创业和灵活就业。凡高校毕业生从事个体经营的,除国家限制的行业外,自工商部门批准其经营之日起 1 年内免交登记类和管理类的各项行政事业性收费。有条件的地区由地方政府确定,在现有渠道中为高校毕业生提供创业小额贷款和担保。"为切实落实国办发〔2003〕49 号文件精神,鼓励高校毕业生自主创业和灵活就业,国务院有关部门发布了《关于切实落实 2003 年普通高等学校毕业生从事个体经营有关收费优惠政策的通知》。

2005 年 6 月,中共中央办公厅、国务院办公厅下发《关于引导和鼓励高校毕业生面向基层就业的意见》(中办发〔2005〕18 号),积极鼓励、支持高校毕业生到基层自主创业和灵活就业,在经济政策方面对大学生创业进行扶持,包括税费减免、贷款优惠措施等。

2006 年 1 月,财政部和国家发改委下发了《关于对从事个体经营的下岗失业人员和高校毕业生实行收费优惠政策的通知》,相关政策对进一步鼓励高校毕业生从事个体经营有促进作用。

2007 年,教育部下发了《大学生职业发展与就业指导课程教学要求》,把创业指导作为就业指导课的主要内容。

2009 年 1 月,国务院办公厅下发《关于加强普通高等学校毕业生就业工作的通知》,鼓励和支持高校毕业生自主创业。具体来说,鼓励高校积极开展创业教育和实践活动。对高校毕业生从事个体经营符合条件的,免收行政事业性收费,落实鼓励残疾人就业、下岗失业人员再就业以及中小企业、高新技术企业发展等现行税收优惠政策和创业经营场所安排等扶持政策。在当地公共就业服务机构登记失业的自主创业高校毕业生,自筹资金不足的,可申请不超过 5 万元的小额担保贷款;对合伙经营和组织起来就业的,可按规定适当扩大贷款规模;从事当地政府规定微利项目的,可按规定享受贴息扶持。有创业意愿的高校毕业生参加创业培训的,按规定给予职业培训补贴。强化高校毕业生创业指导服务,提供政策咨询、项目开发、创业培训、创业孵化、小额贷款、开业指导、跟踪辅导的"一条龙"服务。各地要建设完善一批投资小、见效快的大学生创业园和创业孵化基地,并给予相关政策扶持。鼓励支持高校毕业生通过多种形式灵活就业,并保障其合法权益,符合规定的,可享受社会保险补贴政策。

2010年,人力资源和社会保障部、教育部、财政部、中国人民银行、国家税务总局、国家工商行政管理总局联合发出了《关于实施2010高校毕业生就业推进行动大力促进高校毕业生就业的通知》(人社部〔2010〕25号),提出实施"创业引领计划",大力推进高校毕业生自主创业,稳定灵活就业。教育部和科技部印发了《高校学生科技创业实习基地认定办法(试行)》,加强和规范高校学生科技创业实习基地的建设、运行和管理,推动基地的健康快速发展,发挥科技园区在创新创业人才培养、以创业带动就业方面的作用。

2011年,国务院印发的《国务院关于进一步做好普通高等学校毕业生就业工作的通知》指出,要鼓励支持高校毕业生自主创业,稳定灵活就业。落实和完善创业扶持政策,加强创业教育、创业培训和创业服务。

2012年,《教育部关于做好2012年全国普通高等学校毕业生就业工作的通知》指出,全面推进大学生创新创业工作,力争实现创业人数进一步增加。全面加强创新创业教育和创业基地建设,进一步加强创业政策扶持和创业服务。

2013年,《国务院办公厅关于做好2013年全国普通高等学校毕业生就业工作的通知》指出,各地区、各有关部门要积极完善创业政策,加强创业教育、创业培训和创业服务,大力扶持高校毕业生自主创业,尤其要鼓励高校毕业生创办国家和地方优先发展的科技型、资源综合利用型、智力密集型企业,支持通过网络创业带动就业。各高校要将创新创业教育融入专业教学和人才培养全过程,并将创业教育课程纳入学分管理,鼓励在校生积极参加创业教育和创业实践活动。鼓励高校与公共就业人才服务机构合作开展创业培训和实训,从2013年起,创业培训补贴政策期限从毕业年度调整为毕业学年(即从毕业前一年7月1日起的12个月)。各地区要对自主创业高校毕业生进一步放宽准入条件,降低注册门槛,创业地应按规定给予小额担保贷款及贴息、税费减免等政策扶持。加大政策倾斜力度,积极推进大学生创业孵化基地建设,为自主创业高校毕业生提供项目开发、开业指导、融资、跟踪扶持等"一条龙"创业服务。

2014年,《国务院办公厅关于做好2014年全国普通高等学校毕业生就业工作的通知》指出,要实施大学生创业引领计划。2014年至2017年,在全国范围内实施大学生创业引领计划。通过提供创业服务,落实创业扶持政策,提升创业能力,帮助和扶持更多高校毕业生自主创业,逐步提高高校毕业生创业比例。各地区、各有关部门要进一步落实和完善工商登记、场地支持、税费减免等各项创业扶持政策。各银行业金融机构要积极探索和创新符合高校毕业生创业实际需求特点的金融产品和服务方式,本着风险可控和方便高校毕业生享受政策的原则,降低贷款门槛,优化贷款审批流程,提升贷款审批效率。

2015年,《国务院关于进一步做好新形势下就业创业工作的意见》指出,积极推进创业带动就业。营造宽松便捷的准入环境;培育创业创新公共平台;拓宽创业投融资渠道;支持创业担保贷款发展;加大减税降费力度;调动科研人员创业积极性;鼓励农村劳动力创业;营造大众创业良好氛围。

2016年,《教育部关于做好2016届全国普通高等学校毕业生就业创业工作的通知》指出,要着力加强创新创业教育和自主创业工作。加快推进创新创业教育改革;落实完善创新创业优惠政策;加大创新创业场地建设和资金投入;不断提升创新创业服务水平。

2017年,《人力资源社会保障部关于做好2017年全国高校毕业生就业创业工作的通知》指出,要落实完善就业创业政策,进一步拓宽高校毕业生就业渠道;引领高校毕业生自主创业,促进以创业带动就业;实施高校毕业生就业创业促进计划,强化有针对性的就业服务;加强组织领导和部门联动,协同各方共同做好高校毕业生就业创业工作。

2018年,《人力资源社会保障部关于做好2018年全国高校毕业生就业创业工作的通知》指出,要着力推动创业带动就业。各地要抓住打造"双创"升级版的有利契机,集中优质资源支持高校毕业生创业创新。强化能力素质培养,将创业培训向校园延伸,依托各类培训机构、企业培训中心等平台,创新开发一批质量高、特色鲜明、针对性强的培训实训课程,更好满足毕业生创业不同阶段、不同领域、不同业态的需求。加大政策资金支持,落实好创业担保贷款、一次性创业补贴、场租补贴等扶持政策,支持有条件的地方设立高校毕业生就业创业基金,积极引入各类社会资本,多渠道助力毕业生创业创新。优化创业指导服务,推动公共就业创业服务机构、创业孵化基地向毕业生开放,充实完善涵盖不同行业领域、资源经验丰富的专家指导团队,为毕业生创业提供咨询辅导、项目孵化、场地支持、成果转化等全要素服务,帮助解决工商税务登记、知识产权、财务管理等实际问题。搭建交流对接平台,组织"中国创翼"创业创新大赛、创业项目展示推介、选树创业典型等活动,结合实际打造更多富有地方特色的创业品牌活动,为创业毕业生提供项目与资金、技术、市场对接渠道。

二、大学生创业政策

大学生是最具创新、创业潜力的群体之一,国家有一系列支持大学生创业的政策,主要包括以下几方面。

(一)大学生创业税收优惠

持人社部门核发"就业创业证"(注明"毕业年度内自主创业税收政策")的高校毕业生在毕业年度内(指毕业所在自然年,即1月1日至12月31日)创办个体工商户、个人独资企业的,3年内按每户每年8000元为限额依次扣减其当年实际应缴纳的营业税、城市维护建设税、教育费附加和个人所得税。高校毕业生创办的小型微利企业,按国家规定享受相关税收支持政策。

(二)创业担保贷款和贴息

符合条件的自主创业的大学生,可在创业地按规定申请创业担保贷款,贷款额度为

10万元。鼓励金融机构参照贷款基础利率,结合风险分担情况,合理确定贷款利率水平,对个人发放的创业担保贷款,在贷款基础利率基础上上浮3个百分点以内的,由财政给予贴息。

(三)免收有关行政事业性收费

毕业2年以内的普通高校学生从事个体经营(除国家限制的行业外)的,自其在工商部门首次注册登记之日起3年内,免收管理类、登记类和证照类等有关行政事业性收费。

(四)享受培训补贴

对高校毕业生在毕业学年(即从毕业前一年7月1日起的12个月)内参加创业培训的,根据其获得创业培训合格证书或就业、创业情况,按规定给予培训补贴。

(五)免费创业服务

有创业意愿的大学生,可免费获得公共就业和人才服务机构提供的创业指导服务,包括政策咨询、信息服务、项目开发、风险评估、开业指导、融资服务、跟踪扶持等"一条龙"创业服务。

(六)取消高校毕业生落户限制

高校毕业生可在创业地办理落户手续(直辖市按有关规定执行)。

(七)创新人才培养计划和机制

创业大学生可参与各地各高校实施的系列"卓越计划"、科教结合协同育人行动计划等,参加跨学科专业开设的交叉课程、创新创业教育实验班等,各院校也在积极探索建立跨院系、跨学科、跨专业交叉培养创新创业人才的新机制。

(八)开发和开放创新创业教育课程

自主创业大学生可享受各高校挖掘和充实的各类专业课程和创新创业教育资源,以及面向全体学生开发开设的研究方法、学科前沿、创业基础、就业创业指导等方面的必修课和选修课,享受各地区、各高校资源共享的慕课、视频公开课等在线开放课程,和在线开放课程学习认证和学分认定制度。

(九)提供强化创新创业实践资源

自主创业大学生可共享学校面向全体学生开放的大学科技园、创业园、创业孵化基地、教育部工程研究中心、各类实验室、教学仪器设备等科技创新资源和实验教学平台。参加全国大学生创新创业大赛、全国高职院校技能大赛和各类科技创新、创意设计、创业计划等专题竞赛,以及高校学生成立的创新创业协会、创业俱乐部等社团,提升创新创业实践能力。

(十)改革适应大学生创业的教学制度

自主创业大学生可享受各高校建立的自主创业大学生创新创业学分累计与转换政策,学生开展创新实验、发表论文、获得专利和自主创业等折算为学分,学生参与课题研究、项目实验等活动认定为课堂学习。为有意愿、有潜质的学生制定创新创业能力培养计划,建立创新创业档案和成绩单等系列客观记录,并量化评价学生开展的创新创业活动。

(十一)完善学籍管理规定

有自主创业意愿的大学生,可享受高校实施的弹性学制,放宽修业年限,允许调整学业进程,保留学籍休学进行创新创业等。

(十二)大学生创业指导服务

自主创业大学生可享受各地各高校对自主创业学生实行的持续帮扶、全程指导、一站式服务,以及地方、高校两级信息服务平台为学生实时提供的国家政策、市场动向等信息服务和创业项目对接、知识产权交易等服务。各地在充分发挥各类创业孵化基地作用的基础上,因地制宜建设大学生创业孵化基地,大学生可享受相关培训、指导服务等扶持政策。

思考题:

1. 如何理解知识产权和知识产权制度? 其在创新创业活动中起何作用?
2. 大学生在创新创业中如何避免侵权?
3. 有创业意向的大学生如何选择适合自身的创业政策?

第八章　大学生创新创业实践

要确实提升大学生创新创业教育质量，必须在大学生创新创业教育过程中对其应掌握的基本创业知识和技能进行必要的训练。大学生应规范商业计划书的撰写，了解并有针对地参加依托高校、地方政府或部委及企业的一项以"科技创新，成就大业"为主题的创业比赛，熟悉各项创新创业大赛体系，了解创新创业大赛的体系模式，以便今后投入到创业大军中。

第一节　大学生创新创业模式

【案例导入】美国电影院赢利模式

很多人都知道，美国电影院的主要赢利来源（而非收入来源）是在影院出售的食品（如冰激凌、爆米花等零食，甚至影院餐厅提供的正餐）。人们到电影院来的真正目的不是看电影，而是在闲暇时间最大限度地放松身心。电影观众的这种需求并不是一下子就能发现的，而是从观众看电影时携带零食，甚至先在影院附近的餐厅吃完饭再来看电影等现象中逐渐被识别的。发现这样的需求后，经营影院的人要问的问题是：我能不能以可控的成本（以观众愿意接受的价格来衡量）提供这样的产品和服务？答案非常明确而令人乐观，与顾客接触的成本几乎为零，而且产品和服务的渠道具有排他性。顾客不可能中途出去吃饭或购买零食，观众爱在这个时候吃冰激凌和爆米花，但很容易化掉的冰激凌、凉了就不好吃的爆米花不大可能从外面携带进来。如果提供这类产品，就意味着影院拥有了其他产品不可能进入的销售渠道，而渠道的排他性意味着这些产品可以以相当高的价格出售，从而获得可观的利润。各影院之间可以就电影的票价展开竞争，竞争的加剧意味着票价出现货品化趋势（以略高于甚至低于成本价出售），但销售冰激凌和爆米花产品渠道的排他性（别的影院不可能到这里来卖这些产品）可以有效屏蔽货品化。

一、什么是商业模式

商业模式是创业者的创意,商业创意来自机会的丰富和逻辑化,并有可能最终演变为商业模式。其形成的逻辑是:机会是经由创造性资源组合传递更明确的市场需求的可能性,是未明确的市场需求或者未被利用的资源或者能力。尽管它第一次出现在20世纪50年代,但直到90年代才开始被广泛使用和传播,已经成为挂在创业者和风险投资者嘴边的一个名词。

有一个好的商业模式,成功就有了一半的保证。商业模式就是公司通过什么途径或方式来赚钱。简言之,饮料公司通过卖饮料来赚钱,快递公司通过送快递来赚钱,网络公司通过点击率来赚钱,通信公司通过收话费赚钱,超市通过平台和仓储来赚钱,等等。只要有赚钱的地方,就有商业模式存在。

随着市场需求日益清晰以及资源日益得到准确界定,机会将超脱其基本形式,逐渐演变为创意(商业概念),包括如何满足市场需求或者如何配置资源等核心计划。

随着商业概念的自身提升,它变得更加复杂,包括产品/服务概念、市场概念、供应链/营销/运作概念,进而这个准确并差异化的创意(商业概念)逐渐成熟,最终演变为完善的商业模式,从而形成一个将市场需求与资源结合起来的系统。

商业模式是一种包含了一系列要素及其关系的概念性工具,用以阐明某个特定实体的商业逻辑。它描述了公司所能为客户提供的价值以及公司的内部结构、合作伙伴网络和关系资本(relationship capital)等用以实现(创造、推销和交付)这一价值并产生可持续赢利的要素。

文献中使用商业模式这一名词的时候,往往模糊了两种不同的含义:一类作者简单地用它来指公司如何从事商业的具体方法和途径,另一类作者则更强调模型方面的意义。这两者实质上是不同的:前者泛指一个公司从事商业的方式,而后者指的是这种方式的概念化。后一观点的支持者们提出了一些由要素及其之间关系构成的参考模型,用以描述公司的商业模式。

商业模式新解:是一个企业满足消费者需求的系统,这个系统组织管理企业的各种资源(资金、原材料、人力资源、作业方式、销售方式、信息、品牌和知识产权、企业所处的环境、创新力,又称输入变量),形成能够提供消费者无法自力更生而必须购买的产品和服务(输出变量),因而具有自己能复制但别人不能复制,或者自己在复制中占据市场优势地位的特性。

二、创业注重商业模式的原因

现代管理学之父彼得·德鲁克说过:"当今企业之间的竞争,不是产品之间的竞争,而是商业模式之间的竞争。"《科学投资》杂志的调查显示,在创业企业中,因为战略原因而失败的只有23%,因为执行原因而夭折的也只不过是28%,但因为没有找到商业模式而走上绝路的高达49%。没有一个合理的商业模式,不管企业名气有多大,资产有多少,也必定走向衰亡!商业模式是关系到企业生死存亡、兴衰成败的大事,企业要想获得成功就必须从制定适合该企业的商业模式开始,新成立的企业是这样,发展期的企业更是如此。商业模式是企业竞争制胜的关键。

时代华纳前首席执行官迈克尔·邓恩说:"在经营企业过程当中,商业模式比高技术更重要,因为前者是企业能够立足的先决条件。"一个成功的商业模式不一定是技术上的突破,而是对某一个环节的改进,或是对原有模式的重组、创新,甚至是对整个游戏规则的颠覆。商业模式的创新形式贯穿于企业经营的整个过程,贯穿于企业资源开发、研发、制造、营销、市场流通等各个环节,也就是说在企业经营的每一个环节上的创新都可能变成一种成功的商业模式。

一个好的商业模式可以促使创业者全面思考市场需求、生产、分销、企业能力、成本结构等各方面的问题,将商业的所有要素协调成一个有效、契合的整体。

一个好的商业模式可以使顾客了解企业可能提供的产品和服务,实现企业在顾客心目中的目标定位。

一个好的商业模式可以使员工全面理解企业的目标和价值所在,从而调整自己的行动与企业的目标达成和谐。

一个好的商业模式可以使股东清晰、方便地判断企业的价值及其在市场中的地位变化。

商业模式描述了企业将如何实现创业的愿景,因此,在整个创业过程中有助于创业者对企业运作所涉及的各种业务、各种要素进行周密思考,形成相互支持和促进的有机整体。

三、商业模式核心要素

可以把商业模式划分为九个关键要素:客户细分、价值主张、渠道通路、客户关系、收入来源、核心资源、关键业务、重要合作、成本结构。

(一)客户细分

用来描述一个企业想要接触和服务的不同人群或组织,主要回答以下问题:我们正在为谁创造价值?谁是我们最重要的客户?

(二)价值主张

用来描绘为特定客户细分创造价值的系列产品和服务,主要回答以下问题:我们该向客户传递什么样的价值?我们正在帮助我们的客户解决哪一类难题?我们正在满足哪些客户需求?我们正在提供给客户细分群体哪些系列的产品和服务?

(三)渠道通路

用来描绘公司是如何沟通接触其客户细分群体而传递其价值主张,主要回答以下问题:通过哪些渠道可以接触到我们的客户细分群体?我们如何接触他们?我们的渠道如何整合?哪些渠道最有效?哪些渠道成本效益最好?如何把我们的渠道与客户的例行程序进行整合?

（四）客户关系

用来描绘公司与特定客户细分群体的关系类型，主要回答以下问题：每个客户细分群体希望我们与之建立和保持何种关系？哪些关系我们已经建立了？这些关系成本如何？如何把它们与商业模式的其余部分进行整合？

（五）收入来源

用来描绘公司从每个客户群体中获取现金收入（需要从收入中扣除成本），主要回答以下问题：什么样的价值能让客户愿意付费？他们现在付费买什么？他们是如何支付费用的？他们更愿意如何支付费用？每个收入来源占总收入的比例是多少？

（六）核心资源

用来描绘让商业模式有效运转所必需的最重要因素，主要回答以下问题：我们的价值主张需要什么样的核心资源？我们的渠道通路需要什么样的核心资源？我们的客户关系需要什么样的核心资源？我们的收入来源需要什么样的核心资源？

（七）关键业务

用来描绘为了确保其商业模式可行，企业必须做的最重要的事情，主要回答以下问题：我们的价值主张需要哪些关键业务？我们的渠道通路需要哪些关键业务？我们的客户关系需要哪些关键业务？我们的收入来源需要哪些关键业务？

（八）重要合作

让创业模式有效运作所需要的供应商与合作伙伴的网络，主要回答以下问题：谁是我们的重要伙伴？谁是我们的重要供应商？我们正在从伙伴那里获取哪些核心资源？合作伙伴都指向哪些关键业务？

（九）成本结构

运营一个创业模式所引发的所有成本，主要回答以下问题：什么是我们创业模式中最重要的固有成本？哪些核心资源花费最多？哪些关键业务花费最多？

【经典案例】MinuteClinic

1999 年 7 月的一个周末，美国人 Rick Krieger 的儿子说喉咙疼。Krieger 的家庭医生已经下班，所以他不得不求助于紧急护理诊所，他们在诊所等了 2 个多小时才得到治疗。他的儿子所需要的只是简单的快速检查，只需几分钟就可以完成，Krieger 当时在想，为什么没有快速看病的方式？难道没有适合快速治疗小病的方式吗？我们不是说癌症或心脏病，我们说的是感冒和咽喉痛。于是，他和 2 个合伙人便着手创立了 MinuteClinic，他们的核心创意是：向大众提供快速方便的医疗保健。MinuteClinic 在便利的零售地点开设了无电梯保健店面，治疗 18 个月以上儿童和成人常见疾病。他们清楚列出服务和报价，就像麦当劳的菜单，而且晚上和周末照常营业。还明确告知等待时间，所有治疗均不超过 15 分钟，价格低廉（30～110 美元）。诊所只提供基本的医疗服务，为了保证治疗时间段、费用低和患者期望的现实性，治疗方案仅限于易于诊断的简单疾病,对这些疾病,护士根据确定的指南就可以处理。这些指南由公司编制的 IT 系统提供,该系统可以快速进行病人登记并自动生成病历。虽然最初的商业模式是用来绕开传统的机构,如医疗保险提供商,但随着公司的发展,他们认为原有的商业模式也有必要做出改变,于是就进入保险网络,和保险公司合作,为客户提供的价值主张获得极大改善。对形势的准确理解以及采取的清晰策略促使 MinuteClinic 得以快速发展,并向全美拓展。

四、商业模式的设计

(一)在模仿中设计商业模式

1.全盘复制

全盘复制优势企业的商业模式有两个注意点:一是需要快速捕捉到商业模式的信息,谁先复制就可能具备先发优势;二是进行细节调整,复制不等于生搬硬套,需要针对本细分市场或企业情况进行适应性调整。

2.借鉴提升

引用创新点,通过学习和研究优秀商业模式,对商业模式的核心内容或创新概念进行适当提炼和节选,通过对这些创新点的学习,比照本企业的相关内容,寻找本企业商业模式的不足。如果这些创新点能够比本企业现阶段商业模式中的相关内容更符合企业发展需要,企业就应结合实际需要在本企业引用这些创新概念并发挥其价值。引用创新点、学习优秀商业模式的方法适用范围最为广泛,不同行业、不同竞争定位的企业都适用。

3.延伸扩展

具体做法是,通过对最新商业模式的了解,寻找使用这种商业模式的企业所在行业及细分市场,通过穷尽分析和专业分析找到同一行业内尚未开发的其他细分市场,将该种商业模式的主框架率先运用在同一行业的不同细分市场,使商业模式的应用范围不断扩展到其他细分市场,当然商业模式在实际运用中需要针对细分市场进行优化和调整。这种学习方法的优点是借助对商业模式的研究,寻找尚未开发的其他有效细分市场,并有机会构建先发竞争优势,且使用范围也更为广泛,适用于行业内所有的企业。行业外的企业如果想多元化发展,寻找新的业务发展机会,也可以直接复制或学习这种商业模式,顺利进入该行业。

4.逆向思维

通过对行业领导者商业模式或行业内主流商业模式的研究学习,模仿者有意识实施反向学习,即市场领导者商业模式或行业内主流商业模式如何做,模仿者则反向设计商业模式,直接切割对市场领导者或行业内主流商业模式不满意的市场份额,从而打造出相匹配的商业模式。采取逆向思维的方式学习商业模式时有三个关键点:一是找到行业领导者或行业主流商业模式的核心点,并依此制定逆向商业模式;二是企业在选择逆向制定商业模式时不能简单追求反向,需确保能够为消费者提供更大的价值,并能够塑造新的商业模式;三是防范行业领导者的报复行动,评估领导者可能的反制措施,并制定相应的对策。

【经典案例】百度

百度初始的商业模式是通过给门户网站提供搜索技术,获取服务费用,当发现给门户网站提供技术服务难以有较大发展的时候,百度对自己的商业模式进行了修正,通过出售应用软件与服务获得经济回报,这个商业模式帮助百度度过了艰难的创业期。但是这个商业模式目标人群较小,是对自我技术的出售,不可能做大主营业务和持续发展,百度需要找到能够快速发展和做大的商业模式。2001 年,百度才确定了现在的商业模式——基于竞价排名的网络推广方式,百度借鉴 Overture 公司的竞价排名,并将竞价排名作为自己的主要赢利模式,最终百度通过引用国外商业模式的创新点而使自己成功上市。

(二)在竞争中设计商业模式

1.强化自身的良性循环

企业通过对已经存在的商业模式进行调整来打造新的关键要素之间的良性循环,从而让自己更有勇气与对手展开竞争。这些新的受益点常常有助于发现新的商机。例如,空中客车的商业模式起先一直处于下风,因为波音公司可以把波音 747 创造的利润进行再投资。2007 年,空客公司研发出空客 380,在超大型商用客机市场挑战了波音 747 的垄断地位,不仅帮助空客公司维持了在小型和中型飞机领域的良性循环,而且对波音公司的良性循环形成了有效遏制,改变了自己相对波音公司的长期劣势。

2.削弱竞争对手的良性循环

一项新技术或新产品能否颠覆行业规则不仅仅取决于该技术的内在优势,也取决于它与其他竞争对手之间的互动。如何削弱其他竞争对手已有的模式显得至关重要。比如,从理论上说,Linux 的价值创造潜力或许比 Windows 更大,但是微软利用与代工生产商的合作关系,在个人台式机和手提电脑上预装了 Windows 操作系统,从而阻止了 Linux 拓展客户基础,成功地遏制了 Linux 的关键良性循环。

3.变竞争为互补

拥有不同商业模式的竞争对手也可以成为价值创造的合作伙伴。每个企业都有特色,在竞争中形成良性互补也是企业可以考虑的商业模式创新方法。比如,在线博彩交易所必发公司创新了博彩方式,允许彩民匿名相互下注,由此与传统博彩公司展开了较量。但由于必发从整体上调整了赔率,让玩家得以少输钱,这样玩家便会更多地下注,从而形成一个良性循环,这极大地拓展了英国的博彩市场,而竞争对手也渐渐地越来越包容它的存在了。

(三)网络销售的赢利模式

(1)商务活动。销售产品或者服务给顾客或企业。

（2）广告。销售广告空间给有兴趣的广告客户。

（3）收取费用。向预定信息内容或服务或参与拍卖等活动的顾客收取费用。

（4）出售用户信息。收集顾客的相关行为信息，出售给对其感兴趣的个人和公司。

（5）信用担保。从消费者手中取得资金，过一段时间付给卖主，从中扮演信用担保角色。

【经典案例】阿里巴巴 B2B 公司

1.企业基本情况

阿里巴巴 B2B 公司的总部位于中国杭州，在中国超过 30 个城市设有销售中心，并在中国香港以及美国、日本等地设有办事处或分公司。

阿里巴巴集团是全球电子商务的领先者，是中国最大的电子商务公司。自 1999 年成立以来，阿里巴巴集团茁壮成长，已拥有多家子公司。

阿里巴巴 B2B 公司——阿里巴巴集团的旗舰公司，是国内领先的 B2B 电子商务公司，服务于中国和全球的中小企业。

淘宝网——亚洲领先的个人网络购物市场。

支付宝——中国领先的在线支付服务。

阿里软件——服务于中国中小企业的以互联网为平台的商务管理软件公司。

中国雅虎——国内领先的搜索引擎和社区。

阿里妈妈——中国领先的网上广告交易平台。

口碑网——中国最大的生活搜索平台。

2008 年 6 月，中国雅虎和口碑网整合，成立雅虎口碑公司，正式进军生活服务领域。它以全网搜索为基础，为消费者打造出一个信息海量、获取方便、内容可信的生活服务平台——雅虎口碑网。

2.B2B 公司业务里程碑

1999 年，本为英语教师的马云与另外 17 人在中国杭州市创办了阿里巴巴网站，为小型制造商提供了一个销售产品的贸易平台。其后，阿里巴巴茁壮成长，成为主要的网上交易市场，让全球的中小企业透过互联网寻求潜在贸易伙伴，并且彼此沟通和达成交易。阿里巴巴于 2007 年 11 月 6 日在香港联合交易所上市，现为阿里巴巴集团的旗舰业务。阿里巴巴集团首次公开募股（IPO）的承销商们行使了超额配售权，使之正式以融资额 250 亿美元的规模成为有史以来最大的 IPO。

（四）手机网络与跨境电商模式

1.手机移动网络赢利商业模式

（1）微信商业模式：①前向收费（电商、游戏、VIP 服务）；②后向收费（接单、品牌广告、间接投放、植入广告、软文）。

（2）微博商业模式：①利用微博账号维护好自己的"粉丝"群；②阶段性开展有奖参与或转发的活动，吸引"粉丝"参与互动；③人性化地与"粉丝"群体进行沟通，提高他们的互动参与度;④提供有价值的信息内容。

（3）微博赚钱三绝招：养账号，聚"粉丝"；做威客；微软文，挂链接。

（4）APP商业模式：单纯出售模式；广告模式；收入组合模式；持续推出更新附属功能模式；月租费模式；二次运用模式；平台媒合模式；代为开发模式；授权模式。

2.跨境电商

（1）概念：跨境电子商务是指分属不同关境的交易主体通过电子商务平台达成交易、进行支付结算，并通过跨境物流送达商品、完成交易的一种商业活动。

（2）跨境电子商务的意义：推动经济一体化、贸易全球化的技术基础。

（3）跨境电子商务平台：国内以阿里巴巴速卖通、敦煌网、兰亭集势等为代表，国际主要以亚马逊、eBay等为代表。

（4）我国主要跨境电子商务进口试点城市：上海、重庆、杭州、宁波、郑州、广州及深圳。

（5）跨境交易平台发展趋势：跨境电商交易平台也将向移动化、垂直化、本地化、高端化发展。

（6）跨境电商存在的问题：中国的商品在海外缺少竞争力，尤其是缺少品牌竞争力；售后服务维权也面临较多的障碍和壁垒；跨境商品和货源丰富性还待提升；大多数跨境出口电商都游走在灰色地带。

五、"互联网＋"

(一)"互联网＋"的概念

利用互联网平台及信息通信技术，把互联网和包括传统行业在内的各行各业结合起来，在新的领域创造一种新的生态。

(二)"互联网＋"的发展趋势

"互联网＋"意味着新一代信息技术发展演进的新形态，推动开放创新、大众创业、万众创新，推动中国经济走上创新驱动发展的新常态。

(三)"互联网＋"的几种常见形态

1."互联网＋"金融

（1）概念：互联网金融是传统金融行业与互联网精神相结合的新兴领域，一方面金融借助互联网实现资金流通、支付等功能，形成新的金融模式；另一方面，金融的注入也释放了互联网的潜力。

（2）互联网金融六大模式：第三方支付；P2P网络借贷；阿里金融模式；众筹融资；金融机构创新型互联网平台；基于互联网的基金销售。

（3）互联网金融融资平台的优势：实现了成本的降低；实现了资源的高效配置；为传统的金融模式注入了新的理念。

2."互联网＋"工业

"互联网＋"工业即传统制造业企业采用移动互联网、云计算、大数据、物联网等信息通信技术,改造原有产品及研发生产方式,与"工业互联网""工业4.0"的内涵一致。有"移动互联网＋工业""云计算＋工业""物联网＋工业""网络众包＋工业""互联网商业模式＋工业"几种模式。

3."互联网＋"商贸

有B2B电子商务、企业自营电商、出口跨境电商几种形式。

第二节　撰写商业计划书

商业计划书是创业者或企业为了实施未来增长战略所制定的详细计划,主要用于向投资方和风险投资商说明公司未来发展战略和实施计划,从而取得投资方或风险投资商支持的一份商业计划报告,同时也是展示自己有实现战略和为投资者带来回报的能力及拥有资源实力的商业计划报告。

一、商业计划书有什么作用

商业计划书除了作为企业融资的重要组成部分外,还可以使创业者有计划地开展商业活动,增加成功的概率。对于创业者来说,它是不可缺少的。具体作用如下:

(1)分析将开展的经营活动的可行性。只有美好的设想是远远不够的,商业计划书将对你的设想进行科学的分析,让你知道自己的设想是否可以实现。一位风险投资家说:"如果你想踏踏实实地做一份工作的话,写一份商业计划书能迫使你进行系统的思考。有些创意可能听起来很棒,但是当你把所有的细节和数据写下来的时候,自己就崩溃了。"

(2)帮助你得到风险投资商的投资,或者其他形式的融资,找到投资方或合作伙伴。只有拥有一份完美的商业计划书,你的融资需要才可能成为现实,这对于你来说是至关重要的。

(3)对于你的业务发展来说,商业计划书也是不可缺少的。有了这样一份经营活动的指导文件,将大大节省你的时间,减轻你的压力。

二、商业计划书要回答什么问题

(一)详细介绍产品

在商业计划书中,应提供所有与企业的产品或服务有关的细节,包括企业实施的所有调查。这些问题包括:产品正处于什么样的发展阶段?它的独特性怎样?企业分销产品的方法是什么?谁会使用企业的产品,为什么?产品的生产成本是多少?售价是多少?企业发展新的现代化产品的计划是什么?把出资者拉到企业的产品或服务中来,这样出资者就会和你一样对产品有兴趣。在商业计划书中,撰写者应尽量用简单的词语来描述每件事。商品及其属性的定义对撰写者来说是非常明确的,但其他人不一定清楚它们的含义。

(二)竞争企业的说明

在商业计划书中,要细致分析竞争对手的情况。竞争对手都是谁?他们的产品如何?竞争对手的产品与本企业的产品相比,有哪些相同点和不同点?竞争对手所采用的营销策略是什么?要明确每个竞争者的销售、毛利润、收入以及市场份额,然后再讨论你相对于每个竞争者所具有的竞争优势,商业计划书要使投资者相信,你不仅是行业中的有力竞争者,而且将来还会是确定行业标准的领先者。

(三)营销计划方案

商业计划书要给投资者提供企业对目标市场的深入分析和理解。要细致分析经济、地理、职业以及心理等因素对消费者选择购买本企业产品这一行为的影响,以及各个因素所起的作用。商业计划书中还应包括一个主要的营销计划,计划中应列出你打算开展广告、促销以及公共关系活动的地区,明确每一项活动的预算和收益。商业计划书中还应简述销售战略:是使用外面的销售代表,还是使用内部职员?是使用转卖商、分销商,还是特许商?将提供何种类型的销售培训?此外,商业计划书还应特别关注销售中的细节问题。

(四)制定执行方案

你的行动计划应该是无懈可击的。商业计划书中应该明确下列问题:你如何把产品推向市场?如何设计生产线?如何组装产品?生产需要哪些原料?拥有哪些生产资源?还需要什么生产资源?生产和设备的成本是多少?企业是买设备还是租设备?解释清楚与产品组装、储存以及发送有关的固定成本和变动成本的情况。

(五)管理团队

把一个思想转化为一个成功的风险企业,其关键就是要有一支强有力的管理队伍。这支队伍的成员必须有专业技术知识、管理才能和多年工作经验。管理者的职能就是计划、组织、控制和指导公司实现目标的行动。在商业计划书中,应首先描述整个管理队伍及其职责,然而再分别介绍每位管理人员的特点和造诣,细致描述每个管理者对公司做的贡献。商业计划书中还应明确管理目标以及组织机构。

(六)精练的计划摘要

商业计划书的计划摘要也十分重要。它必须能让投资者有兴趣得到更多的信息,它将给投资者留下长久的印象。商业计划书中的计划摘要将是撰写的最后一部分内容,却是出资者首先要看的内容。摘要将从计划中摘录出与筹集资金最相干的细节,是公司内部的基本情况、公司的能力以及局限性、公司的竞争对手、公司的营销和财务战略、公司的管理队伍等简明而生动的概括。

三、商业计划书的评审标准

(一)大学生创业计划竞赛书评审标准

见表 8-1。

表 8-1 大学生创业计划竞赛书评审标准

评审项目	总分值
执行总结	5%
产品/服务、公司	15%
公司战略	5%
市场分析	10%
营销策略	10%
经营管理	5%
创业团队	15%
企业经济/财务状况	10%
融资方案和回报	10%
关键风险和问题	10%
创业计划表述	5%
总分	100%

(二)大学生创新创业大赛全国总决赛商业计划书评审规则

1. 创意组项目

见表 8-2。

表 8-2 创意组项目评审要点、评审内容及对应分值

评审要点	评审内容	分值
创新性	突出原始创意的价值,不鼓励模仿。强调利用互联网技术、方法和思维在销售、研发、生产、物流、信息、人力、管理等方面寻求突破和创新。鼓励项目与高校科技成果转移、转化相结合	40
团队情况	考察管理团队各成员的教育和工作背景、价值观念、擅长领域,成员的分工和业务互补情况;公司的组织构架、人员配置安排是否科学;创业顾问、主要投资人和持股情况;战略合作企业及其与本项目的关系,团队是否具有实现这种突破的具体方案和可能的资源基础	30
商业性	在商业模式方面,强调设计的完整性与可行性,完整地描述商业模式,评测其赢利能力推导过程的合理性。在机会识别与利用、竞争与合作、技术基础、产品或服务设计、资金及人员需求、现行法律法规限制等方面具有可行性。在调查研究方面,考察行为调查研究程度,项目市场、技术等调查工作是否形成一手资料,不鼓励文献调查,强调田野调查和实际操作检验	25
带动就业前景	综合考察项目发展战略和规模扩张策略的合理性和可行性,预判项目可能带动社会就业的能力	5

2. 初创组、成长组项目

见表 8-3。

表 8-3 初创组、成长组项目评审要点、评审内容及对应分值

评审要点	评审内容	分值
商业性	在经营绩效方面,重点考察项目存续时间、营业收入、税收上缴、持续赢利能力、市场份额等情况,以及结合项目特点制定合适的市场营销策略,带来良性的业务利润、总资产收益、净资产收益、销售收入增长、投资与产出比等情况。在成长性方面,重点考察项目目标市场容量大小、可扩展性以及该项目是否有合适的计划和可能性(包括人力资源、资金、技术等方面)支持其未来 5 年的高速成长。在商业模式方面,强调项目设计的完整性与可行性,并给出完整的商业模式描述,以及在机会识别与利用、竞争与合作、技术基础、产品或服务设计、资金及人员需求、现行法律法规限制等方面需具有可行性。在融资方面,强调融资需求及资金使用规划	40
团队情况	主要考察管理团队各成员有关的教育和工作背景、价值观念、擅长领域,成员的分工和业务互补情况;公司的组织构架、人员配置以及领导层成员;创业顾问、主要投资人和持股情况;战略合作企业及其与本项目的关系	30
创新性	突出原始创意的价值,不鼓励模仿。强调利用互联网技术、方法、思维在销售、研发、生产、物流、信息、人力、管理等方面寻求突破和创新。鼓励项目与高校科技成果转移、转化相结合	20
带动就业情况	考察项目增加社会就业份额,发展战略和扩张策略的合理性,上下产业链的密切程度和带动效率、其他社会效益	10

(3)评分标准

优秀:85～100 分,良好:70～84 分,一般:55～69 分,差:0～54。

四、寻找投资者的主要方式

(1)参加各类创业竞赛;

(2)中间人介绍;

(3)参加有关会议;

(4)直接接触一些高层次的人士;

(5)利用互联网寻找在线风险投资者;

（6）参加各种贸易洽谈会或招商会。

五、创业项目路演相关概念

（一）定义

创业项目路演就是创业者在讲台上向台下众多的投资方和评委讲解自己的创业项目属性、发展规划、融资计划。创业项目路演分为线上创业项目路演和线下创业项目路演。线上创业项目路演主要是通过 QQ 群、微信群或者在线视频等互联网方式对创业项目进行讲解或展示；线下创业项目路演主要通过活动专场与投资人或评委进行面对面交流。

（二）目的

创业项目路演的目的是同时让多个投资家或者评委很认真地倾听创业者或参赛者的讲解和说明，同时还可以有一个思考和交流的过程。

六、大学生创业竞赛项目路演陈述和答辩的评价准则

（1）思路清晰，逻辑严密；

（2）结构合理，陈述有序；

（3）分析基本准确，结论可信；

（4）语言准确、优雅、严谨，发音标准；

（5）回答准确、敏捷、简练、礼貌；

（6）团队合作意识强，配合程度好；

（7）在既定的时间内将最重要的信息全部传递给听众；

（8）展品真实，演示正确，工作正常，效果明显；

（9）数据可靠，论据有效。

七、创业项目路演技巧

（1）做好项目路演准备：做好答辩 PPT；熟悉创业项目相关资料，并且提前准备些问题；观摩和模拟。

（2）项目路演过程中要做好团队分工，如播放 PPT、讲演、回答问题要分工明确。

（3）正式项目路演时，要逻辑清晰，时刻保持与投资者或评委的互动，并在路演中充分体现创业者及其团队的正能量；要有清晰的逻辑；关注投资者或评委表情的变化；用生动和自信的语言吸引投资者或评委的注意力，同时要在路演过程中展示创业者及其团队的个人魅力和团队魅力。

（4）客观回答投资者或评委的各种提问。知之为知之，不知为不知，要据实回答，并做到简明扼要；避免在路演现场与投资者或评委产生激烈冲突；要等待问题提完再回答，听不清楚的可以请求提问者再复述一遍。

大学生创业计划竞赛答辩评审标准见表 8-4。

表 8-4 大学生创业计划竞赛答辩评审标准

正式陈述(50%)	产品/服务、公司和市场分析	5%
	公司战略和营销策略	10%
	团队能力和经营管理	10%
	企业经济/财务状况	5%
	融资方案和回报	10%
	关键风险和问题分析	5%
	陈述时间控制	5%
回答问题(40%)	正确理解评委的问题	5%
	及时流畅回答问题	10%
	回答准确可信	10%
	对评委感兴趣的问题能做充分阐述	10%
	在规定时间内有效回答	5%
团队整体表现(10%)	整体答辩逻辑严谨、思路清晰	5%
	团队成员协作完成	5%
总分		100%

第三节　积极参加创新创业比赛

为落实党中央、国务院提出的大众创业、万众创新的重大部署,深入实施创新驱动发展战略,中国创新创业大赛聚集和整合各种创新创业资源,引导社会各界力量支持创新创业,搭建服务创新创业的平台,弘扬创新创业文化,激发全民创新创业的热情,掀起创新创业的热潮,打造推动经济发展和转型升级的强劲引擎。创新创业大赛是依托高校、地方政府或部委及企业的一项以"科技创新,成就大业"为主题的创业比赛。大赛采取"政府主导、公益支持、市场机制"的模式,既有效发挥了政府的统筹引导能力,又最大化聚合激发了市场活力。

一、依托高校的创业体系

(一)"挑战杯"及其历程简介

"挑战杯"中国大学生创业计划竞赛被誉为中国大学生创业创新类比赛的"奥林匹克"盛会,是目前国内大学生创业创新类最热门、最受关注的竞赛。1999 年,由清华大学承办首届"挑战杯"中国大学生创业计划竞赛,孕育了"视美乐""易得方舟"等一批高科技公司。2000 年,由上海交通大学承办第二届"挑战杯"中国大学生创业计划竞赛。此后,每两年举办一届,该比赛是全国目前最具有导向性、示范性和权威代表性的全国创业竞赛活动。2002 年、2004 年、2006 年、2008 年、2010 年、2012 年,第三、四、五、六、七、八届"挑战杯"中国大学生创业计划竞赛先后在浙江大学、厦门大学、山东大学、四川大学、吉林大学、同济大学成功举办。

(二)"挑战杯"向"创青春"的转变

党的十八届三中全会对"健全促进就业创业体制机制"作出了专门部署,指出了明确方向。为贯彻落实习近平总书记系列重要讲话和党中央有关指示精神,适应大学生创业发展的形势需要,在原有"挑战杯"中国大学生创业计划竞赛的基础上,共青团中央、教育部、人力资源社会保障部、中国科协、全国学联决定,自 2014 年起共同组织开展"创青春"全国大学生创业大赛,每两年举办一次,下设大学生创业计划竞赛(即"挑战杯"中国大学生创业计划竞赛)、创业实践挑战赛、公益创业赛 3 项主体赛事。

(三)国家级大学生创新创业训练计划

自 2007 年起,大规模的大学生创新性实验计划全面推行,2011 年下半年增加创业训练项目和创业实践项目,现更名为大学生创新创业训练计划,内容包括创新训练项目、创业训练项目和创业实践项目三类。实施国家级大学生创新创业训练计划,可以促进高等学校转变教育思想观念,改革人才培养模式,强化创新创业能力训练,增强高校学生的创新能力和在创新基础上的创业能力。

(四)三创赛

全国大学生电子商务"创新、创意及创业"挑战赛(简称"三创赛")是由教育部高等学校电子商务专业教学指导委员会面向全国高校举办的大学生竞赛项目,是教育部、财政部"高等学校本科教学质量与教学改革工程"重点支持项目。首届"三创赛"于 2009 年在浙江大学举办,得到地方政府和广大企事业单位的积极支持和热烈响应,此后每年举办一届。大学生通过竞赛挑战企业需求项目,激发创意、创新、创业热情,建立高校教育教学与社会经济发展紧密联系的立交桥。KBA 的英文全称为 know about business,意思是"了解企业",是国际劳工组织为培养大学生的创业意识和创业能力而专门开发的教育项目。该项目通过教授有关企业和创业的基本知识和技能,帮助学生树立对创业的全面认识,普及创业意识和创业知识,培养有创新精神和创业能力的青年人才。该项目一般以选修课形式在大学开展,学生通过选修该课程可以获得相应的学分。该课程自 2005 年启动以来,已在清华大学、北京航空航天大学、中国青年政治学院等高校完成试点教学,受到师生的欢迎和好评。

(五)"学创杯"全国大学生创业综合模拟大赛

首届"学创杯"全国大学生创业综合模拟大赛于 2014 年由教育部国家级实验教学示范中心联席会经管学科组主办,重庆工商大学和武汉大学联合承办,赛事每年举办一届。本大赛旨在以创业竞赛、创业研讨会等形式推动对创业教育实验实践教学的探索,促进校际交流与合作,共同探讨与引导创业教育实验实践教学改革与创新。

(六)"博创杯"全国大学生嵌入式物联网设计大赛

首届"博创杯"大赛于 2005 年成功举办,此后每年举办一届。"博创杯"大赛是一个为学生提供交流学习、项目实践,为企业提供人才选拔的专业竞赛平台。大赛目的在于深化高等学校嵌入式物联网系统人才培养模式、实践教学的改革,提高大学生的创新意识、动手能力和团队协作能力。大赛为高校作品提供了一个交流和展示的平台,本着公平、公开、共享的原则,积极吸纳优秀大赛作品,并向企业推荐,利用企业平台,完成参赛项目的产品化转换。大赛已经发展成高校与企业间的人才、技术双向交流对接的高端平台,为了进一步推进工业化和信息化的融合提供了有效的工程人才培养模式。

(七)GSVC 社会创业大赛

世界上历史最悠久、最具影响力的全球社会创业大赛 GSVC(Global Social Venture Competition)由全球顶尖商学院共同合作举办。它由美国加州大学伯克利分校哈斯商学院于 1999 年创立,如今在全球范围内已经发展了五个地域性合作伙伴(哥伦比亚商学院、伦敦商学院、泰国政法大学、印度商学院和法国埃塞克商学院)及三个分会联系伙伴(耶鲁大学管理学院社会企业项目、韩国社会企业大赛、意大利 Cattolica del Sacro Cuore 大学商业和社会研究生学院)。2009 年,GSVC 登陆中国。

(八)国际企业管理挑战赛

国际企业管理挑战赛(Global Management Challenge,GMC)30 多年前起源于欧洲,为一年一度的国际赛事。它的宗旨是在全球范围内提高现代化企业管理水平,促进各国企业管理技术的规范化。目前,全球共有 40 多个国家和地区参赛,堪称企业管理模拟的奥林匹克大赛。

(九)全国大学生管理决策模拟大赛

首届全国大学生管理决策模拟大赛由高等学校国家级实验教学示范中心联席会为主办单位于 2009 年成功举办,此后每年举办一届。大赛的战略合作伙伴单位均为曾使用过《商道》进行企业高管培训或人才选拔的单位,各大企业的人力资源部门高度关注本大赛,希望从中选拔优秀人才。

(十)两岸四地大学生创新创业大赛

本赛事是由科技部火炬高技术开发产业中心、广东省科技厅、共青团广东省委主办,依托广州大学城高校,联合香港、澳门、台湾等多所知名大学,共同发起的一项集创新孵化、创业实践、创意设计为一体的区域性赛事。2014 年大赛首次落户广州。以后赛事每年举办一届,赛事汇聚创新创业资源,服务两岸四地创业青年,打造以粤港澳台地区为主体、面向亚洲地区、具有较大国际影响力的区域性品牌,推动两岸四地在创新创业人才培育、科技创新与产业合作、创意文化汇聚融合等多维度的交流与合作。

(十一)"用友杯"全国大学生创业设计暨沙盘模拟经营大赛

"用友杯"大赛是中国高等教育学会本着深化教学改革、提高教学质量的理念,用于增强当代大学生综合素质、培养信息化技能而设立的全国性赛事,自 2005 年用友科技有限公司承办以来,每年举办一届。比赛采用用友商战虚拟仿真系统平台作为竞赛平台,模拟经营一家集研究、开发、生产、批发及零售于一体的某一行业的创业型公司,和其他若干家(以实际参加比赛队伍数为准)企业展开激烈的市场竞争。

(十二)中国大学生跨境电子商务创新创业大赛

"中国大学生跨境电子商务创新创业大赛"是为进一步促进"一带一路"国家倡议下的跨境电子商务产业发展而举办的,旨在以"互联网+"理念带动传统制造业和外贸升级转型,围绕新常态下的"大众创业、万众创新"新策,打造全国数万家中小微跨境电商企业和百万大学生创新创业平台。首届比赛于 2015 年 4 月底正式启动,2015 年 11 月举办"中国大学生跨境电子商务创新创业大赛"决赛暨"世界电商生态大会",以实现产业博览、专家研讨、竞赛评选、人才创业就业等的有机结合。

(十三)中国"互联网+"大学生创新创业大赛

首届中国"互联网+"大学生创新创业大赛于 2015 年 5 月至 10 月在吉林举办,参赛项目要求能够将移动互联网、云计算、大数据、物联网等新一代信息技术与行业产业紧密结合,培育基于互联网的新产品、新服务、新业态、新模式,以及推动互联网与教育、医疗、社区等深度融合的公共服务创新,主要包括"互联网+"传统产业、"互联网+"新业态、"互联网+"公共服务、"互联网+"技术支撑平台等类型。大赛旨在深化高等教育综合改革,激发大学生的创造力,培养造就"大众创业、万众创新"的生力军;推动赛事成果转化,促进"互联网+"新业态形成,服务经济提质增效升级;以创新引领创业、创业带动就业,推动高校毕业生更高质量地创业就业。

(十四)福建省依托高校的创业体系

包括福建省高校毕业生创业省级资助项目、福建省大学生"创业之星"评选暨大学生创业扶持计划、福建省青年创新创业大赛、福州大学创新创业大赛、福州高校学生跨境电商创业大赛等。

(十五)其他赛事

如英特尔全球技术创业挑战赛、美国全球企业家创业项目等。

二、依托地方政府或部委的创业体系

(一)中国创新创业大赛

中国创新创业大赛是由科技部、教育部、财政部和中华全国工商业联合会共同指导举办的一项以"科技创新,成就大业"为主题的全国性创业比赛。第一届中国创新创业大赛于 2012 年举办,此后每年举办一届。大赛目的是整合创新创业要素,搭建为科技型中小企业服务的平台,引导更广泛的社会资源支持创新创业,促进科技型中小企业创新发展。

(二)中国青年创新创业大赛

为贯彻落实习近平总书记系列重要讲话和党的十八届三中全会精神,在全社会营造理解、重视、支持青年创新创业的良好氛围,为青年创新创业提供有利条件,搭建广阔舞台,大力发现、培育、选择青年创新创业人才,共青团中央、工业和信息化部、人力资源社会保障部、农业部、中国邮政储蓄银行、中央电视台决定,自2014年起共同策划举办"盐商杯"中国青年创新创业大赛,大赛以上海"盐商"集团冠名。大赛旨在搭建创业者成长展示平台、投融资对接平台,建立青年创新创业项目库、人才库、导师库,优化青年创业环境,提高青年创业成功率,激发全社会关心青年创业的热情,促进青年创业就业服务体系建设。

(三)"创办和改善你的企业"项目

SIYB(start & improve your business)即创业培训,是国际劳工组织为促进微小企业发展,促进就业,专门研究开发的一系列培训小企业家的培训课程。国家劳动和社会保障部与国际劳工组织于2004年7月启动了"创办和改善你的企业"(SIYB)中国项目,在北京、天津、上海等14个城市进行试点,与为下岗失业人员提供小额担保贷款等优惠政策相结合,探索对下岗失业人员、青年学生、农村转移劳动力开展创业培训,以培训促进就业、以创业带动就业的城市就业新模式。在试点城市,SIYB教材模式和内容迅速得到了下岗失业人员的认同。促进就业、再就业是城市发展的一项重要工作,不少下岗失业人员经过培训,就业率明显提高。

(四)中国农业科技创新创业大赛

2010年,由科技部、农业部、教育部、中国银监会、中国证监会、陕西省人民政府、深圳市人民政府作为指导单位举办了首届"中国农业科技创新创业大赛",第二届大赛于2014年举办。大赛高举农村科技创业大旗,推动科技金融结合,创造风险投资与农业科技创业团队对接的范例,培育用现代服务业引领推动现代农业产业发展的生态环境,吸引世界一流农业科技创新创业团队,培育一批具有自主知识产权、高成长性的农业高科技企业,促进现代农业产业结构调整和优化升级。

(五)中国科技创业计划大赛

中国科技创业计划大赛由宁波市人民政府、科技部火炬高技术产业开发中心、国家科技风险开发事业中心主办,始于2002年,此后每年举办一届。大赛面向海内外科技型企业、科技创业人员(专利技术、科技成果持有者)以及进入创业实施阶段的科技项目,从创业计划书入手,进行创业理念和实践的培训,进而以创业计划大赛为载体,整合国内孵化器的创业资源,打造中国最有影响力的早期科技创业投融资技术服务平台。

(六)中国杭州大学生创业大赛

中国杭州大学生创业大赛是由杭州市人民政府主办,杭州市人力资源和社会保障局、杭州市人才工作领导小组办公室、杭州市发展与改革委员会、杭州市财政局等联合举办,首届大赛于2008年成功举办,此后每两年举办一届。大赛跳出传统创业竞赛模式,在办赛思路、机制等方面进行大胆创新,以"引进培养有市场前景的优秀创业项目和团队"为目标,通过推进资本与优秀项目的对接及独特的赛后跟踪服务,使大赛成为"孵化大学生创业企业"的过程。

（七）中国大学生服务外包创新创业大赛

中国大学生服务外包创新创业大赛,是自 2010 年起举办的每年一届的全国性竞赛。大赛由中华人民共和国教育部、中华人民共和国商务部和无锡市人民政府联合主办,由国家服务外包人力资源研究院、无锡市商务局、无锡市教育局、江南大学承办。大赛的主要目的是搭建产学结合的大学生服务外包创新创业能力展示平台;促进校企交流,促使高等教育为服务经济发展提供人才保障;宣传服务经济,提升社会公众对服务外包产业发展的关注度和重视度。

（八）国际青年科技创业大赛

国际青年科技创业大赛是由北京市海淀区人民政府、北京大学及国际优秀创新机构共同发起的国际级创新赛事,于 2014 年启动。大赛每年关注一个热点创新主题,挖掘多个热点创新项目,支持一个热点行业创新发展,以创新为主线,设立国内赛场和国外赛场,引领全球新一轮创新创业趋势。大赛为雾霾天气治理、大气环境改善、全球水资源利用、新能源产业等寻找更多先进的技术解决方案。

（九）海峡两岸（福州）大学生创业创新大赛

海峡两岸（福州）大学生创业创新大赛由福州市人民政府、福建省人力资源和社会保障厅、共青团福建省委主办,福州市公务员局、福州市人力资源和社会保障局、福州市委宣传部、福州市财政局、福州市科技局、共青团福州市委、福州市教育局、福州市人民政府台湾事务办公室承办,福州日报社、福州广播电视台、福州市青年创业促进会、台湾青年创业协会总会、台湾中华青年交流协会及各创投机构协办,旨在鼓励大学生创新创业,进一步搭建资本和项目交流与对接的平台,吸引更多的优秀创业人才、团队和项目落地福州。大赛面向大陆全日制普通高校大学生,台湾及港澳地区高校大学生,同时欢迎海外高校的中国留学生参赛,主要针对在校大学生或毕业 3 年内的大学生（包括专科、本科、研究生）。

（十）"中国创翼"青年创业创新大赛

"中国创翼"青年创业创新大赛由中国宋庆龄基金会、人力资源社会保障部联合主办,以"共圆中国梦、青春创未来"为主题,包括主体赛事——创业创新路演赛和专项赛事——"欧格玛杯"大学生营销策划赛。参赛对象为年满 18 周岁但不超过 40 周岁的境内高校青年学生、社会青年、港澳台青年以及海外留学青年。大赛分 8 大赛区,覆盖全国 31 个省（自治区、直辖市）。大赛为优秀项目提供资金、政策、商业合作以及宣传推广等支持,组委会为大赛设立数百万奖励基金。

（十一）其他大赛或方案

其他可依托地方政府或部委的创业体系包括"创业姑苏"青年精英创业大赛、江苏科技创业大赛、创业世界杯、"希望工程激励行动"实施方案等。

三、依托企业等的创业体系

(一)李开复的创新工场

创新工场由李开复创办于 2009 年 9 月,是一家致力于早期阶段投资,并提供全方位创业培育的投资机构。创新工场是一个全方位的创业平台,旨在培育创新人才和新一代高科技企业。创新工场通过针对早期创业者需求的资金、商业、技术、市场、人力、法律、培训等提供一揽子服务,帮助早期阶段的创业公司顺利启动和快速成长。同时帮助创业者开创出一批具有市场价值和商业潜力的产品。创新工场的投资方向立足于信息产业最热门领域:移动互联网、消费互联网、电子商务和云计算。

(二)"千人计划"创业大赛

"千人计划"创业大赛由千人计划创投中心(东沙湖股权投资中心)和千人计划专家联谊会共同举办,自 2012 年启动以来,每年举办一届。大赛旨在为世界各国怀揣梦想的创业人才搭建在中国创业的平台,建立与资本、市场、产业对接的桥梁,为早期创业企业注入成长的力量。主办方希望通过大赛,建立起创业项目与投资者、企业家之间的合作平台:创业团队可以通过大赛展示自己的创新技术和商业模式,寻求企业发展所需的资源;投资者可以通过大赛,寻找和孵化具有投资价值的项目;企业家可以通过大赛了解最新的技术进步,寻找产业整合以及并购的机会。大赛将科技、人才和资本结合,帮助海内外人才在中国创新创业,为科学发展和社会经济进步做出贡献。

(三)"中国创业榜样"大型公益活动

由中央电视台财经频道主办的"中国创业榜样"大型公益活动走进中国一百多所高等学府,走进中国 100 个县,走进中国东西南北中最具代表性的 20 座城市,寻找创业英雄,为青年创业者提供全资源对接的扶持平台。有好的方案却缺乏资金的企业而言,这一公益活动是很好的选择。

(四)创业英雄汇

"CCTV 中国青年创业实战公开课——创业英雄汇"是一档全新模式、极致化表达的新型创业服务节目,是秉承"支持大众创业,支持万众创新,增添社会活力和发展内生动力"理念,由央视财经频道于 2014 年 12 月 26 日重磅推出。央视财经频道瞄准了青年创业这一当下极具引领性、前瞻性的领域,汇聚了柳传志、俞敏洪、雷军等中国最有影响力的创业导师群体,致力于鼓励青年人创业、创新,尤其是鼓励"80 后""90 后"创业者勇敢走进创业新时代。

(五)"致富经"栏目

"致富经"栏目内容定位是以百姓视角解读他们身边的致富明星,报道涉农经济发展过程中涌现出的致富经验和创新做法,带给观众以启迪智慧、更新观念的具有时代感的财富故事。2003 年,"致富经"栏目第一次全新大改版,设有"闯天下"和"经济视野"两个版块。第二次改版则是在 2009 年,将原"闯天下"和"经济视野"两个版块合并为

"闯天下"一个版块。"闯天下"以农村百姓的创业经历、经济生活或经营涉农产业的城市人的创业经历、经济生活为题材,讲述一个个具有时代感的财富故事。这些是在统筹城乡进程中涌现出来的,能给观众以启迪智慧、更新观念的具有时代感的真实案例,是观众可望又可及的致富榜样。

(六)"创业天使"栏目

CCTV 播出的大型财经互动节目"创业天使"致力于打造一个关注中国政商领袖和推动中国企业家成长的平台,响应党和国家的号召,秉承"传播正能量,共圆中国梦"的宗旨,搭建起政界、商界、学界与资本之间的沟通桥梁和绿色通道,从而促进产业转型升级,助力企业融资上市,推动经济健康发展。

(七)中国大学生方程式汽车大赛

中国大学生方程式汽车大赛(简称"中国 FSAE")是一项由高等院校汽车工程或汽车相关专业在校学生组队参加的汽车设计与制造比赛。中国 FSAE 致力于为国内优秀汽车人才的培养和选拔搭建公共平台,通过全方位考核,提高学生们的设计、制造、成本控制、商业营销、沟通与协调五方面的综合能力,全面提升汽车专业学生的综合素质,为中国汽车产业的发展进行长期的人才积蓄,促进中国汽车工业从"制造大国"向"产业强国"的战略方向迈进。从 2014 年起,所有的参赛队伍需要在比赛前提交一份全新的综合商务与设计理念的总结。为了让车队队员更有效地利用此份总结报告,报告需要在制定整车经营理念与设计目标时进行完善,并在进行细节设计之前完成。

(八)中国平安励志创业大赛

中国平安励志创业大赛是由中国平安保险(集团)股份有限公司和中国青少年发展基金会共同举办的、面向青年的创业比赛,于 2009 年开始举办。大赛为怀揣创业梦想的青年搭建创业平台,培养青年的创新能力,让更多青年参与创业实践为主旨,建立起创业项目与投资者、企业家之间合作的平台。

(九)全国大学生网络商务创新应用大赛

中国互联网协会"邮储银行杯"全国大学生网络商务创新应用大赛,是工信部、教育部指导并支持,中国互联网协会主办、中国邮政储蓄银行主协办的全国大学生职业能力赛事活动,是中国互联网协会"互联网应用实训促就业工程"的重要内容之一。大赛自2007 年举办首届以来,每年举办一届,以真实企业商业问题作为比赛内容,辅以企业资深人士作为企业教官,及业界专家的点评与辅导,让大学生与高校老师在了解企业现实的基础上,与企业共同配合解决实际问题,从而帮助大学生提升职业能力,促进大学生实践就业。大赛还有助于高校与企业间建立长期的实习实践合作关系,从而实现产、学、研相结合的远程实践教学方式。

(十)中国 TMT 行业创业大赛

2014 年,首届"中国 TMT 行业创业大赛"在北京拉开序幕,这是中国创业者首次面对国际三大 TMT 领域领军企业的创业扶持计划及知名的投资机构评估、媒体全程跟踪的大型创业大赛。此次大赛由微软创投加速器、IBM 创业家全球训练营、诺基亚成长基金、360 投资、红杉资本及《IT 时代周刊》联合发起。首届"中国 TMT 行业创业大赛"与其他创业大赛及孵化器项目相比,更加偏重于在国际成熟的商业平台和技术平台方面,对创业者进行支持和帮助,优胜创业项目不仅可以获得免费的云服务资源,而且可以全方位免费使用 IBM 全系统商业软件和微软相关技术资源,并可以在相关的技术创新中心尽情把创意变为产品模型。

(十一)微软大赛

微软 BizSpark 是一项全球针对创业软件企业的扶植计划,旨在通过提供软件、技术支持以及市场和融资渠道等资源,帮助从事软件开发和互联网服务的创业企业在早期发展阶段快速取得成功。2011 年,微软 BizSpark 计划首次与创业邦创新中国合作,为创业软件企业搭建了一个面向广大投资者的推广平台,促进我国创业企业的发展。微软 BizSpark 创业企业大赛已经成为业内最有价值及最受关注的创业孵化平台,为创业企业提供软件支持、技术支持及融资渠道等资源。作为一项全球性计划,微软BizSpark 帮助软件创业企业开发卓越的应用程序,并在微软产品平台上改进用户体验。

(十二)微软云创益大赛

2013 年,由微软主办的"以全云筑创想"为主题的第二届云创益大赛在北京拉开帷幕。云创益大赛以"云创新"为燃点引爆云应用梦想。目的是通过对云计算技术的趋势分析,帮助企业解决业务以及 IT 难题,构建安全高效的云计算平台。

思考题:

1.什么是商业模式?其核心要素有哪些?

2.如何撰写商业计划书?

第九章 新时代的创新与创业

　　随着全球网络化的快速发展,互联网和社交网络改变了传统经济发展模式。互联网技术与新商业模式正在实现整个商业的网络化,也带来了社会形态的改变和消费者生活方式的变化。越来越多的创业企业依托互联网开发出新的商业模式并取代了传统的商业模式。互联网创业正以其爆炸式的效果,在世界范围内迅速发展,成为当今世界发展新的经济增长点。

　　从农业时代、工业时代到信息时代,人类社会已经进化到网络时代。半个世纪前开始的信息产业革命以及正在发生的移动网络革命,是迄今为止人类对社会做的最巨大的一次改造。网络的发展加快了经济全球化进程,改变了人类的生产、流通、分配、消费方式,出现了虚拟货币、网络市场、社区商务等新的经济现象。同时,社会经济和文化的发展催生了互联网和新兴媒体的创新,社会的组织方式已经发生了根本性的变化。

第一节　互联网创业模式

【案例导入】大数据加速融入实体经济

　　随着大数据产业的深入发展,大数据产业与实体经济的融合日益加深,已经从早期的电商、金融、电信领域拓展至农业、医疗、工业等方方面面。

　　近日,中国信息通信研究院发布的《大数据白皮书(2018)》显示,2017 年,我国大数据产业规模达 4700 亿元,同比增长 30.6%,大数据与实体经济融合提速。

　　福耀玻璃首席信息官夏乐冰对此深有感触。他说,要吸引客户,吃吃喝喝行不通,关键是要提供全方位服务,而服务就是以大数据和云计算为基础的。"生产、研发、制造、工艺、流程、管理费用,都要集成建数据仓库,对十几个关键指标纵向层层挖掘,一旦出问题,都可以追查到根源。"夏乐冰说。

　　在农业领域,大数据助力传统农人打造精准农业,摆脱"靠天吃饭""菜贱伤农"的困境。如电商平台"一亩田",发布农产品价格指数供农民参考。近日,中国渔业协会与九次方大数据宣布联合筹建中国渔业大数据研究院,进行渔情数据监测研究与发布。这些渔情数据的发布,对渔民而言,对价格走势"心中有数";对消费者而言,实现精准追溯餐桌上的每一条鱼、每一只蟹。

工业和信息化部旗下的赛迪智库今年4月发布了《2018年中国大数据产业发展水平评估报告》,对十大行业的大数据发展水平做出评估。报告指出,2017年,综合基础环境、数据汇集、行业应用等因素,大数据发展水平行业排名由高到低为金融、电信、政务、交通、商贸、医疗、工业、教育、旅游、农业。

其中,金融、电信、政务大数据发展指数分别为45.35、41.69和39.44,超过行业指数平均值30.51。工业领域2017年的指数为24.28,相较2016年的15.41显著提高。而农业的指数最低,仅为8.4。

记者在采访中发现,大数据产业在发展过程中,存在地域分布不均衡、数据资产管理水平低、数据安全问题突出等问题,需要补齐短板。

一、互联网时代的新商业思维

过去20年,互联网主要改变的是人们的消费行为和消费环境,可以称为消费互联网的时代;那么,未来20年,应该说到了产业互联网的时代,每个行业都要被这样一种互联网所改变,这种改变会超过工业革命带给我们的改变。未来企业要有企业的智商和企业的运行逻辑。企业的智商就是能够在整个互联网上不断获得和加工数据的能力,企业的运行逻辑就是互联网时代的思维方式。

早在2010年阿里巴巴集团10周年的庆典上,马云就以"新商业文明的力量"为题发表演讲,称阿里巴巴集团的使命就是去打造新的商业文明,并通过新商业文明论坛发布了《新商业文明宣言》。其内容概要如下:

21世纪的今天,新商业文明正在快速浮现。云计算和泛在网正在成为信息时代的商业基础设施;按需驱动的大规模定制,正在成为普遍化的现实;企业与社会的关系越来越契合,企业和消费者的关系更趋平衡;商业生态系统逐步成为主流形态;越来越多社会成员的工作、生活、消费与学习走向一体化;自发性、内生性、协调性正在成为网络世界治理的主要特征。

开放、透明、分享、责任是新商业文明的基本理念。新商业文明拥有开放的产权结构与互动关系,开放是新商业文明创新的灵魂;新商业文明追求透明的信息环境,透明是新商业文明出发的起点;新商业文明倡导共有的分享机制,分享是新商业文明形成与扩散的动力;新商业文明奉行对等的责任关系,责任是新商业文明不可分割的一部分。

让商业回归人、回归生活,是新商业文明的梦想。未来所有的商业运作都将围绕着人而进行,商业将重新焕发出人性的光辉;生活的逻辑将支配商业的逻辑,不是在竞争中争夺机会,而是要在生活中进行选择和创造;新商业文明让消费者成为经济生活的主人,让小企业也成为幸福的源泉。

未来存在于现在,预测未来的最佳方式就是创造未来!专家、企业家呼吁各界有识之士,以勇气、智慧与持续探索,共创信息时代的新商业文明!

到了 2016 年,这场新商业运动似乎愈演愈烈。这里提到的"开放、透明、分享、责任"是新商业文明时代的典型特征。当然,我们所指的"新商业文明",绝对不是某个机构拿来炒作的噱头,而是真真切切发生在我们身边的。当消费者主权时代真正到来,当"用户体验至上"成为商业运行的重要法则,我们的商业社会真的在发生变革。以互联网科技为代表的新经济,正在带领我们驶向新商业文明时代。

"以人为核心"的互联网思维是新商业文明时代的指导思想。互联网思维成为一种新的商业智慧。未来所有的商业行为,都要以互联网思维为起点。

中国互联网元老田溯宁说:未来的企业要互联网化,每家企业都要有互联网的思维。在未来,不用互联网方式来思考问题,就没办法在社会展开竞争。

二、互联网时代商业思维的核心

很多企业在互联网经济中铩羽而归,是因为没有抓住互联网思维的核心——人性。要抓住这一核心,用好互联网思维,必须抓住以下几个关键点:

(一)参与感

在过去传统经济模式下,消费者更多的是被动接受,而现在消费者充分享受或表达参与感的要求越来越强烈。让消费者享有参与感,让他们自由地表达、表现,不但会让他们的自我意识得到充分满足和尊重,而且会大大调动他们对品牌或产品的好感与信赖,从内心培养他们对企业和品牌的忠诚度。

当然,参与感并不等同于实际意义上的全民参与,更多时候是互联网时代尊重消费者的自我意识,让其自由表达、表现。通过参与感的打造,最终给消费者的无论是产品还是服务都仿佛是为他们量身打造的。

(二)愉悦性

互联网时代,随着社交范围的扩大和思维的转变,人们更加注重愉悦的心理感受。在这个时代,要把客户当成最亲密的朋友,要把让客户感受到快乐、愉悦的良好体验贯穿到与客户打交道的每个细节当中去,不但要保证产品的质量,而且要把用户的体验做到极致,为客户提供的服务要真正地深入到产品整个销售链条的每个环节当中去。先有体验,后有营销,让每位能为自己带来流量或销量的客户时刻感到舒服,你离成功就不远了。

坚果电商品牌"三只松鼠"做得好,是因为他的产品无人能及还是价格更低?不见得,它的成功最重要的一点,是靠它独特的"主人文化"以及一系列细致入微的贴心服务,让客户真正体验到了愉悦。

(三)物超所值

互联网思维下的物超所值不仅仅是人们所理解的传统经济模式下的买赠、打折等促销手段,这种物超所值更多是品牌和服务所带来的心理感受。

品牌及品牌文化作为产品本身价值之外的附加值对于消费者永远有着不可忽略的拉动作用。一个优秀品牌,带给消费者的不仅仅是认可和信赖,更是一种物超所值的感受。小米手机作为后起之秀,短短几年时间,为什么能在竞争激烈的国内手机市场迅速崛起?为什么能够成为为数不多的敢于同国外苹果、三星等大品牌相抗衡的国内品牌?那就是因为"小米"品牌带来的物超所值,也就是生活中很多小米的使用者经常说的顶级的配置、平民的价格,性价比绝对超值。

另外,在互联网时代,服务也是物超所值的一种表现形式。企业在价值链各个环节如果都能做到"以客户为中心",时刻为客户提供细致入微、优良的服务,也会给消费者带来一种心理上的物超所值感。就拿"三只松鼠"来说,客户只要购买了产品,得到的除了坚果,还有一系列的细致服务,正是这种看似不起眼但却处处时时"以客户为中心"的细致周到的服务,给消费者带来了一种物超所值的感觉,从而轻易俘获了成千上万客户的心,创造了互联时代的一个销售奇迹。

(四)口碑

过去那种通过买通媒体单向传播、制造热门的商品诱导消费行为的模式发挥的作用越来越小,甚至已经行不通了。互联网经济模式下,更重要的是口碑传播,可以说,互联网上唯口碑好者生存。

一个企业要想有好的口碑,首先要有好的产品。好产品是口碑的发动机,是所有的基础。产品是"1",品牌营销都是它身后的"0",没有前者,后者全无意义。另外,好口碑仅有好产品还是不够的,还要善于运用工具,借助社会化媒体,如微博、微信、QQ等传播开来。社会化媒体作为互联网时代品牌营销传播的主力军,其链式传播速度之快、影响之深已远远超越了传统媒体。当然,并不是动用了社会化媒体就是口碑传播,口碑传播也不是自说自话,而是站在消费者的角度,以民主、开发、平等的态度,站在用户的角度和用户沟通,这样的口碑传播才能起到事半功倍的效果。

商业思维作为一种大智慧、行动指南,在互联网多变的经济形态下,需要企业多多运用,对企业运作裨益无穷。

三、网络商业模式中的主流模式

回顾过去十多年历程,中国互联网企业在摸索中前行,最终探索出无线业务、网络广告和网络游戏等行之有效的商业模式。在未来五年、十年,互联网领域将会呈现怎样的特点,中国企业应当如何把握潜在的变化,已成为行业普遍关注的问题。随着互联网用户的增长,特别是无线互联网用户的增长,未来将有更多的用户花费更多的时间上网,用户和上网时长的增长将为整个互联网行业带来新的商机,而其中最为核心的商业模式,无外乎个人增值业务、网络广告和电子商务这三种。

所谓个人增值业务,即向用户收费,目前的网络游戏、无线增值以及网络增值业务均属于这一类型。网络广告收入包括品牌广告收入、搜索广告收入等,这是在中国和欧美都非常流行的商业模式。随着中小企业电子商务的发展,它们在网络广告领域的投入也会越来越多。而电子商务也存在巨大的增长空间,无论是 B2B、B2C 还是 C2C 都将为整个互联网行业带来巨大的收入。上述三种商业模式不仅仅是中国互联网行业增长的模式,也将成为全球互联网行业的主流商业模式。网络商业的五大主流模式如下:

(一)网易:我什么都有

网易今天已经牢牢占据了中国几大综合门户网中的一把交椅。无论从哪方面来说,丁磊和他的网易都取得了巨大的成功。综合门户今天听起来是一个很好的概念,但对于互联网创业者来说是一个"恐怖"的概念,因为它已经遥不可及。综合门户的意思就是"我什么都有",放到现在看,这确实已经算不上什么创意。但在丁磊创业的那个时代,互联网完全处在"草根"阶段。无论什么东西对于网民来讲,都是新奇的,一个信息量大、信息更新快、信息全的网站无疑就是广大网民的最爱。所以网易能在短时间内抓住大量用户,这也是它日后成功的基础。

(二)百度:培养用户的上网习惯

你今天"百度"了吗?"搜商"正变成一个越来越流行的词,"百度"也被人们当成动词来使用。如果你遇到一个难题,请问你第一步做什么?如果有上网条件,肯定是去网上(百度)搜索看看。

搜索,对于商家而言,就是把他们的商品最快、最直接地呈现给有需求的客户。而对于我们来说,就是为我们提供了一条最快、最直接获得信息、答案的渠道。它把全社会、全网络的资源集中起来给每一个人使用。这是它的优势,它成功的原因在于:培养了网民的一个网络使用习惯——搜索,准确地说是培养了广大网民使用百度进行搜索的习惯。当百度搜索成为网民上网时的一种必需、一种习惯的时候,百度想不成功都难。

(三)阿里巴巴:带领"穷人"闹革命

这个"穷人"指的是广大中小企业。1999年,马云投身电子商务的时候,全球互联网所做的电子商务基本上是为全球顶尖15%大企业服务的。但马云生长在私营中小企业发达的浙江,从最底层的市场滚打过来,深知中小企业的困境。他毅然做出决断——"弃鲸鱼而抓虾米,放弃那15%的大企业,只做85%的中小企业的生意。"

如果把企业也分成富人和穷人,那么互联网就是穷人的世界。因为大企业有自己专门的信息渠道,有巨额广告费,小企业什么都没有,它们才是最需要互联网的人。"而我就是要领导穷人起来闹革命。"正是这个创意,使马云获得了今天的成功。马云不愧是个精明的商人,当别人还在想着让网民来看信息、资讯的时候,他就想到了如何让大家通过互联网来赚钱。

可能不是所有企业上阿里巴巴都能挣到钱,但以利润为命脉、以销售渠道为主要困难的中小企业岂会放弃这样一个可能的机会?哪怕不行,也总要试一试。当大家都上来试一试的时候,市场就形成了。

(四)微信:"企鹅"凶猛,"聊"得天下

微信不需要多说,因为我们都对它太熟悉了,大家每天早上打开手机第一件事恐怕就是打开微信,每天上网使用时间最长的也是微信。也正是因为如此,微信才获得了今

天的成功。

当年的 QQ 一上线,网民们表现出的极大热情就给了马化腾极大的启示。因为网民们已经不满足于只在网络上看信息,他们需要互动,需要交流。在线聊天对那时候的网民来说实在太富吸引力了。有了 QQ 运作的经验,微信得以在短时间里用户暴增,以至于现在我们都离不开微信了。微信其实和百度很像,也是培养了网民的使用习惯,不是聊天的习惯,而是使用微信进行聊天的习惯。这也是其他聊天软件都被微信打败的原因。

(五)搜房网:抓住热点,借势爬坡

这年头还有什么东西比"房子"更值得人们关注?经过改革开放这些年,衣、食、住、行四件事,人们已经解决了衣和食的问题,接下来自然是住的问题了,于是中国的房地产成了人们关注的焦点。机会来了,搜房网应运而生。买了房的,正在买房的,准备买房的,都跑到搜房网上看最新的资讯,发表各自的看法,搜房网就"火"了。

但也不是那么简单,房地产的火爆是基本条件,搜房网的创始者莫天全的眼光和独到的经营思维是必要条件。现在只要想到买房或者租房,80%的人会想到上网,而其中又有 50%~60%的人会直奔搜房网。

【经典案例】目前网络流行的创业模式

1. 产品和服务销售模式。包括开设网上商店和自建网上商城。通过互联网或其他电子渠道,依据交易主体的需求直接销售商品或提供服务,包括咨询、展示、交易、支付及售后服务等一系列商业活动。

2. 访问量利用模式。包括建立索引网站、策划网站运营方案和运营网络社交平台。创业者对个人网站或企业网站进行内容的策划与宣传,以增加网站的访问量,并以网站的访问量为资源,向商家收取广告费;或通过设置搜索排名、会员资格以及提供网络营销推广服务等方式向信息提供方及搜索方收取费用。

3. 创意类商品交易模式。包括成为"咸客"、"淘客"和担任网络写手。网络写手通过网络平台发表小说供人阅读,以玄幻和言情小说居多,并按阅读点击率确定作者收益。创业者利用互联网将个人知识、智慧、经验、技能等无形的创意类商品通过交易转化为实际收益,以使交易双方达到各取所需的目的。

4. 网络技术业务模式。包括销售软件、设计或制作网页网站以及运用搜索引擎优化技术。创业者利用自身的网络专业技术以编写网络程序、制作网页或提供互联网基础设备等服务实现商业利润。

第二节　新时代的互联网思维

一、什么是互联网思维

但凡做企业的,不管是新创的还是在互联网冲击下转型升级的,互联网思维已经成为大家的口头禅。但究竟什么是互联网思维?众说纷纭。

(一)互联网思维是相对于工业化思维而言的

一种技术从工具属性、应用层面到社会生活,往往需要经历很长的过程。珍妮纺纱机从一项新技术到改变纺织行业,再到后来被定义为工业革命的肇始,影响东、西方经济格局,其跨度有几十年。互联网也一样。但因为这种影响是滞后的,所以,我们有时就难免会尴尬:旧制度和新时代在我们身上会形成观念的错位。越是以前成功的企业,转型越是艰难,这就是克莱顿·克里斯坦森讲到的"创新者的窘境"——一个技术领先的企业在面临突破性技术时会因为对原有生态系统的过度适应而宣告失败。现在很多传统行业的企业,面临的就是这种状况。这种困境可以叫作"工业人"要变成"数字人"的困境。

(二)互联网思维是一种商业民主化的思维

工业化时代的标准思维模式是:大规模生产、大规模销售和大规模传播,这三个"大"可以称为工业化时代企业经营的"三位一体"。但是在互联网时代,这三个基础被解构了。工业化时代稀缺的是资源和产品,资源和生产能力被当作企业的竞争力,现在不是了。产品更多是以信息的方式呈现的,渠道垄断很难实现。最重要的一点是媒介垄断被打破了,消费者同时成为媒介内容的生产者和传播者,通过媒体单向度、广播式制造热门商品诱导消费行为的模式不成立了。这三个基础被解构以后,消费者主权形成。

(三)互联网思维是一种用户至上的思维

以前的企业也会讲用户至上、产品为王,但这种口号要么是自我标榜,要么真的是出于企业主的道德自律。但是在数字时代,在消费者主权的时代,用户至上是不得不承认的事实,你得真心讨好用户。淘宝卖家"见面就是亲,有心就有爱"是真实的情绪表达,因为好评变成了有价值的资产。

(四)互联网思维下的产品和服务是一个有机的生命体

在功能都能被满足的情况下,消费者的需求是分散的、个性化的,购买行为的背后除了对功能的追求之外,产品变成了他们展示品味的方式。这样,消费者的需求就不像单纯的功能需求那样简单和直接,所以,对消费者需求的把握就是一个测试的过程,要求你的产品是一个精益和迭代的过程,根据需求反馈成长。小米手机每周迭代一次,微信第一年迭代开发了 44 次,就是这个道理。

(五)互联网思维下的产品自带媒体属性

需求和品味相关联,也就是和人性相关联,所以,互联网思维下的产品就是"极致性能加强大的情感诉求"。这两样东西都是会自动传播的。现在一些和互联网相关的企业还在开新闻发布会,还在把推广当制胜利器,都是互联网思维不充分的体现。

(六)有互联网思维的企业组织一定是扁平化的

互联网思维强调开放、协作、分享,组织内部也同样如此,它讲究小而美、大而全。等级分明的企业很难贯彻互联网思维。不管是对用户还是对员工,有没有爱,也是一个重要的评判标准。很遗憾,很多互联网企业还在用工业化的套路做着自己的产品。大家都羡慕小米、极路由的极速发展,但如果不能在观念上进行改变,那么,不管企业做的是 APP 还是其他,本质上还是一个传统企业。

二、互联网思维的产生

2013 年 11 月 3 日,中央电视台《新闻联播》头条以专题方式强调了互联网思维——互联网思维的概念从专家领域飞向千家万户。"互联网思维"一词最早的提及者是李彦宏。2011 年,李彦宏在一些演讲中就曾偶尔提到这个概念,意思是指要基于互联网自我的特征来思考。李彦宏在《中国互联网创业的三个新机会》中提到:"早晨我跟优卡网的 CEO 聊天,他把很多时尚杂志的内容集成到网站上,我就问他,为什么这些时尚杂志不自己做一个网站,却让你们去做呢? 最主要的是他们没有互联网的思维,这不是一个个案,这是在任何传统领域都存在的一个现象或者一个规律。"

(一)互联网思维是相对于工业化思维而言的

互联网思维就是要对传统的工业思维进行颠覆,消费者反客为主,拥有了消费主权。过去两千多年作为人类文明基石的思想体系将面临新的挑战,我们正在迎来消费平等、消费民主和消费自由的消费者主权时代,整个供应链条上的各个角色,如品牌商、分销商和零售商的权力在稀释、在衰退甚至终结。在消费者主权的大时代下,消费信息越来越对称,价值链上的传统利益集团越来越难巩固自身的利益壁垒,传统的品牌霸权和零售霸权逐渐丧失发号施令的能力。话语权从零售商转移出来到了消费者手中,这是一个划时代的事件,未来全球消费者共同参与、共同分享的开放架构正在形成。这一权力重心的变化,赋予每个消费者改变世界的力量,我们必须主动邀请我们的顾客参与从创意、设计、生产到销售的整个价值链中来。

(二)互联网思维的表现形式

1. 快速便捷

互联网可以说是人类历史上的一次革命,颠覆了很多传统的工作和生活的方式,其中最明显的是让人们的生活和工作变得更加快速和便捷。例如,人们若想学习,不必再去学校,可以通过网络在线学习知识。

2.交互参与

过去,无论是哪种传播方式,都带有一种片面的单向性。随着互联网的出现,人们在互联网上可以自由地发表个人的评论,对媒体等发布的消息可以在第一时间发表自己的看法,这在一定意义上更能展现更多人的思想和看法。

3.免费

俗话说"天上不会掉馅饼",但是在互联网时代,各大网络巨头和商家为获得更多的用户,争相提供免费的产品。但是我们也要看到,免费只是相对来说,对客户而言,要想获得进一步的权益,就需要支付一定的费用,如腾讯的一些付费装扮和游戏等。

4.人性化

如今的社会,一般的产品已经无法满足人们的需求,人们在众多可供选择的产品中会选择那些更加个性化的、更加适合体验的产品,因此,企业应将客户的体验放在营销的首要位置。

5.数据驱动运营

所谓的数据驱动运营是商家不再仅仅看到眼前的利益,而是通过一些免费或者其他有利于客户的活动来收集客户信息,通过对数据的分析来了解客户的需求,进而实现营销的目的。

6.掐架

所谓的"掐架"不过是互联网"大佬"们通过一些矛盾来制造焦点和话题,进而增加品牌知名度,对"掐架"的双方来说不用花广告费就能起到比做广告还要好的效果。

7.创新

创新是任何一个时代都不可缺少的一种能力,特别是在如今的互联网时代,如果缺乏创新,不论曾经多么辉煌,没落只在朝夕。

8.打破信息的不均衡性

互联网帮助我们打破了信息的不均衡。在互联网时代,信息的传播更加及时有效,人们甚至可以足不出户地购买外国产品。

三、网络创业的发展

(一)网络创业的概念

基于我国网络创业的实践,网络创业可以从广义和狭义两个层面来理解。从广义层面上看,凡是以互联网及其他电子网络通信设备为基础,发现和捕捉新的市场机会,通过提供新的商品或服务以创造价值的过程就是网络创业,如建立网站;而从狭义层面看,以网络平台为基础,发现和捕捉市场机会,通过资源整合而向消费者提供有价值的产品或服务的过程就是网络创业,如在淘宝网上开店。相比而言,狭义网络创业是在电子商务基础比较完善的情况下的一种普遍的创业形式,现在我国比较普遍的网络创业形式是狭义上的网络创业。

(二)网络创业的社会背景

1. 电子商务迅速崛起

现在电子商务摆脱传统销售模式登上历史舞台。互联网信息碎片化以及云计算技术愈发成熟,主动互联网营销模式出现,电子商务已经受到国家高层的重视,并被提升到国家战略层面。

2. 就业形势异常严峻

目前,我国社会正处于转型时期,高校毕业生逐年增加,而企业对新增劳动力的需求减少,高校毕业生就业压力越来越大。

3. 网络经济具有巨大的吸引力

作为一个相对独立的新兴经济体系,网络经济拥有无穷的魅力。与传统营销模式相比,其创业成本低、门槛低,店面租金要便宜得多;店面可大可小,无地区、地域限制,订单可能来自任何人、任何地方。网络购物非常方便,随时随地都可能产生订单。如此方便快捷的创业模式有着传统的创业模式不可比拟的优越性。大学生作为与网络接触最密切的人群之一,自然想通过网络创业来赚取人生的第一桶金。

四、网络创业的趋势

未来是全面的互联网时代,是连接时代,是云时代,任何社会事业都将与互联网有关。

基于互联网的技术特点及互联网企业的特殊经营模式,互联网创业与传统创业有所不同。

一是互联网创业与最新科技联系紧密,创新性要求高。创业者只有通过树立创新意识,培养新的思维,生产创新产品去打动消费者,才能享受高收益和高回报,才能在竞争激烈的市场中获取一席之地。互联网创业创新是用户导向的,不是生产导向的,因此,互联网创业要发掘消费者习惯,以此重组核心技术。

二是互联网新经济使创业与创新、创投形成"铁三角"。创业过程具有创新难度高、资金投入高、市场风险高等特征,这与股权投资的风险偏好特点相匹配。

三是互联网创业主体多元。随着社交网络扁平化,知识和技术的传播更加迅速,创业主体逐渐多元化——由技术精英逐步拓展到普罗大众。互联网新经济正在进入"人人互联网、物物互联网、业业互联网"的新阶段。

四是互联网创业成本相对较低。创业者只要有创新性的项目就可以通过互联网去寻找人才、资金等,通过组建专业化的团队大幅降低创业成本。互联网缩短了创业者和用户的距离,也加快了创新的步伐。

五是互联网创业产业衍生性强。"互联网+"时代的创业产业链长,衍生性强,与传统产业有广阔的合作空间。"互联网+"创业可为产业升级提供技术上的支持和思维上的革新。

六是互联网创业与多样化的商业模式相联系。通过网络,创业者的奇思妙想可以和用户直接接触,满足用户的体验。

七是互联网创业环境相对透明公平,以能力为导向,行业竞争更加良性。互联网赋予每个人获取信息、交流沟通、交易同等的机会,这种普惠的赋能功能,极大地助推了创业精神和创新精神的培育,是典型的市场起决定性作用的体现。

（一）互联网趋势

1.互联网趋势一：网络普及

从全球范围看,目前互联网用户超过 40 亿;据中国互联网信息中心（CNNIC）数据,截至 2018 年 6 月,中国整体网民规模达 8.02 亿,互联网普及率为 57.7%,还有较大的发展潜力。

未来网络普及的动力一方面来自一些互联网巨头相继投入大规模资金部署热气球、无人机、卫星等设备以建设使用网状回路和 WiFi,在空中传输数据,为几十亿处于偏远、贫困地区的人口提供网络服务;另一方面,智能手机价格的下降、传统设备的智能化、低廉的可穿戴设备的普及等共同推动网民规模迅速扩张。

2.互联网趋势二：连接一切

目前全球有 40 亿互联网用户,100 多亿的物体连接到互联网,预计到 2020 年将有超过 52 亿的互联网用户和 500 多亿的物体联网,整个社会也将从人与人、人与信息连接的信息互联网时代迁移到人与人、人与物、物与物相互连接的智能互联网时代。

连接通过网络和传感器实现,连接将产生海量的数据和信息,这些数据资源通过云端的智能分析,服务于个人、企业、政府,从而创造出巨大的经济和社会效益。

3.互联网趋势三：万物智能

万物连接之后是万物智能。未来的万物智能依赖于传感、大数据、云计算、深度学习等领域的发展。随着传感器逐步变得微型化、智能化,它们将无处不在,不仅处于周围环境中,感知环境的变化,还能嵌入物体当中,实时监测物体数据,甚至能够被植入人体,读取心率、体温等身体信号。

4.互联网趋势四：技术爆炸

伴随着信息技术的发展和数字网络的广泛应用,技术创新的速度呈现指数级增长。显示技术有机会改变未来人与计算机的交互方式,是未来实现人工智能的技术支持。AR、VR、FR 是三个顺序而又交互发展的阶段,越来越接近自然体验的融合现实正在到来,而所谓融合现实是在家庭、办公室、汽车、地铁、道路等更为广泛的自然场景中,人与现实由外在的、生硬的嵌入连接,发展到交互融合的阶段。此外,物联网、智能助手、自动驾驶、可穿戴、自然语言处理、消费级 3D 打印等技术将进入大规模资本投入的热炒阶段。

5.互联网趋势五：商业变革

在信息技术、物联网、能源互联网大规模普及的条件下,生产服务的边际成本趋近于零,这种新的经济模式颠覆了建立在资本积累基础上的资本主义模式,从而驱动商业上的变革。产业模式、供需模式、生产方式、资金、管理方式、营销方式等都将实现变革。

6.互联网趋势六：万众创业

随着环境的改善,目前创业者可以以极低的成本获得云计算能力、开放平台服务、宽带网络、众筹平台、推广平台等基础设施和服务,极大地降低了创业的门槛。原来由精英主导的创新创业活动转变为越来越多的大学生、科技公司员工投入其中,科技创新和创业活动变得日益社会化、大众化、网络化、集群化。这些创业者从大公司忽视或不愿意进入的边缘领域切入,满足特定人群或特定需求,快速迭代,不断改进,逐步扩展业务,最终将具有颠覆大公司的潜力。

(二)"互联网+"趋势

1."互联网+"趋势一:连接与融合

"互联网+"把互联网基因注入各个行业,使各行各业在融入新的元素之后实现蜕变。连接,是"互联网+"商业化的纽带,是互联网价值之所在,众多行业都通过互联网获得发展机会。在去中心化、去平台化的产业互联网时代,门户、电商、社交等都体现了连接。"互联网+"融合云计算、大数据、物联网等,实现人与人、人与物、人与服务、人与场景、物与物的连接。传统经济需要互联网来连接用户,互联网需要传统经济提供长远支撑,企业通过"互联网+"互相关联,将创造新的社会价值。

2."互联网+"趋势二:开放与共享

"互联网+"引起的产业变革正在从媒体、零售、金融、旅游、餐饮等行业向医疗、教育、地产拓展,使更多的产业发生变化。"互联网+"为各行业提供了无限的协同可能,优化了行业内部生态,互联网的开放度决定了企业、行业的命运,也使得企业之间超越竞争。

"互联网+"的探索意义在于,以互联网为牵引,以共享、平等、开放的价值观为导向的行业新秩序初步建立。随着消费经济开始步入过剩时代,开放与共享将成为"互联网+"产业变革的方向。

3."互联网+"趋势三:转型与变革

"互联网+"产业的转型与变革体现在互联网与传统产业的深度融合方面,其可以整合优化行业资源,提升产品的技术水平,节省交易成本,加速传统产业生产方式变革,从而推动传统行业的优化升级,使经济增长由主要依靠投资拉动转为依靠创新力。

互联网与传统产业的深度融合将以其强大的技术创新、商业模式创新以及应用创新能力等优势,从市场、资本、资源等层面全面介入传统行业,破除行业垄断,促进产业结构升级与资源重新分配,进一步深化改革。

4."互联网+"趋势四:升级与再造

"互联网+"是重构、再造、升级的产业过程。随着"互联网+"的不断深入,新业态必然会在不同行业中不断诞生。以互联网为主要平台和内容的信息技术正与工业、能源、新材料等领域的技术交叉融合,形成新变革。"互联网+"改造传统产业,将产生迭代、升级的效果,推动行业生产方式与经营方式的转变,这种信息技术与传统产业的生态融合新业态将逐渐趋于常态化。

"互联网+"更多的是互联网与传统企业的融合,实际上是互联网企业切入传统市场、传统企业主动靠拢互联网的过程,"互联网+"促使互联网企业落地以及传统企业升级再造。

5."互联网＋"趋势五:跨界与协作

"互联网＋"跨界是指互联网对传统行业、产业组织内部结构的改变。"互联网＋"的出路在于互联网和传统产业的跨界融合,其本质是将互联网的创新成果深度融合于经济社会各领域之中,提高实体经济的创新力,达到经济社会的思维转变、技术转变、格局转变。互联网对其他产业带来的冲击是必然的,各行各业经历着逐步接纳、拥抱、融入互联网的过程。"互联网＋"既是传统产业与互联网跨界融合的过程,也是双方走向协作的过程,跨界与协作成为这种变化背后的重要驱动因素。

6."互联网＋"趋势六:涌现与扩展

"互联网＋"裂变的新产业、新模式不断涌现,创新、创业的特征发生了根本变化,推动"互联网＋"相关创业潮。"互联网＋"创业的主体逐渐由小众转为大众,创新创业由精英走向大众。在此过程中,创新创业形成了一种价值导向、生活方式与时代气息,形成了从创新能力内部组织到开放协同创新、从供给导向到需求导向等许多新特点。"互联网＋"创新的重要方向是把制约创新的环节弱化、化解。

第三节　大学生创新创业与互联网的结合

一、互联网创业的模式

互联网思维与传统行业最迥异的,应该就是商业模式。传统行业思考的只是产品创新,而互联网行业似乎还得思考商业模式创新。比如 Google,1999 年,大家还为 Google 没有商业模式而担忧。Facebook 上市之后也仍旧没有牢靠的商业模式。但是,Google 和 Facebook 现在都不怎么为收入发愁,只要用户数量积累到一定程度,自然有赚钱的门道"涌现"出来。所以,只要你的产品能够吸引到足够多的用户,商业模式自然就出现了。

互联网行业已经基本上摸索出了所谓互联网思维下的商业模式。在产品积累到足够多的用户后,这些现成的商业模式都可以拿来为我所用。初步归纳一下,大致有以下几种商业模式。当然,更多优秀的企业还在不断开拓新的商业模式。

(一)实物商品的商业模式

如果你的产品是某种物品,受众可以直接持有和使用这种物品,也就是通常意义上的商品货物,那么你的商业模式就很简单,基本上就是以下四种模式:

(1)自己生产、自己销售:自己直接生产、直接销售给用户。

(2)外包生产、自己销售:把生产环节外包出去,自己负责直接销售给用户。

(3)只生产、不销售:自己负责生产,交给分销商销售。

(4)只销售、不生产:自己作为分销商,或者提供销售商品的交易市场。

(二)广告

自从谷歌开始在搜索结果旁边放广告以来,广告已经成了互联网行业默认的首选变现方式。实际上,广告本来是平面媒体的主要商业模式,现在互联网行业已经彻底抢走了广告领域的风头。

1.展示广告

展示广告的一般形式是文字、banner 图片、通栏横幅、文本链接、弹窗等,通常是按展示的位置和时间收费,也就是我们所说的包天广告或包月广告。这是目前最常见的模式。

2.广告联盟

广告联盟相当于互联网形式的广告代理商,广告主在广告联盟上发布广告,广告联盟再把广告推送到各个网站或 APP。百度联盟、Google AdSense 是最大的两个广告联盟。基本上网站流量还没有到一定程度时,都会选择跟广告联盟合作,只有做到一定流量后,才会跟确定的广告主直接建立合作关系。广告联盟一般是按广告的点击次数收费。

3.电商广告

最常见的就是阿里妈妈了,当然京东、亚马逊、当当都有自己的电商广告。这些广告一般是按销售额提成付费。很多导购网站完全依靠这种收入,特别是海淘导购网站,会接入各个海外购物网站的广告,赚取佣金。

4.软文

软文是指把广告内容和文章内容完美结合在一起,让用户在阅读文章时,既得到他需要的内容,也了解广告的内容。很多媒体网站或者微博、微信大号都是靠软文赚钱的。

5.虚拟产品换广告效果

你还可以为用户提供虚拟产品,但代价是用户必须接受一定的广告,比如看完整段广告、注册某个网站的用户、下载某个 APP。

6.用户行为数据

通过分析用户在你的网站或 APP 上的操作方式,可以分析用户的习惯和心理,从而有利于在产品设计和商业规划上做出正确的决策。很多企业都需要这样的用户使用习惯的数据,所以可以卖这样的数据以获利。淘宝数据魔法就提供这样的服务,比如告诉你什么地方、什么商品、什么风格、什么尺码最受用户欢迎。

(三)交易平台模式

1.实物交易平台

用户在你的平台上进行商品交易,通过你的平台支付,你从中收取佣金。天猫就是最大的实物交易平台,佣金是其主要的收入来源。

2.服务交易平台

用户在你的平台上提供和接受服务,通过你的平台支付,你从中收取佣金。饿了么、美团、大众点评网就是这样收取佣金的。滴滴打车的赢利模式也是收取司机车费的佣金。

3.沉淀资金模式

用户在你的平台上留存有资金,你就可以用这些沉淀的资金赚取投资收益回报。传统零售业用账期压供应商的货款,就是为了用沉淀资金赚钱。现在这个方法也用到互联网行业了,据说京东就是靠这个沉淀资金赚钱的。很多互联网金融企业、O2O 企业也是寄希望于这个模式。

(四)直接向用户收费

除了广告,另外一大类商业模式就是直接向用户收费。当然,如果前期就收费,很可能会"吓跑"用户。所以,需要借助一些巧妙的做法。

1.定期付费模式

这种商业模式类似于手机话费的月套餐,定期付钱获得一定期限内的服务。相对于一次性付费直接买软件,定期付费的单笔付费金额比较小,所以用户付费的门槛相对较低。比如 QQ 会员,就是按月按年付费的模式。

2.按需付费

按需付费是用户实际购买服务时,才需要支付相应的费用。比如,在爱奇艺里看到想看的某一部电影,花 5 块钱,就是按需付费。如果买了爱奇艺的 VIP 用户,在一段时间内所有会员免费的电影都可以看,这就是定期付费模式。再比如,在道客巴巴找到一个需要的文档,下载要 5 块钱,用微信支付后就可以下载这个文档了。

3.打印机模式

打印机的商业模式是指,先以很便宜的价格卖给消费者一个基础性设备,比如打印机,用户要使用这个设备,就必须以相对较高的价格继续购买其他配件,比如耗材。剃须刀也是采用类似的商业模式,刀架的价格近乎白送,然后通过卖刀片赚钱。再比如,索尼和任天堂以低于成本的价格卖游戏机,然后用较高的价格卖游戏光盘。因为日本打印机公司爱普生首先采用这种商业模式,所以它被叫作打印机模式。

(五)免费增值模式

免费增值商业模式就是让一部分用户免费使用产品,而另外一部分用户购买增值服务,通过付费增值服务赚取利润。不过,可能只有 $0.5\%\sim1\%$ 的免费用户会转化为付费用户。

1.限定次数免费使用

这种模式是在一定次数之内,用户可以免费使用,超出这个次数后就需要付费了。

2.限定人数免费使用

这种模式是指用户数量在一定人数之内是免费的,如果用户数量超出这个限定额,就要收费了。比如很多企业邮箱服务,如果公司注册某个域名,打算用这个域名做企业邮箱,企业邮箱服务商可以要求 5 个以内邮箱地址免费,超过 5 个邮箱地址就要付费购买他们的服务。

3.限定免费用户可使用的功能

免费用户只能使用少数几种功能,如果想使用所有功能,就得付费,如Evernote。

4.应用内购买

应用的下载和使用是免费的,但是在使用的过程中,可以为特定的功能付费。最常见的就是游戏了,购买虚拟装备或者道具需要付费。再比如在微信内购买付费的标签。

5.试用期免费

让用户在最初一定的期限内免费使用,超过试用期之后就要付费了。比如 Office 软件。

6.核心功能免费,其他功能收费

APP 有不少是这种模式,一个产品分为免费版和收费版。免费版里基本功能都有,但是要获得更多的功能,就要收费。比如照片处理应用,免费版有几个基本的滤镜效果,差不多够用,但是如果要更炫更酷的滤镜,就要下载付费版。

7.核心功能免费,同时导流到其他付费服务

比如微信,微信聊天是免费的,但是微信内置了很多其他服务,如游戏、支付、京东、滴滴打车,这些服务都有可能是收费的。

8.组织活动

通过免费服务聚集人气,然后组织各种线下活动,这些活动可以获得广告或赞助,或者在活动中销售商品或服务。比如,很多媒体通过组织线下行业峰会赚钱。还有的地方社区会组织线下展销会、推荐会销售商品或服务,比如装修展销会、婚纱摄影秀等。

创业者努力做好产品,努力"粘"住更多的用户,用户数量达到一定程度了,选择一个合适的商业模式就可以赚取利润。

二、网络创业模式的特征

网络创业模式本质上是以网络技术为基础创业的组织形式、方式以及行业选择的组合,不同的组合方式呈现不同的特点,下面从创业的启动资金量、资金来源、创业团队、推广方式、赢利模式等方面分析总结不同模式的特征。

(一)产品和服务销售模式的特征

(1)创业启动资金较少,以自给为主。调查数据显示,超过70%的该模式创业者的启动资金在几千元,主要是网络平台使用费、会员注册费等。

(2)运营费用少,创业风险系数较低。网上商店仅需向电商平台开发企业支付网店租金、交易佣金及网站维护建设费等,运营成本较少,资金占用率低,很大程度上降低了创业风险。

(3)推广方式以产品促销和广告宣传为主。缺乏资金的小规模商家大多采取商品减价促销的推广方式,而有实力的大型商家则倾向于借助第三方平台投放广告,进行推广。

(4)技术要求较低。仅需掌握基本的网站平台操作技术,并具备一定的经营能力、财务管理能力以及社会关系处理能力即可。

（5）赢利模式较简单。网店的赢利模式较简单，主要通过销售产品和服务获利，而提供网络平台服务的创业者则以收取平台使用费、会费、佣金和广告位置费等方式实现赢利。

（二）访问量利用模式的特征

（1）创业的启动资金数额大。我国网页数量已达几千亿，创业者要想在激烈的竞争中脱颖而出，必须加强网站建设，及时更新数据库信息，而这需要强大的资金支持。因此，该创业模式对启动资金的要求较高，一般在千万元以上。

（2）创业资金来源多样化。由于该创业模式投入资金的数额较大，因此资金来源往往并不单一，主要包括团队内部募集、银行贷款、风险投资等方式。

（3）推广方式多元化，线上与线下相结合。为充分提高网站知名度、增加访问量，创业者往往选择多元化的推广方式，即线上推广与线下推广相结合。线上推广主要利用大型门户网站进行链接推广或广告宣传等，线下推广主要以活动赞助或自行举办活动等方式开展。

（4）运营费用较高，创业风险系数高。该模式要求创业者定期进行网站维护和数据库更新，因此不仅要求前期投入数额较大的启动资金，中期还需投入较高的运营费用。巨大的资金投入和激烈的竞争环境使该创业模式的风险系数较高。

（5）赢利模式多元化。该模式以网站的访问量为资源，主要通过向商家收取广告投放费、用户注册会员费及第三方应用分成（如游戏收入）等途径实现赢利。

（三）创意类商品交易模式的特征

（1）创业启动资金少，以自给为主。若不考虑前期的教育投入，该模式所要求的启动资金数额小，以自给为主，主要用于平台的会员注册，部分网站甚至免费注册。

（2）对创业者知识技能要求较高。该模式要求创业者必须创造性地解决客户的个性化需求，将个人知识、经验、技能等无形资产转化成实际收益，因此创业者需要具有较高的知识水平和特定的专业技能。

（3）创业团队规模小。该模式的创业者一般以个人或小规模的创业团队为主，团队人数基本在 5 人以内。

（4）推广以口碑营销为主。创业者自身的知识、技能水平将决定客户的满意度，因此，口碑营销是该模式最有效的推广方式。此外，创业者还可借助大型社交网站进行自我推广。

（5）赢利模式与实体商品交易模式相同。创业者运用自身的知识、专业技能满足客户的个性化需求，以获得客户支付的等价报酬，其赢利模式与实体商品销售模式本质上是相同的。

（四）网络技术业务模式的特征

（1）启动资金较多，初期发展需大量的资金支持。该模式的启动资金主要应用于开发试运营技术，又称为"试错成本"，资金数额较大，并且在发展阶段仍需强大的资金支持，金额在百万元至千万元不等。

（2）资金来源以风险投资为主。若创业者所拥有的技术项目具有较强的市场竞争力，则易受风险投资者的青睐，获得发展的资金支持。此外，银行和其他金融机构的贷款资助也是重要的融资渠道。

（3）创业团队技术水平要求高，成员综合素质强。为增强项目的市场竞争力，实现经济效益，该模式不仅要求创业团队具备较高的技术水平，还需具备一定的营销推广能力、项目管理能力等。

（4）推广方式以口碑营销和广告宣传为主。该模式创业者一般选用多元化的推广方式，包括社交平台推广、口碑传播、SEO 推广、广告宣传以及举办线下活动等，其中口碑营销和广告宣传是最主要的推广方式。

（5）赢利模式多样化。网络技术的差异性导致企业的赢利模式不尽相同。大部分创业企业的利润由技术服务费和广告宣传费两部分组成。

三、传统行业接轨互联网思维

"互联网＋传统行业"的初期，是销售环节的电商化，如开网店。而当下，传统产业的管理模式和商业模式必须改造升级，利用资本投资的杠杆作用，实现传统业务模式下的业务创新。

（一）思维层面：忘掉客户，连接用户

互联网革命对于传统产业最核心的改变，就是去中心化、去中介化。通过线上的平台，可低成本地实现 B 端和 C 端、C 端和 C 端的连接，绕开商业链条中经销商之类的中间者。

而移动互联网的发展，使个体能力被无限放大，改变了传统工业时代以商品为中心的商业逻辑，形成了以人为中心的商业新逻辑。

以上两种变化都形成了一个明确的观念：连接用户比连接客户更重要。互联网思维便是连接市场主体的个体用户，这是互联网商业逻辑实现的基础。

以易积电器为例，在做传统家电企业电商运营时，虽然也是以服务甲方的方式在进行乙方业务，但他们掌握了与消费者直接接触的通道，实现销售时与消费者（C 端）的有效连接和互动。

而传统家电企业，长期以来围绕渠道商（B 端）进行管理工作。虽然连接的个体数量较少，效率好像提高了，但因存在这个中间环节，无法与最终用户（C 端）直接连接。理论上，所有商品到达的用户都是这个品牌的用户，但它缺少一个能够高效低成本进行实时互动的平台。

易积电器从事互联网电商代运营业务，既能进行线上数字化销售，又能直接面向消费者，产生基于互联网平台的信息数据交互，获得了真正和用户连接互动的日常协同平台。有连接、有平台是实现互联网化的基本前提。

而传统家电企业进行的所谓互联网化转型，都未触及互联网化的首要命门，没有与用户直接连接互动。虽然进行电商业务的拓展，但依然是围绕传统销售渠道，为渠道代理商提供增值服务，仍是工业化思维逻辑中的以产品为中心，而非以人为中心。

忘掉客户,连接用户。从 2B 到 2C,无论你愿不愿意,这才是实现互联网化的首要转变和新思维。

(二)方法层面:去做,才可能想明白

MVP(Minimum Viable Product,最小化可实行产品)可以在线上或者实验室中,通过低成本的方式完成,其结果反馈是进行大规模实践的重要依据。

MVP 是互联网革命这台机器能高效运作的最重要的方法论。在互联网产业变革领域,变革的动力来自对未来的宏观预见,而这种预见充满着不确定性,且无法用工业化时代的战略、规划等方法准确透析。因此,需要面对不确定的未来进行最小化的试验。

而传统行业决策者,在充满不确定性的情况下,缺乏投身进行试验的习惯和勇气。他们一心向往可以一眼看得到未来的模式,或是曾经实践过但当下或许已经过时的方法,始终不愿投入 MVP 的实践中。

去做、去试验,不去想太多结果性的东西。这是一种雷厉风行的实用主义,也是互联网精神的核心之一。

当下,未经过充分试验就可以看得清楚的商业模式几乎是不存在的,或已是红海市场。而复合型的商业模式,"羊毛出在猪身上,狗来看热闹,大象最后买单"之类复杂的价值实现逻辑,不是坐在传统行业老板位子上的人想想便能得出的。即使最终变现的方式可能还是很传统,但是其运作逻辑已经发生了重大的变化。这些运作逻辑是通过许多 MVP 试验才能探索出来的,而坐着想想或通过翻看数据库是不能得出的。

(三)支撑层面:跨界,才能连接人才

转变了理念,也能真正动手去做,但由谁来操盘转型实践又是另一个问题。因此,吸引更多的人才加入到宏伟计划之中就成为当务之急。

然而,传统企业之所以距离互联网较远,一方面是因为这是一个新生事物,另一方面,也是更重要的,便是其圈子往往距离互联网从业人群较远。这导致传统行业与互联网无法实现真正的融会贯通。即便对于互联网有所理解,其接触到的也都是互联网思维方法的表层。例如"参与感""饥饿营销""极致"等热词,充满无数的假象和幻想。但是,若不能从互联网思维的本质去深究,仅从表层意思去理解其中的内涵,只能是走马观花,无法深入互联网产业发展的内核之中。因此,必须勇敢地进行跨界。

一方面,是从传统工业思维到互联网思维的跨界;另一方面,是社交圈子的跨界。你需要的人才往往在与你没有交集的另一个世界里,只有跨界才能够与其连接。

传统的招聘方式是将需求给企业人力资源,再由其去招聘。然而,其掌握的渠道及人才库,往往和企业过往的发展相适应,缺乏必要的新渠道。同时,看简历、面试的传统方法,在互联网时代已经不再适用。

例如,想招聘一个社会化媒体营销的人才,你在心中就要清楚地知道,在资讯发达的今天,能够做好社会化媒体营销的人才一定可以通过各种渠道,在开放的平台上进行自我传播和表达,形成品牌的展现。所以,你要做的不是去发招聘广告,而是直接去那些能够体现社会化媒体营销能力的场合去发现他。而能力如何,通过一个自媒体账号、论坛或微信群的实践结果,你便可看出来,而不再需要面试、试用期等。

跨界,跨出自己固有的交际圈子,通过更加互联网化的手法来获得人才。走出这一步,才是成功启动所有互联网化大计的第一步。

在互联网大潮之中,最核心的商业本质或许没有改变,但商业的逻辑和组织流程发生了翻天覆地的变化。无法熟练掌握新的商业价值实现逻辑,则意味着距离商业本质又远了。

互联网的思维逻辑、方法论以及工具手段,都是带你进入互联网商业逻辑的引路人。进入这样的轨道和思维逻辑中,互联网化转型来得自然会更快。

思考题:

1. 网络创业目前存在着哪些问题?
2. 网络创业模式有哪些特征?
3. 互联网创业模式有哪些?
4. 互联网思维是怎么产生的?

附录一　淘宝网开店实践

现在互联网越来越普及了，网上购物的人也越来越多了。淘宝网是由全球最佳 B2B 平台阿里巴巴公司投资 4.5 亿元创办的，致力于成为全球首选购物网站。现在我们虽然不能说它是全球首选的，但是说它是全国首选，应该是当之无愧的。很多人在淘宝网上开网店，赚得比现实中开店还要多，那如何在淘宝网上开店呢？

一、淘宝网店开设程序

(一)在淘宝网注册账户

进入淘宝网的首页，点左上角"免费注册"。新页面打开后输入你想要的用户名，输入两遍密码(密码尽量复杂点)，输入图片中的验证码，点击"同意协议并注册"。如果以上输入都没有错误，将进入注册账户第二步：验证账户信息。请确保你拥有一个手机并能正常接收手机短信。根据提示输入手机号码，点击"提交"。正常情况下几秒钟内你的手机会收到一条淘宝网发来的短信，把短信中的验证码输入网页上对应的提示框内提交即可。注册成功，开网店的第一步就完成了。请注意：如果你原来已经在淘宝网买过东西，不用重复注册。在淘宝网，一个账户可以同时是买家和卖家两个身份。

(二)进行支付宝实名认证

接下来我们就要进行支付宝实名认证，这是必需的一步。点击"我的淘宝"后，可以看到"卖宝贝请先实名认证"的提示。点击它，然后根据提示操作即可。

支付宝相当于淘宝网用户的资金中介，是保证买卖双方诚信交易的基础。支付宝实名认证，就是确认你的真实身份。这个认证一定程度上增加了网上开店的复杂度，但很大程度上增加了整个淘宝网交易的安全性。过去一定要上传身份证等待淘宝网人工验证，现在淘宝网已经跟全国多家银行合作，只要有一些银行的实名登记的银行卡，淘宝网可以通过银行系统认证你的身份，比以前方便多了。

除了支付宝认证之外，还要上传自己身份证的照片以及持有证件的半身照，这几项同时认证成功之后才能开店。

(三)通过淘宝网开店考试

依次进入"我的淘宝"→"我是卖家"，找到"我要开店"按钮，点击后会出现要求参加考试的提示。在淘宝网开店必须通过淘宝网开店考试，考试的内容是《淘宝网规则》。淘宝网的规则是必须学习的，如果事先没有学习，等开了店因为违反淘宝规则而被查封就麻烦了。考试分数需达到 60 分才能通过，其中基础题部分必须准确率 100%。考试通过后阅读诚信经营承诺书，然后根据提示填写店铺名称、店铺类目及店铺介绍，勾选同意"商品发布规则"及"消保协议",然后确认提交。如果一切顺利,这时你就拥有了一个属于你自己的淘宝网店铺了。

(四)必需软件——阿里旺旺

在淘宝网上做生意,和买家沟通不是通过 QQ、手机或者其他方法,而是阿里旺旺。阿里旺旺是淘宝网卖家和买家沟通的法宝,很多卖家功能集成在这里面,非常实用。以后在买卖过程中如果与买家有纠纷,阿里旺旺的聊天记录是处理纠纷最重要的证据。请注意:淘宝网官方是不承认 QQ 聊天记录的,所以阿里旺旺无可替代。

二、淘宝网开店必备知识

(一)进货

认证通过了,还要保持出售中的货品有 10 个才能开店。淘宝大学里有不少关于货源的精华帖,如果不明白,可以翻一翻,经验畅谈居的精华帖子也可以读一读。

如果没有实体店或非常好的货源,建议卖一些价格不太高的时尚小玩意,或者有特色的东西。找好商品的定位与受众,就可以开始参观淘宝的同类店铺了。多研究高级店,看看它们的货品、销售情况、特色,最好做到知己知彼。销售的东西最好是人无我有。

(二)拍照

货品进回来了,应该为它们拍一些漂亮的照片。不推荐用供货商提供的照片,实拍照片能让买家感到真实,也能体现出卖家的用心。淘宝大学中有不少关于拍照与修照片的帖子,可以去学习。可以把货品拍得很精美,但前提是不失真实,处理得太多的照片容易失真,有可能会给将来交易带来麻烦。

照片拍好后,可以在照片上打上一层淡淡的水印,水印上标明店名(这个时候还没有开店,但是应该想好店名了),等开店了以后,还应该打上店址。这是为了防止有人盗用你的图片,如果打上水印了,还有人盗用图片,就该偷笑了,因为有人在免费帮你的店铺做宣传呢。

(三)货品名称

有了漂亮的图片,就该将货品上架了,货品名称也要起好。想一想如果你是买家,你想要买这款产品,会用什么关键词来搜索。除了给货品起个名称外,还要注意使用常用的关键词,这是保证货品被搜索到的重要因素。

例如,我们出售手链,而产品的名称却是"艾莉诺时尚水晶馆天然粉晶",只说明了这款手链的材质,没有最重要的"手链"两字。如果我是买家,购买手链的时候,我会以"手链"为关键词进行搜索,如果这样这款手链就失去了被浏览的机会。我想很少买家会有很强的目的性,专门去搜索"粉晶"二字。

(四)货品描述

对货品的描述必不可少,但不要使用太多种字体、颜色,字号也不要设置过大或过小，用很多种字体、颜色显得没有条理性，让人找不到重点，过大或过小的字号容易让人感觉厌恶，再加上通篇花花绿绿的色彩，视觉感也不好。

总之，对货品的描述要条理分明，重点突出，没有太多色彩，但是阅读方便，令人感觉舒适。

（五）价格设置

价格也是商品成交与否的一个重要因素，大家购物的时候，都会考虑价格因素。要为你的产品设置一个有竞争力的价格。

当然价格的高低跟货源、进货渠道有密切关系，如果你能进到比别人更便宜的货，你的产品就比别人更具有竞争力。

多参考同类卖家的店铺，看看他们的价格是怎样设置的。不推荐打价格战，有些人在淘宝做亏本生意，可能为了好的评价，这未免本末倒置了。开网店是要赚钱的，最主要的目的也是赚钱，而评价只是诚信的一种体现罢了。

（六）运费

除了价格因素，运费也是买家关注的一个重点。尽可能降低邮费，特别是价值只有几元的商品，如果邮费设置高了，会引起买家的反感。

（七）有效期

这里的有效期，是指货品发布的有效期。偶尔会在论坛看到有人抱怨淘宝的有效期设置太短，只有 7 天与 14 天两个选择，建议淘宝增加更长的时间。

然而，实际上货品剩余时间越短，成交的可能性会越高，因为即将到期的货品总会被排在搜索的最前面，被浏览到的可能性更大，所以建议大家选择有效期时，以 7 天为第一选择，与同类商品选择 14 天相比，就有两次机会排在前面，而 14 天只有一次机会。

三、店铺装修步骤

（1）打开淘宝网首页 www.taobao.com。

（2）登录卖家中心，点击左侧菜单栏中的"店铺管理"→"店铺装修"。

（3）进入装修页面后，进入"布局管理"，增加或者删减自己需要的页面后，点击保存。

（4）设置店铺页头，主要有导航、招牌（一个店铺最显眼位置，很重要）、页面设置、背景颜色等，设置好了后，点击保存。

（5）如果想简单点就直接套用淘宝官方模板，官方提供三个免费模板。想要个性点，可以去淘宝的装修市场购买模板，有的可以免费试用。

（6）店铺首页招牌的通栏/店招很重要，可以从 BannerMaker 中进行设计并导出，或者上传自己喜欢的图片。

（7）店铺产品分类管理装修。

注意：如果装修过程中内容丢失，可以从备份的模板恢复。

四、淘宝店铺推广方法

(一)淘宝客推广

这是我们推荐的一种推广方式,因为它是后付费业务,推广展示和点击推广全都免费,只有在交易完成之后才需支付淘客佣金,并能随时调整佣金比例,灵活控制支出成本。

(二)直通车推广

这是提升店铺流量最直接的推广方式,只需选择自己认为比较有优势和竞争力的货品,然后挂上直通车即可。由于这是付费推广,而且不能保证有交易,所以在货品选择上,价格控制以及悬挂频道和方式都是很有讲究的。详细注意事项可以参考直通车的推广攻略。

(三)淘宝社区推广

由于网络购物流行,随之兴起了不少淘社区,不管是买家还是卖家都喜欢泡社区,买家希望找到自己需要的商品,卖家则在此推广自己的商品,每一个人都有可能成为你的潜在客户,不过推广的时候需要注意一些社区规则。

(四)问答平台推广

例如百度、搜搜、天涯等大型网站都有问答系统,你可以去那里搜索与你经营的店面有关系的产品,然后回答相关问题。当然你也可以组建问答团队,专门回答一些和你产品相关的问题,一旦团队组建起来了,对你的帮助很大。做问答的时候一定要注意,不要广告意图太明显,否则会被封号。

(五)论坛推广

论坛是目前最具人气的地方,像天涯论坛被誉为华人最大的交流社区,人数之多,人气之旺可见一斑,把这里作为推广之地再合适不过了。当然,天涯这种论坛是禁止广告和"水帖"的,所以我们发帖要有技巧,论坛签名也能起到推广的效果。

(六)QQ群推广

QQ作为我们最常使用的聊天工具之一,自然是一个不可多得的推广工具。我们可以加入一些淘宝买家或者卖家的交流群,通过聊天的方式推销自己的产品。当然不要做得太过,否则可能被群主踢出去。

(七)博客推广

现在的博客营销比较流行,比如我们熟知的韩寒等名人的博客都挂有网店的链接。如果你能把一个博客做起来,在博客中挂个网店的链接,是一个很好的推广方式。

(八)礼品推广

这也是一个不错的推广方式,购买商品时达到一定金额就赠送小礼物。很多人都喜欢"送"的东西,虽然礼物本身并不值钱,但是会满足不少人的一种心理,他们会觉得自己赚了。

注意:第一,淘宝直通车不但能够带来流量,也会带来交易,当然也有可能钱花了,却什么也没有得到。使用有风险,用户需谨慎。

第二,社区和论坛推广需要技巧,单纯的推广链接会被删帖,甚至被拉黑,因此发帖前一定要先了解你所在社区的发帖规则,不要乱发帖,最好发些优质帖子,在使人受益的同时也推广了自己。

第三,做淘宝推广不是一件容易的事情,可能十天半个月甚至几个月都看不到推广效果,但坚持下去了,就一定会有收获。

第四,礼品推广是我们推荐的推广方式,但是此方式必须先有流量,可以辅助其他的推广方式,等有一定客流量的时候再实施礼品推广。

五、淘宝店铺提高销量的方法

(一)头像

宣传淘宝店铺的最佳阵地就是论坛了,人气最旺的论坛是经验畅谈居。所以在论坛里有个属于自己的独特的头像是很重要的。要设计出新颖独特能凸显你店铺优势的头像,才能吸引顾客走进你的店铺。大家一定要在头像上下功夫,千万不能随便!淘宝里有很多专门替别人设计制作头像的店铺,大家可以请教他们,如果不嫌麻烦,也可以自己动手设计。论坛里很多有用的教程可以手把手教你制作漂亮、独特的头像。

(二)发精华帖、回帖

发精华帖不但能赚来银币,还能成倍提高店铺的浏览量,更重要的是,在和大家的交流当中,可以学到更多技巧,从而达到共同进步的目的。但发精华帖毕竟是难的,大多数的人还是习惯在论坛回帖,其实回一个好帖也能有效提高店铺浏览量。这就要求大家能用心看帖、回帖。那种"支持路过""坐下慢慢看""楼主写得好,顶了"等语句是不足以吸引大家的。对咨询的帖子最好能实事求是地回答;对沮丧的"楼主"要用心安慰;对写经验的帖子要能提出自己的看法,一起分享。总之,就是要用心。把字体加大,选个醒目的颜色,增加一点表情等。虽然麻烦点,但效果会比一般的快速回复好得多。

(三)店铺装修

店铺装修也是很关键的。给顾客营造一个舒服的购物环境,他们愿意在你的店里多待一会,成功交易的机会就大点。装修最好能做到色彩统一和谐,和自己的商品搭调,突出个性。关于店铺装修,大家也可以在论坛里跟着教程做,或者请别人做。

(四)店铺名字

店铺的名字也要注重特色,让人好记最重要!要简单明了,让人一看就知道你卖的是什么。如果是杂货铺,最好能突出自己的"拳头产品"。

(五)友情链接

不能忽视友情链接的作用。新手卖家基本上很难和钻石卖家链接上,所以建议选择同行的、发展潜力大的、用心经营的新手店家做链接,彼此一起进步。但要注意,如果你的店铺在别人店里的链接位置在很下面,甚至比留言栏还要下面,那对你店铺的宣传效果会大打折扣,因为很少人会把页面拉到那么下面。

(六)去他人店铺留言

我们可以选择一些浏览量大的钻石店铺去留言,但切记不能直接推荐自己的商品,可以先夸一下别人的东西,然后再切入正题,如"我的小店也有新上架的东西,欢迎来看看",或者"我的小店最近也有很不错的活动",语气要含蓄,太直接就会遭到反感,避免不了被删的命运。

(七)加入商盟

淘宝有自己独特的商盟,是卖家有力的后盾,宣传力度也很大,但大家要注意不要加入那些互相刷信誉的商盟,这样是违规的,被人投诉炒作信誉就不好了。

(八)关键词

很多买家都会用关键词来搜索自己想要的东西,所以我们要利用好关键词,把和自己货品相关的关键词先列出来,然后搜索一下,看哪几个关键词被搜到的概率高。

(九)橱窗推荐

大家一定注意到了,越接近下架的宝贝就越放在前面。所以,我们要尽量把推荐位都留给要下架的货品。但最好不要排在第一位,因为买家都有货比三家的心理,第一位未必能吸引眼球!

(十)货品推荐

每个掌柜都有6个货品推荐位。当买家在看某个货品描述时,或多或少会注意到其他推荐。我们要把性价比高、独特的产品放上去,吸引买家进一步进入店铺参观。

(十一)红包、一元拍

这种办法基本上是赔钱赚吆喝的,但对提高店铺浏览量还是有帮助的。

(十二)旺旺设置

设置旺旺的自动回复时,不要直接说"掌柜不在,请留言"等很没宣传效果的话。可以简短地介绍一些自己新上架的货品或特色货品,吸引顾客来店里参观。还可以把旺旺的状态设置为滚动式,这样在和别人聊天的时候,无形中也在宣传自己的店铺。

(十三)多去看看求购信息

在求购信息里你可以主动出击,找到需要你的货品的买家,这样更有针对性,事半功倍。

(十四)登录搜索引擎

在百度、一搜、雅虎等知名的搜索网站注册你的店铺,让更多的人注意到你。

(1)淘宝内的搜索。大多数人在淘宝购物时都是通过搜索引擎来寻找商品的,而卖家的目标就是他的东西有尽可能多的机会出现在顾客搜索的目录里,而且排名越靠前越好。分析搜索引擎搜索的规律,就不难知道该怎么做,才能提高买家搜索到自己店铺的概率。一是关键词。我们应该在货品描述中多添加买家搜索频率高的关键词,当然要在不违反相关规定的前提下。二是排序。既然地域特征是无法改变的,那就要做好货品离下架时间和价格的文章。一定要保证自己的产品每天都有过期下架的,因为快下架的产品在买家搜索的时候会排在最前面。另外,最好确保店铺里至少有一款产品是1元的,因为很多买家都喜欢按价格从低到高排列商品,这样1元钱的东西就排到了最前面了,便于买家发现从而进入自己的店铺。

(2)各大搜索引擎里的搜索。如果说上面的技巧是为了赢得在淘宝网内的买家,那让各大搜索引擎网站收录你的网店,就是在吸引淘宝网外的买家。那应该怎么做呢,那就要登录它们的网站。

(十五)超级买家秀

如果你的产品确实很好,可以鼓励你的老顾客或你的朋友把你的产品秀出来,然后在相关产品的描述里插入链接,这样给自己做广告是不违规的,效果也很好。

(十六)优惠信息区

到支付宝社区的优惠信息区发布自己的产品不违规,但发帖之前要注意看规则。主要是要有产品的文字介绍、图片和支付宝按钮,这些都是很容易学会的。

(十七)评价

在给他人评价的时候其实也可以给自己做个宣传。如果简单地说"对方是个好买家"或者"希望下次有合作的机会"等,宣传效果就不明显。我们可以在后面加上几句"小店新到×××,有空来看看""最近小店有很不错的优惠活动"之类,这样别的淘友在查看该买家的信誉时就会留意到。

(十八)多发布新品

有新品上架,看的人总会多一点,店铺的东西多了被人注意的机会也大一些。

(十九)多开分店

如果有实力,可以用朋友的身份证在淘宝多注册几个账号,作为自己店的分店,同时链接回主店,从而增加浏览量。但不能经营相同的商品,否则会被淘宝处罚。

附录二　微商创业指南

从朋友圈代购的"游击队"到落户各个平台的微店"正规军",微商的自我变革开始动摇传统商业世界的规则。一部智能手机足以购遍全球,一部手机也足以开启创业之门,这是一个不能再好的时代,这是一个给娃喂着奶还能发货赚钱的时代,以下就微商创业指南谈几点经验及做法。

一、选择货源的技巧和方法

选择货源,一要注意选择正品。二要对行业有足够的分析。比如现在微信上卖化妆品已经趋于饱和,如果还选择化妆品行业,基本上很难有好的销量。另外,不要像个杂货铺,不要以为"看,我这什么都有,客户一定会来我这购买"。你卖的种类越多,客户越觉得你不可靠,因为他们不知道你具体经营什么,主营什么,副带什么。

二、引流客源的方法

选好货源之后如何增加好友做好引流的工作,相信这也是每个新手微商最关心也是最头痛的问题。引流就是将客户引进来而不是将自己的产品推出去,没有人愿意天天被广告包围,我们要做的是让客户主动来找我们。

拓展客户群,应该做到以下几点:

1.微信号设置不要太复杂,越简单越好,将 QQ 好友、手机通信录中的朋友全部加上,这些一般都是认识的朋友、同学、同事、客户等强关系,也是你最宝贵的资源。

2.在任何能够曝光的地方发布你的微信号,并且经常宣传一下,比如微博、QQ 空间、论坛等。

3.加一些 QQ 群,特别要加那些女性比较多的群,比如以美容、购物、减肥为主题的群;或者有共同爱好的,比如某某明星的"粉丝"群等。由于很多人的微信都是用 QQ 号直接登录的,可在微信上搜索群友的 QQ 号并加为好友。

4.写一些分享类的文章,发布到人气比较旺的论坛,记得一定要带上你的微信号,如果网友觉得你写得不错,自然会加你的微信,想和你交流和学习。总之,要提高自己在网络上的曝光率。

5.把产品送给一些在微信上有一定影响力的朋友,比如"红人大咖",把东西免费送给他体验,或者付费请他帮你宣传,可以起到一个比较好的宣传产品的效果,还可以帮你增加好友。

6.印制自己的名片,把淘宝店地址、QQ 号、微信号、微博 ID 印制上去,但不要花里胡哨,简单大气一点。随身携带随时随地分发,在每天发给顾客的快递包裹里塞几张,顾客收到了可能会帮你分享出去。

7.通过做活动加微信好友，目前比较流行的有转发推荐好友送礼之类。不要担心没效果，获取一些经验才是重要的。

8.看到你微信上的好友推荐他朋友的微信，你也可以加他朋友的微信。有人就会有机会销售，任何人都有可能是你的潜在顾客。

9.可以多参加一些培训、论坛、讲座、交流会等，来这里的朋友都是为了认识更多的人，所以这是一个增加好友的地方。

三、后期服务

服务必须到位，只有好的服务才会使人舒服，才能在朋友圈塑造你的微商品牌。微商的服务基本上就是随叫随到，随问随答，客人有问题必须随时回应，同时根据不同的客人做个性化推销。服务到位会增加顾客的推荐和回购率，那就有了翻倍的客源。

四、维护客户

后期的维护是建立在前期的基础上的，如果没有前面的一系列铺垫，后期维护也没办法进行。如果前期基础打不好，就想靠产品赚钱，是无法走得长远的。

（1）站在客户的角度看问题，顾客的好话与坏话都是对你的肯定，感同身受去关心他们，感情才是最好的促销手段。客户购买产品之后，及时跟进效果反馈，及时有效解决问题。

（2）积极与老顾客联络感情，电话问候、送纪念品、发送关爱信息等，长期的"骚扰"才能让对方记住你。

五、交流技巧

（一）特殊待遇法

顾客感受到尊贵和特别待遇，自然非常满意。例如，可以和他说：

"您这么爽快，我给您会员价，可以享受超低价。"

"您是我的大客户，我额外送您一份赚钱秘籍！"

重点不在于是否真的是高贵的待遇，但一定要让对方感受到是专属于他的特别待遇。

（二）预先框定法

在客户提出要求之前，就为客户确定好结果，对客户进行认同和赞赏，使客户按自己的说法去做。如：

"我们团队的专业课程，是给那些想要突破自己、提升自己销售业绩的人使用的。我相信，您肯定不是那种不喜欢学习、不求上进的人。"

"我的产品有很多爱美的女士购买，越是活得精致、注重生活品质的女士购买率越高，我相信您肯定不是邋遢的女士，肯定也看中生活品质！"

都这么说了,对方只会认同你的说法,顺势成交。

这种方法针对好面子的人效果最好。

(三)惜失成交法

利用"怕买不到"的心理。人对愈是得不到、买不到的东西,越想得到它、买到它,这是人性的弱点。一旦客户意识到购买这种产品是很难得的良机,那么,他们会立即采取行动。惜失成交法是抓住客户"得之以喜,失之以苦"的心理,通过给客户施加一定的压力来敦促对方及时做出购买决定。一般可以从这几方面去做:

(1)限数量。"购买数量有限,欲购从速。"

(2)限时间。主要是在指定时间内享有优惠。"您在12号之前成为我的代理,我可以额外送您一套秘籍!"

(3)限服务。主要是在指定的数量内会享有更好的服务。

(4)限价格。主要是针对要涨价的商品。

充分展示产品优势,并结合对方需求,让对方认为购买你的产品可以帮助他解决现在的问题。在对方有兴趣购买又不愿意立刻购买时,可以使用此方法,目的是告诉对方,你现在不买就没有了,或者说数量有限,其余都被预订完了。原本还在犹豫或者再看看的顾客,就会马上购买。但此法不可滥用或无中生有。

(四)跟着节奏走

跟顾客动作节奏和语速越接近,信赖感就越好建立。跟着消费者的节奏走,从对方回复你的时长和打字速度以及讲话内容,摸清对方的节奏。对方的节奏快、语速很快,我们说话的语速也要很快;对方是个说话很慢的人,你还很快,信赖感怎么也建立不起来;如果对方是个语速适中的人,你的语速也要适中。

同时还要以对方能理解的表达方式与对方沟通。有的人喜欢说方言,你会方言就说方言,不会方言,还能让对方教教你,总是能建立良好关系。还有,在介绍产品的时候要用大家都懂的词语。

(五)开放式提问

产品销售不是要你不停地说,让顾客开口说话才是重点。例如:

"您平时都在哪里购物呢?"

"您用的这款产品我也在用呢,您购买的价格是多少?"

"您是什么时候开始做微商的呢?是什么让我无法帮助你呢?"

"我们谈谈如何来改变,让现状变得更好吧!"

这样的问题,可以引导对方讲出更多内容,帮助你了解顾客的需求,有效"对症下药"。

(六)封闭式提问

当顾客想购买但还在犹豫时,可采用封闭式提问,直接促成下单。

例如,"是不是?好不好?行不行?"就是限定对方回答结果的提问,对方只能二选一地回答。这个方法是针对已经有购买欲望,甚至了解了很久,所有的内容都了解了,也表示有兴趣,但是还未成交的顾客。如可直接询问:"女士您是用支付宝还是微信支付?""先生您的寄件地址是哪里?"

(七)表情包必须多

线下销售要微笑,线上销售全靠表情包。

如何拉近关系?表情包!

如何增加关注?表情包!

如何增加信任?表情包!

如何促成购买?表情包!

有趣的表情包总能让人会心一笑,所以线上营销,表情包必须多!可以定制个人专属表情包,让人喜欢和你聊天。表情包植入,让人不得不记住你。

(八)价格平均法

将产品价格分摊到每月、每周、每天,尤其对一些高档产品销售最有效。买一般服装只能穿多少天,而买名牌可以穿多少天,平均到每一天的比较,买贵的名牌显然划算。如:这个手表,虽说现在您买是 500 元,但是您可以用很长时间呢。按 2 年计算,24 个月 100 个星期 730 天,实际每天你只要花 6 毛钱。

(九)价格拆散法

将产品的几个组成部件拆开来,一部分一部分来说,每一部分都不贵,合起来就更优惠了。

例如,一盒护肤套装售价 299 元,里面有 5 件产品(包括一瓶精华液、一瓶爽肤水、一瓶面霜等),平均一件 60 元。精华液在外面单买一瓶要 199 元,但是在套装里面买,除去这瓶精华液 199 元,相当于你 100 元买了 4 件产品,一件才 25 元,去哪里能买到这个品牌 25 元的面霜和爽肤水呀!

总结一下,其实要做好微商,一定要记住做好情感营销。以上无论是哪一招,都是以人为本,如果和客户没有感情,客户凭什么为你买单?用真诚的态度去面对客户,打造出属于自己的事业王国,你才能在微商界占据一席之地。最后,请记住下面几条:

(1)生客卖礼貌;

(2)熟客卖热情;

(3)急客卖时间;

(4)慢客卖耐心;

(5)有钱卖尊贵;

(6)没钱卖实惠;

(7)时髦卖时尚;

(8)专业卖专业;

(9)豪客卖仗义;

(10)小气卖利益。

附录三　申请办理工商营业执照的有关材料

一、办理个人独资企业需提交的证件

1. 企业名称预先核准申请书(到工商窗口领取并填写);

2. 个人独资企业设立登记申请书;

3. 企业住所(经营场所)证明(自有房产的提交房产证原件及复印件,租赁房屋的提供租赁协议);

4. 房屋租赁合同;

5. 本人身份证以及照片。

二、办理合伙企业需提交的证件

1. 企业名称预先核准申请书(到工商窗口领取并填写);

2. 合伙企业设立登记申请书;

3. 企业住所(经营场所)证明(自有房产的提交房产证原件及复印件,租赁房屋的提供租赁协议);

4. 房屋租赁合同;

5. 出资权属证明;

6. 合伙人履历表;

7. 执行合伙企业事务的合伙人的委托书;

8. 企业(公司)申请登记委托书;

9. 全体合伙人的身份证及照片。

参考文献

[1]托马斯·戴伊.理解公共政策[M].孙彩红,译.北京:北京大学出版社,2008.

[2]陈华,陈伟.大学生自主创业研究:全球视角与中国的选择[J].石家庄经济学院学报,2007(6).

[3]莫童.浙江省扶持大学生创业的政策研究[D].上海:上海交通大学,2010.

[4]陈成文,孙淇庭.大学生创业政策:评价与展望[J].高等教育研究,2009(7).

[5]夏志芳.Z校大学生创业研究[D].上海:华东师范大学,2008.

[6]纽曼.大学的理想[M].徐辉,顾建新,何曙荣,译.杭州:浙江教育出版社,2010.

[7]吴元其,周业柱,储亚萍,等.公共政策新论[M].合肥:安徽大学出版社,2009.

[8]林永波,张世贤.公共政策[M].台北:台湾五南图书出版公司,1982.

[9]陈振明.政策科学[M].北京:中国人民大学出版社,1998.

[10]罗伯特·赫里斯,迈克尔·彼得斯.创业学[M].王玉,王蔷,楼尊,等译.北京:清华大学出版社,2004.9-10.

[11]董元梅.大学生创业政策研究[D].合肥:安徽大学,2009.

[12]高建,盖罗它.国外创业政策的理论研究综述[J].国外社会科学,2007(1).

[13]陈丽珍.影响政府执行的因素再分析[J].理论探讨,2000(5).

[14]欧清华.走出大学生创业的误区[J].中国人才,2003(8).

[15]肖丽.高校毕业生创业的困境与对策[J].山西教育,2004(13).

[16]李新生.论大学生的创业环境建设[J].经济师,2005(12).

[17]陈炯,潘善洪,张为鄂.解读大学生创业的关键词[J].黑龙江高教研究,2005(3).

[18]庄国波.公共政府执行难的原因及对策分析[J].理论探讨,2005(6).

[19]梁学轩.公共政策执行不力原因[J].广西民族学院学报(哲学社会科学版),2005(6).

[20]李莉丽,龙希利.我国大学生创业教育运行机制研究[M].济南:山东大学出版社,2009.

[21]江苏省高校招生就业指导服务中心.大学生创业教育[M].江苏:江苏教育出版社,2007.

[22]董青春,孙亚卿.大学生创业基础[M].北京:经济管理出版社,2017.

[23]宋维佳,王立国,王宏岩.可行性研究与项目评估[M].大连:东北财经大学出版社,2011.

[24]石国亮.大学生创新创业教育[M].北京:研究出版社,2011.

[25]张德山.大学生创业教育案例分析[M].镇江:江苏大学出版社,2015.

[26]万哨凯,肖芳.大学生创业教育[M].武汉:武汉大学出版社,2015.

[27]王妮娜,熊伟.大学生创业教育与实践[M].北京:北京师范大学出版社,2016.

[28]蒋健.创业管理与实务[M].上海:上海交通大学出版社,2016.

[29]黄海燕.大学生创业教育[M].长沙:湖南师范大学出版社,2017.

[30]董青春,孙亚卿.大学生创业基础[M].北京:经济管理出版社,2017.